TABLE
DES MATIERES
CONTENUES
DANS LES ORDONNANCES
DES DUCS
DE LORRAINE,

Depuis le commencement du Regne du Duc **LEOPOLD**, *jusqu'à la fin de celui du Roi* **STANISLAS**, *excepté de celle contenue au quatrieme Volume, qui est celui des Monnoie.*

Donné le 6.ᵉ Aoust 1772. par M. Mirbeck, Avocat aux Conseils du Roy.

A NANCY,
Chez **BABIN**, Pere & Fils, Libraires, rue S. Georges.

M. DCC. LXIX.
AVEC PRIVILÉGE DU ROI.

ABRÉVIATIONS.

Régl.	*Réglement.*	*Décl.*	*Déclaration.*
A. C.	*Arrêt du Conseil.*	*Ord. Pol.*	*Ordonnance de Police.*
A. Cour.	*Arrêt de la Cour.*	*Hôt.*	*Hôtel de Ville.*
A. Ch.	*Arrêt de la Chambre.*	*T.*	*Tome.*
Ord.	*Ordonnance.*	*p.*	*page.*
Ed.	*Edit.*		

Nota. Quand il eſt parlé de la Chambre des Comptes ſans autre déſignation, c'eſt toujours de celle de Lorraine.

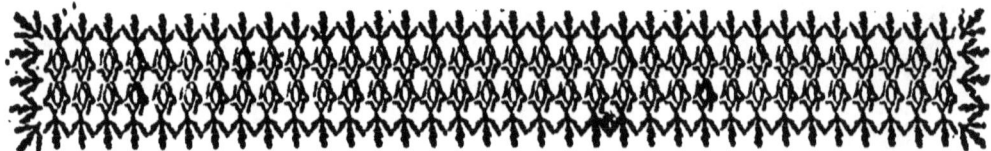

TABLE
DES MATIERES
CONTENUES
DANS LES ORDONNANCES
DE LORRAINE.

A

ACQUIT (A Caution) doit être déchargé par l'Officier des lieux dans le délai fixé. *A. Ch.* 14 *Mai* 1712. *T. I. p.* 769. *A. Ch.* 9 *Septembre* 1726. *T. III. p.* 186. *Décret du* 25 *Juin* 1728. *T. III. p.* 183. Réglement pour l'Entrée & Sortie des Marchandises des Messins, Evêchés & Pays limitrophes François. *Traité de Paris* 21 *Janvier* 1718. *T. II. p.* 167. Le Papier Timbré, pour Acquit, est fixé à un sou. *Décl.* 20 *Décembre* 1722. *T. II. p.* 579. Réglemens pour les Acquits de Paie & à Caution. *A. C.* 23 *Janv.* 1726. *T. III. p.* 146. *A. C.* 20 *Mars* 1726. *T. III. p.* 148. V. Haut-Conduit. Le même Propriétaire de plusieurs Voitures peut ne prendre qu'un Acquit pour toutes ses Voitures, passant dans une matinée ou une soirée. L'Officier de Ville, chargé de les viser, est rétribué par la Ville. *A. C.* 29 *Juil.* 1727. *T. III. p.* 284. *A. C.* 22 *Août* 1750. *T. VIII. p.* 198.

ACTES (de Voyage.) Les Bureaux établis par le R. T. C. sont confirmés par provision, ainsi que le Timbre & le Contrôle des Exploits. *Ord.* 15 *Févr.* 1698. *T. I. p.* 7. doivent être signifiés. *A. Ch.* 5 *Mai* 1711. *T. I. p.* 724. Le Juge ne doit prononcer sur le Voyage, si l'Acte n'est levé, pourvu qu'il y ait Bureau dans le lieu. *A. C.* 3 *Mars* 1731. *T. V. p.* 169.

(Translatifs de propriété) doivent être portés au sceau par les Notaires de trois mois à autres ; défenses de les passer sous seing privé. *A. Ch.* 1 *Août* 1698. *T. I. p.* 36.

(Publics.) Tous Actes, Sentences, Arrêts, Jugemens, Registres & Papiers publics, ou du Domaine, doivent être rapportés par les détenteurs dans les Archives publiques, & être inventoriés. *Ord.* 17 *Mars* 1699. *T. I. pag.* 144. Les Actes sous seing privé par gens ne sachant lire & écrire. V. Contrôle. Quels Actes doivent être timbrés ? V. Timbres. Quels Actes doivent être contrôlés ? V. Contrôle. Un Juge ne doit décréter une Requête si le titre n'est contrôlé, à peine de nullité de poursuites, outre la contravention contre le Juge, les Procureurs, Avocats, &c. *A. C.* 23 *Juil.* 1732. *T. V. p.* 180.

Sur les seconds Actes dérogatoires aux premiers, V. Nonobstant. Actes passés en France, donnent hypotheque en Lorraine. *A. C.* 30 *Juin* 1738. *T. VI. p.* 119. Les Notaires ne doivent passer les Actes en idiôme Allemand. V. Notaire. Défenses aux Lorrains de passer entr'eux, aucuns Contrats hors des deux Duchés, si un tiers Contractant & son Fondé ne sont François ou étrangers. *A. C.* 13 *Janv.* 1759. *T. X. p.* 3. Défenses d'en passer de nuit ou au cabaret. V. Notaires.

(DE BAPTEMES, MARIAGES ET SÉPULTURES.) Conformément à l'Ordonnance Civile de 1701. Art. X. tit. 7. l'Acte de Baptême doit énoncer le jour & l'heure de la naissance, les noms de l'Enfant, du Pere, de la Mere, du Parrain, de la Marraine; doit être signé du Pere, s'il est présent, ainsi que des Parrain & Marraine. Celui de Mariage doit énoncer les noms des Peres & Meres des deux Epoux, si ceux-ci sont Enfans de Famille, sous puissance de Pere & Mere, ou sous tutelle ou curatelle, & doit étré signé des Epoux & de deux ou trois Parens ou Amis assistans. Celui des Sépultures doit faire mention des jour & heure du Décès, des Nom, Surnom & Qualité du Décédé, être signé de deux ou trois Parens ou Amis assistans. Dans les différens Actes ci-dessus, sera fait mention que les Intéressés ou Assistans ne savent ou ne peuvent signer de ce interpellés; & feront les Actes signés du Curé ou Vicaire, sur un Registre, de suite, sans aucun blanc, depuis le premier jusqu'au dernier jour de chaque année, sans y inférer de qualifications que celles convenues entre les Assistans. A. Cour 3 Fév. 1747. T. VII. p. 127. Le Curé ou Vicaire doit tenir deux Régistres, aux dépens de la Fabrique; l'un pour minute sur du papie commun pour demeurer aux Archives de la Paroisse; l'autre pour Grosse, sur du papier timbré, pour être envoyé au Greffe du Bailliage de la dépendance; tous deux feront cottés & paraphés par le Lieutenant-Général, & renouvellés chaque année; les Actes y feront écrits de suite sans aucun blanc, & feront signés de ceux qui le doivent signer; ils contiendront les énonciations exigées en l'Arrêt de 1747; il y fera dit en quel degré sont Parens ceux qui auront assisté aux Actes: ce qui s'observera pour les Adultes décédés, & pour les Enfans, même du plus bas âge. Le Registre servant de Grosse sera porté au Greffe pour le quinze Janvier de chaque année; les feuillets vuides y feront barrés du Juge, le Greffier y annotera le jour de l'apport & en donnera décharge au Curé; les Extraits feront levés sur lequel des deux Registres on voudra. Le droit est fixé à six sous, le papier compris. A. Cour 15 Juin 1764. T. X. p. 329.

(D'AVENIR.) V. AVENIR.

ACTION. V. COMMUNAUTÉ, JEU.

(DU COMMERCE.) V. COMMERCE.

ADJUDICATION. Frais de Conduite & Reconduite d'un Prisonnier s'adjugeoient au rabais, l'Adjudicataire étoit tenu du port du Procès. Ord. 24 Janv. 1699. T. I. p. 131.

Réglement pour les Remonts des Adjudications des Domaines, Bois &

Offices, le croifement eft la fixieme partie en fus du prix de l'Adjudication ; le tiercement eft du tiers ; le moitiément eft de moitié, le doublement ou embanniffement eft du double du prix de ladite Adjudication ; l'Adjudicataire doit élire domicile & nommer fa Caution. *Décl.* 4 *Juin* 1715. *T. II. p.* 53. Le prix de l'Adjudication fera du prix principal & du dernier remont, & non des remonts intermédiaires. *A. C.* 23 *Août* 1724. *T. III. p.* 55.

Les Subftituts font tenus de pourfuivre les Adjudicataires de Bois du Domaine, pour donner Caution. *A. Ch.* 14 *Novemb.* 1727. *T. III. p.* 259. Défenfes aux Receveurs des Bois de prendre intérêt dans les Adjudications ; ordre de pourfuivre le Débiteur, même par décret de fes biens. *A. C.* 7 *Avril* 1742. *T. VI. p.* 318. Le Cahier des Charges ne doit pas comprendre les Vacations de trois livres dix fous par Arpens. *A. C.* 6 *Juin* 1750. *T. VIII. pag.* 174.

(D'IMMEUBLES) vendus par Décret forcé, fe fait au fiege du domicile du Débiteur, quand même le Bien-fonds feroit fitué en Lorraine & la Perfonne domiciliée en France, & réciproquement. *Décl.* 27 *Juin* 1746. *T. I. p.* 93. Défenfes aux Juges & Greffiers de recevoir aucunes Ventes ou Adjudications volontaires d'Immeubles, excepté le cas de Vente par décret forcé. *A. Ch.* 16 *Juillet* 1741. *T. VI. p.* 283. Aucuns Officiers de Juftice ne peuvent fe rendre Adjudicataires de Biens décrétés dans leur Siege, excepté le cas de Décret volontaire. *Ord.* 8 *Mars* 1723. *T. II. p.* 590. Défenfes de faire des buvettes aux Adjudications de Biens. *A. Cour* 8 *Mai* 1726. *T. III. p.* 156. De ftipuler des Vins dans les Adjudications de Biens de Communauté & de Fabrique. *Ord.* 27 *Août* 1727. *T. III. p.* 254.

ADMODIATEURS. Les Seigneurs peuvent leur céder le Droit perfonnel de chaffer & d'établir un Chaffeur. *Ord.* 15 *Janv.* 1704. *T. I. p.* 409. *Edit. Janv.* 1729. *T. III. p.* 336. Les Seigneurs font tenus de repréfenter les Titres de Franchifes des Impofitions de leurs Admodiateurs & en obtenir la confirmation, à peine de privation. *Ord.* 19 *Décemb.* 1730. *T. V. p.* 115. Les Admodiateurs font tenus du Joyeux Avénement fans indemnité. *Décl.* 24 *Août* 1737. *T. VI. p.* 57.

AFFICHES. Auteurs de Libelles, Vers fatyriques placardés ou affichés en lieu public, font puniffables à la rigueur, fans égard à la qualité des perfonnes. *Edit. Mai* 1699. *T. I. p.* 168.

AFFIRMATIONS. V. ACTES. On doit juger fommairement les affaires légeres, & par délation du ferment, fi les Parties font contraires en faits. *A. Cour* 14 *Janv.* 1726. *T. III. p.* 144.

AFFOUAGES. Les Bois d'Affouage des Communautés, & tous Bois provenans des Forêts à elles appartenantes, doivent être coupés de fix pieds de Lorraine de longueur. *A. C.* 23 *Janv.* 1708. *T. I. p.* 611. Il eft défendu de commercer & vendre le Bois d'Affouage, à peine de confifcation & cent livres d'amende. *A. C.* 18 *Janv.* 1718. *T. VI. p.* 99. *A. C.* 5 *Décemb.* 1740. *T. VI. p.* 255. Le Partage doit en être fait également entre tous les Habitans, & conformément à la Déclaration du 13 Juin 1724, faifant fupplément aux Ordonnances des Eaux & Forêts. *A. C.* 9 *Févr.* 1754. *T. IX. p.* 115.

AGE. Les Citoyens doivent garder entr'eux les égards dûs à l'âge, à la naiffance & aux dignités. *Ed. Mai* 1699. *T. I. p.* 68.
Les Contrebandiers de l'âge de quatorze ans font puniffables comme les Majeurs. Les Enfans au deffous de cet âge font amendables fous la garantie par corps de leurs Peres & Meres; faute de paiement, lefdits Enfans feront transférés à la Maifon-de-Force où ils feront inftruits. *A. C.* 31 *Mai* 1749. *T. VIII. p.* 50.

AGGRÉGÉS. Création de Docteurs aggrégés en la Faculté de Droit de Pont-à-Mouffon. *Edit.* 12 *Novemb.* 1720. *T. II. p.* 418. *Edit.* 30 *Avril* 1723. *T. III. p.* 115. Peuvent exercer les fonctions d'Avocat. *Ed.* 6 *Janv.* 1699. *T. I. p.* 111.

ALLEMAGNE. V. *BAILLIAGE.*

ALLEMAND. V. *ACTES.*

AMANCE. Prévôté fupprimée. *Ed.* 13 *Août* 1721. *T. II. p.* 489. Elle eft rétablie. *Ed.* 17 *Janv.* 1746. *T. VII. p.* 73. Supprimée en 1751. V. *OFFICES.*

AMENDE (DES CHASSES.) Dans les Plaifirs, appartenoient pour moitié au Haut-Jufticier, & l'autre au Garde. *Ord.* 16 *Octobre* 1698. *T. I. p.* 92. Enfuite elle a été abandonnée en entier au Haut-Jufticier. *Ed.* 15 *Janv.* 1704. *T. I. p.* 409. *Décl.* 20 *Avril* 1717. *T. II. p.* 111. Il n'en a plus eu que les deux tiers; il en eft même privé, s'il a reçu une indemnité pour fa Chaffe. *Ed. Janv.* 1729. *T. III. p.* 336. V. CHASSE.

(D'APPEL) n'eft pas dûe lorfqu'il y a Déport fignifié avant la Plaidoirie de la Caufe ou le Rapport du Procès. L'Appellant de plufieurs Sentences d'une même Procédure ne doit qu'une Amende ; l'Adverfaire appellant incidemment & fuccombant, doit l'Amende de fon Appel ; l'Appellant principal, s'il fuccombe, la doit également, en forte que du même Jugement il peut réfulter plufieurs Amendes. Le Paiement s'en fait au Greffier avant aucune expédition, même par l'Intimé, fauf à récupérer. L'Appellant défaillant ne peut être reçu Oppofant s'il n'a rendu l'Amende au cas qu'elle feroit payée ; fi

fur l'Oppofition on fait droit fur l'Appel, le Greffier rend l'Amende;
fi l'Oppofant fuccombe, il ne paie qu'une Amende. Les Arrêts,
en matiere criminelle, s'expédient à M. le Procureur-Général, qui n'a-
vance jamais l'Amende, fauf le recours des Fermiers. Réglement
pour le compte à rendre par le Greffier au Fermier des Amendes.
A. Cour 19 *Juin* 1711. *T. I., p.* 741.

(DE CONTRAVENTIONS) ne peut être modérée par le Juge. *A. Ch.* 6
Septembre 1732. *T. V. p.* 191. Amende prononcée par le Juge, appartient au Fermier du Domaine du lieu du Siege, & non du lieu
du délit. *A. C.* 22 *Mars* 1716. *T. II. p.* 90.

(DE POLICE) & celles prononcées par Jugement de l'Hôtel de Ville
de Nancy, par infraction aux Réglemens concernans les Moulins,
appartiennent un tiers aux Boulangers, un tiers à la Maifon-de-Force,
un tiers au Domaine. *A. Ch.* 23 *Févr.* 1753. *T. IX. p.* 28. Celles
de Police & Hôtel de Ville, appartiennent à la Maifon-de-Force
pour les deux tiers. *Décl.* 19 *Avril* 1730. *T. V. p.* 56.

(DE DÉFAUT) ne font dûes qu'en francs Barrois à tous autres qu'aux
Officiers des Bailliages & Prévôtés créés en 1751, s'ils font fondés
à la percevoir. *A. Cour* 19 *Mars* 1756. *T. IX. p.* 250.

(D'EAUX ET FORETS.) Le Subftitut tenu de dreffer un Etat double
des Jugemens qui prononcent des Amendes & Confifcations, un pour
la Chambre des Comptes, & l'autre pour le Receveur. *A. Ch.* 19
Fév. 1701. *T. III. p.* 379. Les Receveurs en font comptables annuellement. *A. C.* 4 *Août* 1710. *T. III. p.* 435. Celles prononcées
par les Gruyers Royaux, font au Roi privativement du Seigneur.
Celui-ci a la Confifcation en payant les pourfuites fur le délit; fi le
Délinquant eft infolvable, l'Amende n'eft tenue des frais que pour infuffifance de la Confifcation. *A. C.* 5 *Mai* 1740. *T. VI. p.* 222. Amendes
de Bois ne peuvent être modérées. *A. C.* 9 *Février* 1743. *T. VII. p.* 4.

(DE MÉSUS CHAMPETRES) étoit réglée par Ordonnance du 19 Mai
1709 à cinq francs par bêtes pour échapée de jour, au double à
garde-fait, elle eft modérée à cinq fous pour l'année 1709. *Ord.*
2 *Janv.* 1710. *T. I. p.* 690. Les Bangards peuvent en prefcrire le
partage avec le Seigneur. *A. Cour* 8 *Mars* 1710. *T. I. p.* 694. Réglée
à fept gros par échappée de jour, au double de nuit, à cinq francs
à garde-fait, même avec confifcation, fi c'eft de nuit. *Ed. Avril*
1733. *T. V. p.* 214. Ce Réglement a lieu fous toutes les Coutumes
du Reffort de la Cour. *Décl.* 10 *Mai* 1735. *T. V. p.* 303. Réglement pour la Taxe des Amendes dans les Hautes-Juftices du Domaine.
A. C. 8 *Mai* 1756. *T. IX. p.* 273. V. *PLAIDS-ANNAUX.*

                                        AMEVELLE.

AMEVELLE. La Souveraineté appartient au Duc de Lorraine. *A. Cour.* 9 *Août* 1714. *T. II. p.* 38.

AMORTISSEMENT. Ordre aux Gens de Main-morte de donner la Déclaration de leurs Biens pour être taxés, favoir, les Fiefs immédiats du Domaine, à un tiers du fond ; ceux de Rôture, même mouvance, au cinquieme ; les arriere-Fiefs, au cinquieme ; ceux de Rôture, libres de Domanialité, au fixieme ; le nouvel Acquêt, au vingtieme du revenu d'une année une fois payé, & deux fous pour livre. Les Ufages communaux comme le nouvel Acquêt. L'ômiffion eft punifiable de la réunion au Domaine. Maifons & Bâtimens nouveaux doivent être amortis. *Ord.* 10 *Janv.* 1700. *T. I. p.* 218. Gens de Main-morte tenus de prendre des Lettres. *Ord.* 7 *Juil.* 1711. *T. I. p.* 750. Détail plus ample des biens fujets à l'Amortiffement & de ceux qui en font affranchis. Réglement nouveau. *Décl.* 12 *Juin.* 1758. *T. IX. p.* 405. Les nouveaux Etabliffemens ou Acquêts de Gens de Main-morte ne peuvent être amortis, s'ils n'ont été auparavant autorifés par Lettres Royaux. *Ed. Septemb.* 1759. *T. X. p.* 18. Délais au Fermier après l'expiration de fon Bail, pour récupérer les Droits échus pendant le cours dudit Bail. *A. C.* 10 *Août* 1753. *T. IX. p.* 68.

ANCERVILLE. Offices d'Affeffeur & Garde-Marteau défunis. *Décl.* 4 *Mai* 1725. *T. III. p.* 116.

ANNOTATION des Droits des Notaires au bas des Groffes. (V. *NOTAIRES.*) De ceux des Juges au bas des Procès-Verbaux, de ceux des Juges-Tutélaires, des Greffiers, des Huiffiers. (V. *INVENTAIRES, GREFFIERS, HUISSIERS.*)

ANNUEL. Fixé au quart denier de la Finance à chaque mutation. *Ord.* 10 *Septemb.* 1700. *T. I. p.* 253. Fixé au centieme denier, acquiert l'hérédité des Offices. *Ed.* 28 *Mai* 1717. *T. II. p.* 123. Autre Réglement pour le tems du Paiement. *Décl.* 3 *Février* 1719. *T. II. p.* 244. Remife de moitié pour 1719 feulement. *Décl.* 31 *Décemb.* 1719. *T. II. p.* 308. Création d'Office du 27 Fév. 1725 exempte de Droit. *Ed.* 27 *Févr.* 1725. *T. III. p.* 78. Création des Receveurs & Contrôleurs-Généraux, qui fixe l'Annuel à mille livres. *Ed.* 25 *Septemb.* 1737. *T. VI. p.* 64. Fixation du tems du Paiement. *Décl.* 25 *Janv.* 1752. *T. VIII. p.* 333. Fixation pour les Officiers des Maitrifes. *A. C.* 15 *Octobre* 1755. *T. IX. p.* 229. Réglement fur le Paiement & la Fixation nouvelle du Droit. *Décl.* 30 *Octob.* 1761. *T. X. p.* 161.

ANONYME fupprimé. *A. C.* 15 *Mai* 1755. *T. IX. p.* 194.

ANTICIPATION. Défenfes d'anticiper fur les Rues de Nancy par des Bâtimens, Pérons, Efcaliers, &c. *Ord. Pol. Mai* 1699. *T. I. p.* 166.

B

APPEL. N'eft pas fufpenfif en matieres de Gabelles ; les Sentences ont force de chofe jugée , fi les fommes ne font payées dans le mois.*Ord. 6 Nov.* 1733. *T. V. p.* 236. N'empêche l'exécution provifionnelle des Jugemens pour fait de Chaffe ; l'Appellant tenu de le faire juger dans deux mois. *Ord.* 15 *Janv.* 1704. *T. I. p.* 409. Défenfes d'être Appellant & obtenir relief d'Appel de permiffion d'affigner , d'incompétence , de permiffion de faifir & exécuter , de Sentences de remife pour communiquer ou fournir des défenfes. Relief fignifié à Procureur n'arrête l'exécution de la Sentence , fi l'Intimé eft domicilié fous le Reffort de la Cour ; s'il n'y eft pas domicilié, la fignification à Procureur arrête les pour-fuites pendant le mois feulement ; Exceptions à cette Regle. *A. Cour.* 15 *Fevr.* 1760. *T. X. p.* 41.

APPEL (DE CAUSES.) Le Lieutenant-Général préfent (ou le Chef) a feul le droit de les faire appeller ; il doit préférer les Provifoires ; fi la caufe eft appellée , il n'appartient qu'à la Compagnie de la différer. *A. Cour.* 16 *Fevr.* 1700. *T. I. p.* 231.

APPOINTEMENT. Toutes Caufes qui ne font au Rôle des Affaires légeres & provifoires feront appointées à la Barre , ou amiablement entre Avocats. *A. Cour* 18 *Mars* 1699. *T. I. p.* 147. Sera fait un Rôle de toutes les Caufes , excepté celles concernant les Bénéfices , celles en Réglement , & autres importantes ; les Caufes qui refteront au Rôle , après deux mois, feront appointées. Celles furvenues y feront ajou-tées chaque femaine. *A. Cour.* 3 *Févr.* 1700. *T. I. p.* 222.

APOTHICAIRES ne font pas compris dans la faculté aux Ouvriers étran-gers de s'établir dans les Etats fans permiffion. *Ord.* 2 *Avril* 1698. *T. I. p.* 15. *A. C.* 23 *Avril* 1760. *T. X. p.* 50. Réglemens qui les concernent. V. *PHARMACIE.*

APREMONT, Chapitre uni à la Paroiffe de S. Mihiel. *Ed.* 20 *Juil.* 1707. *T. I. p.* 600.

APPRENTIFS. L'Apprentiffage chez un Maître en Jurande , Lorrain ou François, eft imputé pour le tems néceffaire & exigé pour être ad-mis au Chef-d'œuvre ; le Compagnonage de même. *A. C.* 10 *Avril* 1756. *T. IX. p.* 261.

ARBRES. Ordre d'en planter fur les grandes routes par les Propriétaires , & à leur profit , ou du Haut-Jufticier. *A. C.* 4 *Septemb.* 1741. *T. VI. p.* 291. Au défaut des Propriétaires, les Communautés tenues de les planter par Corvées, jouiffent des terrains défignés pour la planta-tion. *A. C.* 11 *Septemb.* 1742. *T. VI. p* 343.

Défenfes d'élaguer les Arbres des forêts , & ceux répandus dansles Campagnes ouvertes. *A. C.* 23 *Décemb.* 1752. *T. VIII. p.* 406. Défenfes de vendre des Futaies propres à bâtir. *Ord.* 12 *Septemb.* 1724. *T. III. p.* 69. D'abattre les Arbres en Héritages non clos; la Jurifdiction en appartient aux Maîtrifes. *A. C.* 10 *Fév.* 1742. *T. VI. p.* 315.

ARCHIDIACRES ont droit de faire leurs vifites dans l'étendue de leurs Archidiaconés avec la permiffion de l'Evêque; il leur eft dû cinquante fous & au Secrétaire dix fous par Paroiffe; leurs Procèsverbaux doivent être dépofés au Secrétariat de l'Evêché. *A. Cour* 23 *Juin* 1716. *T. II. p.* 97. Ils ont droit de dépouille fur les Doyens Ruraux, ou trente livres au choix des héritiers, après les dettes acquittées, fi la fucceffion eft abandonnée. *A. Cour* 1 *Juillet* 1717. *T. II. p.* 130.

ARCHIVES. V. *Actes.*

ARDOISIERE. Exploitation d'une Ardoifiere dans les foffés des fortifications de Nancy, à côté de la Venneric. *A. C.* 9 *Septembre* 1764. *T. X. p.* 354.

ARGENT. Défenfes de trafiquer en parfilure d'or ou d'argent. *A. Ch.* 19 *Juin* 1737. *T. VI. p.* 35. *A. Ch.* 1. *Février* 1709. *T. VII. p.* 26. *du Supplément.* Défenfes d'acheter, de perfonnes inconnues, des bijoux & effets d'or & d'argent. *A. Cour,* 30 *Août* 1731, *T. V. p.* 163.

ARMES (A FEU) doivent être portées chez les Maires. *Ord.* 12 *Mars* 1699. *T. I. p.* 140. Défenfes de porter des Armes brifées. *Ord.* 15 *Janv.* 1704. *T. I. p.* 409. Défenfes de fabriquer & tenir des Piftolets de poche. *A. Cour* 11 *Mars* 1711. *T. I. p.* 713. De porter Armes offenfives. *Ord.* 14 *Février* 1700. *T. I. p.* 227. *Ord.* 15 *Janvier* 1704. *T. I. p.* 409. *Ord.* 18 *Mai* 1702. *T. III. p.* 401. Excepté les Nobles & Officiers militaires. *Ord.* 16 *Novembre* 1739. *T. VI. p.* 203. Les Officiers de Juftice, Marchands & Bourgeois étoient exceptés. *Ord.* 14 *Février* 1700. *T. I. p.* 227. Défenfes de tirer Armes-à-feu dans la Ville. *Ord. Pol.* 7 *Septembre* 1705. *T. I. p.* 497. Ni ailleurs, fous aucun prétexte, fans permiffion. *A. Cour* 19 *Novembre* 1764. *T. X. p.* 363.

ARQUEBUSIERS. Réglemens qui les concernent. *Ed.* 24 *Novembre* 1710. *T. II. p.* 426. *Edit* 12 *Avril* 1721. *T. II. p.* 458 & 460. *Edit* 24 *Mars* 1721. *T. III. p.* 456. Leur fuppreffion. *Ord.* 2 *Janvier* 1726. *T. III. p.* 140. *Ord.* 16 *Novembre* 1739. *T. VI. p.* 203.

ARRÉRAGES. V. *Pensions.*

ARSENIC. V. *Pharmacie.*

ARTS & MÉTIERS. La connoiffance de ce qui les concerne eft de la compétence des Bailliages, fauf l'appel à la Cour. Ceux de Nancy font de la compétence de l'Hôtel de-Ville, fi leurs Chartres y font adreffées. *Edit* 31 *Janvier* 1701. *T. I. p,* 259. Suppreffions des Chartres & Franchifes des Corps & Métiers dans les Villes qui ne font comprifes dans le Rôle arrété au Confeil. N'y font compris les Chirurgiens, Apoticaires & Orphevres. *A. C.* 23 *Avril* 1760. *T. X. p.* 50. V. *APPRENTIFS.*

ASCENSEMENT (DE BIENS DOMANIAUX.) V. *DOMAINES ALIÉNÉS.*

ASSASSINS. Récompenfes pour la capture des Affaffins & Voleurs ; grace & récompenfe aux Complices des Affaffins qui s'accuferont & feront prendre tous leurs Compagnons ou partie. *Ord.* 13 *Mai* 1725. *T. III. p.* 235.

ASSESSEURS. V. *OFFICES.*

ASSIGNAT. V. *PENSIONS.*

ASSIGNATION. L'échéance doit être précife dans l'Exploit. *A. Ch.* 31 *Mai* 1755. *T. IX. p.* 198. Défenfes d'affigner fur des Requètes pour Demandes incidentes, fauf à les fignifier par Acte. *A. C.* 2 *Août* 1757. *T. IX. p.* 363. Affignations fe donnent aux François comme aux Evêcheois à domicile avec *Pareatis.* V. *DÉCRETS.*

ATTERMOYEMENT entre Marchand & Marchand eft de la compétence des Juges-Confuls. *Edit* 28 *Novembre* 1715. *T. II. p.* 80.

AVANCEMENT d'hoirie en Coutume de S. Mihiel doit être rapportée en partage ; la renonciation aux fucceffions de Pere & Mere n'en difpenfe pas. *A. Cour* 15 *Juin* 1717. *T. II. p.* 126.

AUBAINE. Les Etrangers établis dans les Etats en 1700 & qui fe font établis fix ans après en font exempts. *Ord.* 14 *Février* 1700. *T. I. p.* 225. Les Evêchés & ceux des Pays cédés par les Ducs à la France en font déchargés. *Ord.* 28 *Mai* 1701. *T. I. p.* 290. Ainfi que tous les François. *Ord.* 13 *Mars* 1702. *T. I. p.* 350. Les Ducs & les Defcendans de la Maifon de Lorraine font habiles à fuccéder en France. *A. Cour* 4 *Mai* 1702. *T. I. p.* 360. Nouveau délai de fix années, pendant lefquelles ceux qui fe feront établis en Lorraine font affranchis de l'Aubanité. *Decl.* 23 *Août* 1706. *T. I. p.* 521. Il n'y a pas d'Aubanité pour les Impériaux & Sujets des Pays héréditaires de la Maifon d'Autriche ; il y a Réciprocité. *A. Cour* 11 *Janvier* 1707. *T. I. p.* 528. Les Marchands étrangers, fréquentans les Foires de S. Nicolas & décédans en Lorraine, ne font fujets à l'Aubanité. *Ord.* 4 *Mars* 1707. *T. I. p.* 545.

AUDIENCES. Celles à huis clos peuvent être refufées & différées par la Compagnie. *A. Cour* 16 *Février* 1700. *T. I. p.* 231. Le Bailliage de

Nancy eft autorifé à tenir de grandes Audiences pour les Caufes importantes, le droit de fiege eft fixé à dix livres pour chacune. *A. C.* 15 *Janvier* 1745. *T. VII. p.* 63. On peut ne plus attendre, pour l'Audience, le Lieutenant-Général au delà de l'heure fixée. *A. Cour* 16 *Février* 1700. *T. I. p.* 231. V. ROLLE DES AUDIENCES, APPOINTEMENS. Grandes Audiences établies dans tous les grands Bailliages. *A. C.* 25 *Mai* 1753. *T. IX. p.* 55. Les grandes Audiences fe continuent, fans Jugement qui l'ordonne. *A. Cour* 6 *Septembre* 1753. *T. IX. p.* 74. Le droit de Siege fe perçoit au cours de Lorraine ; les Lieutenans-Généraux ont dix fous de France par feuille d'Audience, & les Prévôts fix fous. *Décl.* 25 *Janvier* 1752. *T. VIII. p.* 333. *A. Cour* 18 *Juillet* 1754. *T. IX. p.* 156.

AVÉNEMENT (JOYEUX) à l'entrée du Duc Léopold. *Ord.* 10 *Février* 1698. *T. I. p.* 1. Du Duc François. *Décl.* 26 *Juillet* 1729. *T. V. p.* 20. Du Roi Stanislas. *Décl.* 24 *Août* 1737. *T. VI. p.* 57.

AVANCES ET VACATIONS (DE PROCUREURS) qui n'excedent cent francs à la Cour, vingt-quatre livres de France aux Bailliages, douze livres dans les Prévôtés & Bailliages; vingt-cinq francs dans les Hautes-Juftices, & quarante francs dans tous les autres Tribunaux reffortiffans nuement à la Cour, font taxées par un Commiffaire du Siege, fur fimples Mémoires foufcrits des Procureurs, avec Annotations des Reçus, lefdites Taxes fe pourfuivent comme les exécutoires; les copies des Mémoires taxés doivent être figurées ; Vacations du Commiffaire. *Décl.* 11 *Avril* 1760. *T. X. p.* 48.

AVENIR. Doit contenir en un feul Acte les Sommations & Interpellations néceffaires; il n'en doit être donné qu'un feul à chaque échéance & par un feul Procureur de la Caufe. *A. Cour* 15 *Févr.* 1760. *T. X. p.* 41.

AVERTISSEMENT. V. PRET.

AVOCATS. Les fonctions des Avocats & Procureurs-Généraux font réglées enrt'eux. M. Bourcier fe réferve la préféance fur M. l'Avocat-Général, fans tirer à conféquence pour fes fucceffeurs Procureurs-Généraux; en cas d'abfence ils fe fuppléent & partagent les émolumens; les Conclufions de M. l'Avocat-Général font fous le nom de M. le Procureur-Général. *Régl.* 9 *Juin* 1700. *T. I. p.* 239. Création d'un fecond Avocat-Général. *Ed.* 24 *Juil.* 1704. *T. I. p.* 438.

Avocats en la Cour tenus de repréfenter leurs Matricules en 1698, pour former un Tableau ; & ceux licenciés dans les Univerfités étrangeres tenus de fe faire aggréger à celle de Pont-à-Mouffon. *A. Cour* 5 *Avril* 1698. *T. I. p.* 19. Prévarication de l'Avocat donne lieu à la propofition d'erreur. Les propofitions d'erreur doivent être foufcrites &

atteftées de trois ou quatre Avocats. *Ed. 8 Oftob.* 1707. *T. I. p. 32.* Demande en caffation fubftituée à la propofition d'erreur, doit être autorifée d'une Confultation de trois anciens Avocats, outre celui qui fera le Rapport & qui aura plaidé la Caufe. *Ed. 20 Août* 1716. *T. II. p.* 103. Avocats chargés de la Procédure font tenus, en Affaires Domaniales, d'adreffer les Requêtes aux Juges fous la qualification de Juges Domaniaux. *A. Ch.* 11 *Mai* 1700. *T. I. p.* 238. Rang & fonctions des Procureurs au regard des Avocats. *Ed.* 1 *Novemb.* 1704. *T. I. p.* 459. Avocats autorifés à inftruire la Procédure, fans déroger à la Nobleffe *Décl.* 1 *Août* 1705. *T. I. p.* 489. La Compofition d'Ecritures d'Avocats taxée par le Rapporteur, fuivant l'importance de la matiere & le travail. *A. Cour* 19 *Avril* 1735. *T. V. p.* 293. Ce dernier Réglement a été annullé : la taxe des Ecritures fert feulement à fixer ce qui eft dû par la Partie qui fuccombe. *Ord.* 13 *Janv.* 1740. *T. VI. p.* 217. Les fonctions d'Avocats finançans des Offices de Procureurs, font rendues compatibles. *Décl.* 23 *Octobre* 1757. *T. IX. p.* 376. Etabliffement d'une Chambre des Confultations, compofée de cinq Avocats, pour confulter *gratis* fur les Appels aux Cours fupérieures. Les Pauvres ne peuvent être Appellans, s'ils n'y font autorifés par cette Chambre ; l'Avocat de Miféricorde y fait le Rapport des Caufes des Pauvres. La Chambre a les mêmes privileges que les Officiers des Bailliages antérieurs à la création de 1751. *Décr.* 20 *Juil.* 1750. *T. VIII. p.* 176. Les fix plus anciens Avocats à la Cour font exempts de toutes Charges, impofitions, logement & fournitures de Gens de Guerre & autres preftations pendant leur vie. *Décr.* 28 *Novemb.* 1698. *T. I. p.* 94. Ce qui s'entend des fix Anciens non exempts d'ailleurs. *A. C.* 23 *Juin* 1747. *T. VII. p.* 149. Les quatre Anciens ont le droit de *Committimus* aux Requêtes du Palais. *Ed.* 6 *Juil.* 1710. *T. I. p.* 701. Un Avocat réfidant à Nancy, ne peut impétrer d'Office, s'il ne préfente un Certificat de M. l'Avocat Général, qu'il a affifté aux Conférences. *Décl.* 15 *Décemb.* 1728. *T. III. p.* 320. Ne doivent plaider pour les Communautés, fans autorifation de M. l'Intendant. *A. C.* 3 *Mai* 1738. *T. VI. p.* 115. Les Docteurs aggrégés de la Faculté de Droit de Pont-à-Mouffon peuvent exercer les fonctions d'Avocats. *Ed.* 6 *Janv.* 1699. *T. I. p.* 111. Création d'Avocats au Confeil. *Ed.* 20 *Janv.* 1699. *T. I. p.* 111. *Ed.* 10 *Janv.* 1719. *T. II. p.* 233. Les Offices font rendus héréditaires. *Idem.* Aucun Avocat ne peut exercer au Confeil, fans commiffion. *Ord.* 10 *Avril* 1699. *T. I. p.* 157. Avocats au Confeil occupent par-devant des Commiffaires du Confeil exclufivement à tous autres.

A. C. 11 *Mai* 1739. *T. VI. p.* 189. *A. C.* 4 *Juin* 1748. *T. VII. p.* 198.
Création des Avocats du Roi aux dix-huit grands Bailliages , &
d'Avocats-Procureurs du Roi aux dix-fept autres. *Ed. Juin* 1751.
T. VIII. p. 254.

AUMONE PUBLIQUE. V. *Bureau des Pauvres.*

B.

BACS,
BATTEAUX. Églement qui fixe le droit de paffage des Rivieres.
A. Ch. 10 *Mai* 1704. *T. I. p.* 436. *A. Cour* 8 *Mai* 1711. *T. I. p.*
766. Bâteliers, Pêcheurs, &c. doivent les attacher de nuit à chaines
& ferrures , pour éviter le paffage de la Contrebande , remettre la
clef au Bureau du Fermier, s'il y en a un. La dépenfe eft aux frais
des Propriétaires. *A. C.* 14 *Juillet* 1756. *T. IX. p.* 291.

BAIL. Révocation des Baux des Fermes du Roi. *A. C. T. V. p.* 44.
T. VI. p. 59. 60. *T. IX. p.* 239.

(de Meubles.) V. *Meubles.*

BAILLIAGE. V. *Offices.* Ceux de Nancy, S. Mihiel, Vofges & Allemagne,
jugent fommairement à l'Audience en dernier Reffort, jufqu'à la valeur de cent francs Barrois ; les autres Bailliages & Sieges Bailliagers
de cinquante ; excepté les matieres d'injure , fervitudes, cens, rentes
foncieres , droits immobiliers. *Ed.* 31 *Aoft* 1698. *T. I. p.* 40. Les
Officiers font exempts de toutes Charges. *Idem.* Ils jugent en dernier Reffort, même en Procès par écrit dans les matieres de la valeur énoncée en l'Edit du 31 Août 1698. *Ed.* 29 *Septembre* 1698.
T. I. p. 71. Les Affaires de la mouvance du Bailliage de Baffigny
& Siege Bailliager de Gondrecourt fe portent à Paris & celles de
la non-mouvance à la Cour. Celles-ci fe plaident à Bourmont &
celles de la mouvance à S. Thiébaut. *Ord.* 2 *Octobre* 1698. *T. I.*
p. 77. *A. C.* 10 *Juin* 1706. *T. III. p.* 415. Le Greffier eft tenu
d'avoir des Régiftres féparés pour chaque Reffort. *Ord.* 2 *Octobre*
1698. *T. I. p.* 77. Les Bailliages jugent du crime de Duel par prévention fur les Maréchaux. *Ed. Mai* 1699. *T. I. p.* 168. Officiers des
Bailliages font Juges Domaniaux à la place des Célériers, Receveurs
& Contrôleurs des Domaines, à charge de juger fommairement &
fans retardation. *Ord.* 10 *Avril* 1699. *T. I. p.* 159. Ainfi que de
l'Impôt fur les Bieres. *A. C.* 6 *Juin* 1751. *T. VIII. p.* 226. Réglement pour le Bailliage de S. Diez. V. *S. Diez.* Les Officiers
des Bailliages doivent fe faire recevoir à la Chambre des Comptes
de Lorraine ; le Chef de la Compagnie doit faire inférer à la fin de

chaque Sentence en matiere de Domanialité le nom des Juges ;
faire intituler les Requêtes aux Juges comme Domaniaux, ou de Grueries, ou de Salines. *A. Ch.* 5 *Décembre* 1711. *T. II. p.* 522. *A.
Ch.* 11 *Mai* 1700. *T. I. p.* 238. Le Bailliage de Bar a exercé fans
Finance. *A. C.* 12 *Mars* 1725. *T. III. p.* 109. Les Bailliages ont
la connoiffance du poffeffoire des Bénéfices. *Edit Juin* 1751. *T.
VIII. p.* 254. V. *RÉCEPTIONS.* Les Appels des Bailliages de Bar &
de la Marche fe portent à Paris pour les cas ordinaires & aux Préfidiaux de Châlons & Langres, au cas des premier & fecond chefs
de l'Edit des Préfidiaux en France. *Idem.* Réglemens entre le Lieutenant-Général & les Confeillers du Bailliage de S. Mihiel. *A. Cour*
16 *Février* 1700. *T. I. p.* 231. *A. Cour* 4 *Décembre* 1706. *T. I.
p.* 522. Les Bailliages ne doivent inférer de modifications dans les Enrégiftremens des Arrêts de la Cour. *A. Cour* 12 *Septembre* 1752.
T. VIII. p. 403.

BAILLIFS. Ont l'autorité d'appaifer les querelles entre gens d'épée, même en
leur ordonnant les Arrêts ; ils peuvent les faire appeller pour les entendre, finir leurs querelles, ou en donner avis aux Maréchaux.
Edit Mai 1699. *T. I. p.* 168.

BAILLIVAGE fe fait avec les affiettes des ventes ou délivrance d'Affouage : s'il y a impoffibilité de pénétrer dans le Bois, les Procès-verbaux doivent l'énoncer. *A. C.* 19 *Décembre* 1750. *T. VIII.
p.* 211.

BAN. Le Ban doit être mis aux Recoltes par les Habitans, après vifites ac-
coutumées, de l'avis & en préfence des Prévôts. *A. Cour* 19 *Juillet*
1701. *T. I. p.* 195. Les Habitans, dans les Terres du Domaine, nomment les Experts pour vifiter les Recoltes, & indiquer le jour de
l'ouverture du Ban. *A. Cour* 10 *Mars* 1753. *T. IX. p.* 37. Ban aux
fruits champêtres doit être levé en affemblée de Communauté, au fon
de la cloche. *A. C.* 31 *Décembre* 1746. *T. VII. p.* 122. Les Officiers de l'Hôtel-de-Ville mettent le Ban & connoiffent des infrac-
tions. *Déc.* 3 *Décembre* 1717. *T. II. p.* 149.
Criminel qui a enfraint fon Ban & Vagabonds ne peuvent être jugés
par les Juges des Vaffaux ; mais doivent être renvoyés avec les Procès-verbaux aux Bailliages du Reffort pour y être jugés prévôtalement. *A. Cour* 22 *Juin* 1731. *T. V. p.* 174. Election des Syndics. *A.
C.* 3 *Mai* 1738. *T. VI. p.* 115.

BANALITÉ en Coutume de Lorraine eft univoque de Haute-Juftice & im-
prefcriptible. *A. C.* 1 *Juin* 1723. *T. II. p.* 633. Défenfes de bâtir
Four, Moulins ou Preffoirs, fi on n'eft fondé en titre. Les Curés
n'ont

& Vicaires, qui en font exempts, ne peuvent cuire, moudre ou preſſurer hors des Etats; peuvent, pour les fruits de vignes de la dotation de la Cure, tenir les Preſſoirs qu'ils avoient en 1733; ils n'ont pu en bâtir depuis ſans la permiſſion du Seigneur. Les Vignes de fondations ſubſéquentes à la dotation ne ſont exemptes de Banalité. *Décl. 16 Mars 1733. T. V. p. 207.* V. *Moulins.*

BANGARDS ſont choiſis par les Habitans & prêtent ſerment ès mains du Maire. *A. Cour 8 Mars 1710. T. I. p. 694.* Sont choiſis aux Plaids. Annaux. *A. C. 10 Mars 1753. T. IX. p. 37.* Peuvent preſcrire le Droit de partager les Amendes avec les Seigneurs. *A. Cour 8 Mars 1710. T. I. p. 694.* Doivent veiller à la garde des plantations de Tabac. *A. Cour 25 Mars 1721. T. II. p. 544.*

BANQUIERS (Expéditionnaires en Cour de Rome ou de Légation.) Les Expéditions doivent être ſollicitées & délivrées par la voie des Banquiers de Lorraine, toutes autres ſeront arrêtées aux Greffes & remiſes aux Banquiers; défenſes aux Juges de les recevoir. *A. Cour 25 Mai 1739. T VI. p. 195. A. Cour 15 Décembre 1747. T. VII. p. 186.* Il y a une Taxe arrêtée au Conſeil pour la fixation de leurs Droits. *Ed. 10 Janvier 1699. T. I. p. 121.*

BANQUEROUTE. V. *Faillite.*

BAR. V. *Bailliage, Possession, Chambre des Comptes.*

BARAQUES dans les Bois ou en raſe Campagne, doivent être démolies à la diligence des Procureurs du Prince & ceux des Seigneurs, après une premiere ſommation. *Ord. 14 Février 1700. T. I. p. 225.*

BARRIERES établies ſur les Frontieres pour empêcher la communication avec l'Etranger & éviter la maladie contagieuſe. *Ord. 6 Novembre 1710. T. II. p. 411.* Elles ſont levées. *Ord. 7 Décembre 1711. T. II. p. 576.* Communautés où il y a des Troupes apoſtée pour la garde des Barrieres, ſont tenues de loger le Soldat; les fournitures en argent & denrées ſeront par elles faites, & diminuées ſur leur Subvention. L'Officier paie ſon logement & ſa fourniture. *A. C. 13 Novembre 1711. T. II. p. 517.*

BAS. Défenſes de débiter des Bas d'Eſtame à deux fils. *A. C. 14 Janvier 1721. T. II. p. 524. A. C. 19 Août 1738. T. VI. p. 137.*

BASSIGNY. V. *Bailliage.*

BATIMENT. Permiſſion de bâtir ſur la rue de Bourmont à S. Thiébaut; Franchiſes aux Bâtiſſans. *Ed. 11 Avril 1710. T. II. p. 338.* Franchiſes de Subvention accordées aux Bâtiſſans; ſavoir, de la Subvention entiere d'une année pour Maiſon, Engrangement & Ecuries; de deux tiers pour Maiſon & Ecurie, & d'un tiers pour Maiſon

C

feulement. Dans les Villes, du tout pour une Maifon ; fi elle n'eft achevée dans l'an, la Franchife fe reportera pour moitié fur l'année fuivante. *Décl. 7 Juillet 1721. T. II. p.* 486. Il y a Franchife de Subvention pendant dix ans à ceux qui bâtiffent fur la Place neuve de Lunéville & Rues attenantes, & quinze ans de Franchifes de logement de gens de guerre & corvées. *Ord.* 10 *Juillet* 1728. *T. III. p.* 285.

Défenfe de vendre des Arbres de Bâtimens, fans reconnoiffance de la réformation, qui fera donnée *gratis*. La Marque & Délivrance en appartient aux Juges des Vaffaux, même de Gens de Main - morte. *Ord.* 12 *Septembre* 1714. *T. III. p.* 69.

Délivrance d'Arbres des Bâtimens des Forêts des Gens de Main-morte & l'Emploi font de la Jurifdiction des Grueries Royales. Ils ne doivent être marqués qu'en préfence des Officiers des Vaffaux. *Décl.* 11 *Mai* 1739. *T. VI. p.* 190. *A. C.* 5 *Mai* 1740. *T. VI. p.* 222. Moyennant Vacations à taxer par le Grand-Maitre. Défenfes d'employer les Arbres à aucun autre ufage. *A. C.* 2 *Septembre* 1740. *T. VI. p.* 240. L'Officier a dix fous par pied d'Arbre. On marque *gratis* les Arbres deftinés aux Incendiés, au Domaine, & pour les Bâtimens deftinés aux Troupes. *A. C.* 14 *Juin* 1748. *T. VII. p.* 200. Les Officiers doivent faire eux-mêmes la vérification de l'Emploi ; furtout, s'il confte par des Rapports que les Arbres de mauvaife qualité aient été échangés ; les échanges feront déclarés fans frais par les Bâtiffans, en marge des Procès-verbaux de délivrance. *A. Cour* 14 *Décembre* 1753. *T. IX. p.* 82. On ne doit marquer d'Arbres des Bâtimens que dans les Cantons défignés par les Arrêts; on ne doit pas marquer ceux de réferve dans les Ventes ufées. *A. C.* 14 *Septembre* 1757. *T. IX. p.* 369.

BEAUPRÉ. Prife de poffeffion de cette Abbaye par un Régulier. *A. Cour* 17 *Juin* 1710. *T. III. p.* 432.

BÉNÉFICES. Provifions de Bénéfices, créations de Penfions, Inftitutions doivent être infinuées au Greffe des Infinuations Eccléfiaftiques, dans le mois. *Ed.* 14 *Mars* 1699. *T. I. p.* 148. Les François font habiles à poffeder des Bénéfices en Lorraine fans Lettres de Naturalité, & réciproquement. *Ed.* 30 *Juin* 1738. *T. VI. p.* 119. Défenfes de prendre poffeffion de Bénéfices fans permiffion du Roi. *A. C.* 17 *Juillet* 1744. *T. VII. p.* 50. *A. Cour* 12 *Juillet* 1763. *T. X. p.* 243. La Cour de Rome a reconnu la compétence de la Cour Souveraine de Lorraine fur le poffeffoire des Bénéfices. *A. Cour* 1 *Décembre* 1725. *T. III. p.* 131. Poffeffoire des Bénéfices eft maintenant de la compétence des Bailliages Royaux. *Ed. de* Juin 1551. *T. VIII. p.* 154.   L'aliénation des Domaines ne comprend celle des Bénéfices. *Décl.* 16 *Août* 1720. *T. II. p.* 403.   Quand ils tiendroient à des Terres titrées. *Decl.* 5 *Février* 1721. *T. II. p.* 441.   Indult de Clément XII. pour la nomination aux Bénéfices confiftoriaux, dont Sa Sainteté avoit droit de difpofer en Lorraine, accordé à S. M. & au Roi de Pologne, Duc de Lorraine. *Lettres-Patentes* Octobre 1740. *T. VI. p.* 246.   Les Forges dépendantes des Bénéfices Eccléfiaftiques font affujetties à l'Impôt de la Marque des Fers. *Edit d'Août* 1699. *T. I. p.* 196.   Les Bénéficiers, dont le Chef-lieu eft en Frrnce, & partie des Biens & Droits en Lorraine, ne peuvent être inquiétés pour le titre ou la poffeffion, que pardevant le Juge du Chef-lieu ; les Arrêts par eux obtenus à cet égard devant être exécutés dans les deux Etats avec *Pareatis*, fous claufe rogatoire, & fcellés du Sceau du Prince. *Décl.* 27. *Juin* 1713. *T. II. p.* 5.

BERUS. Prévôté fupprimée. *Ed.* 15 *Décembre* 1705. *T. I. p.* 500.

BESTIAUX. Défenfe d'en fortir des Etats, fous peine de mort & de confifcation, fi on n'en a la permiffion du Prince. *Ord.* 16 *Novembre* 1720. *T. II. p.* 420.   Permiffion accordée aux Trois-Evêchés & Pays de Concordat, pour leur confommation feulement. *Décl.* 12 *Janvier* 1721. *T. II. p.* 430.   Ce Commerce eft rétabli. *Ord.* 23 *Avril* 1721. *T. II. p.* 465.

BÉTAIL. V. *Bouchers, Boucheries*.

BIBLIOTHEQUE. Celle fondée par le Roi Staniflas le 28 Décembre 1750. placée à l'Hôtel de Ville de Nancy, en un lieu deftiné aux affemblées de l'Académie. *Ord.* 27 *Juin* 1763. *T. X. p.* 239.

BIERE. V. *Octrois, Brasserie, Bled*.

BIENS. V. *Émigrations*.

BLAMONT. La Coutume de Blâmont a force de Loi. *A. C.* 22 *Mars* 1743. *T. VII. p.* 15.

BLASPHÈMES. Peines contre les Blafphémateurs, fuivant les récidives, jufqu'à la fixieme fois. *A. Cour* 27 *Août* 1700. *T. I. p.* 248.   *Ord. de* 1583. & 1624. *T. I. p.* 249.

BLED. Le Commerce en eft interdit en 1698. *Ord.* 5 *Septembre* 1698. *T. I. p.* 67. *Ord.* 3 *Décemb.* 1698. *T. I. p.* 96. Il eft rétabli. *Ord.* 11 *Décemb.* 1698. *T. I. p.* 101. Interdit de nouveau pendant la difette de 1709. Réglement à ce fujet. *Ord.* 4, 12, 13, 23, 25 *Avril.* 6, 12, 21, 23 *Mai.* 15 & 27 *Juin* 23 *Juillet* 1709. *T. I. p.* 653 & *fuiv. jufqu'à la* 675°. *Ord.* 2 & 11 *Octob.* 1710, 2 *Janv.* 1710. 682. *jufqu'à la* 689°. Défenfes nouvelles en

1713. *Ord.* 11 *Novembre* 1713. *T. II. p.* 15. Commerce de Grains avec l'Etranger interdit, fous peine de la vie. *Ord.* 16 *Novembre* 1720. *T. II. p.* 420. Excepté avec les Evêcheois & pays de Concordat, pour leur confommation. *Décl.* 12 *Juin* 1721. *T. II. p.* 430. *Ord.* 23 *Avril* 1721. *T. II. p.* 465. Etabliffement de Magafins. V. *MAGASINS.* Défenfes d'acheter des Grains avant la récolte. *Ord.* 19 *Novembre* 1714. *T. III. p.* 71. Créancier a un privilege fur les meubles du Débiteur, pour prix de Grains, pour fa fubfiftance & de fa famille, pourvu que la caufe foit fincere & inférée dans le Titre. *Ord.* 19 *Novembre* 1724. *T. III. p.* 73. Défenfes de fortir des Grains des Etats. *Ord.* 19 *Novembre* 1725. *T. III. p.* 119. Fournitures de Bleds à faire pour le Prince & fes Troupes. *Ord.* 19 *Novembre* 1698. *T. III. p.* 370. Révocation des défenfes de lever des Grains. *Ord.* 4 *Décembre* 1713. *T. III. p.* 444. Liberté du Commerce avec toutes les Provinces de France. *A. C.* 16 *Novemb.* 1754. *T. IX. p.* 170. Avec l'Etranger, par gens de toutes conditions, fans être cotifables aux Impofitions quelconques à raifon de ce. *Ed.* *Octobre* 1764. *T. X. p.* 359. Etabliffement d'un Marché au Bled à Nancy, le mardi de chaque femaine. *Ord. Hôt. Ville* 21 *Janvier* 1761. *T. X. p.* 105.

BOHÉMIENS. V. *BUREAU DES PAUVRES.*

BOIS. Taxe du Bois de chauffage. *Ord. Pol.* 7 *Août* 1703. *T. I. p.* 247. *Ord. Pol.* 9 *Mai* 1712. *T. I.* 767. *A. C.* 16 *Juillet* 1712. *T. I. p.* 777. *Ord. de la Réformation* 6 *Octobre* 1751. *T. VIII. p.* 307. 9 *Octob.* 1751. *T. VIII. p.* 308. *A. C.* 4 *Juin* 1763. *T. X. p.* 234. Réglement pour les Cordeleurs. *Ord. Pol.* 19 *Octobre* 1703. *T. I. p.* 392. Défenfes de couper Bois fecs ou verds dans les Forêts; d'en porter par fardeaux, hottées ou fur des bouriques, & d'en vendre dans la Ville, fans un certificat de l'Adjudicataire qui eft garant du contenu. *A. C.* 7 *Janv.* 1713. *T. II. p.* 1. *A. C.* 6 *Février* 1710. *T. III. p.* 431. Peine du Carcan, en cas de récidive. *Idem.* Les Délinquans peuvent faire leurs foumiffions; & le Juge prononcer fur icelles. *Décl.* 7 *Mai* 1724. *T. III. p.* 25. Correction d'une erreur en l'Article XII. du Réglement du 2 Septembre 1740. ligne 7. Il faut lire *En préfence des Officiers des Seigneurs.* *A. Cour* 24 *Mai* 1761. *T. X. p.* 190.

Ordres pour la vifite des Bois. *Ord.* 12 *Septembre* 1698. *T. II. p.* 361. La longueur du Bois de corde eft fixée à quatre pieds de Lorraine, & de celui d'affouage à fix. *A. C.* 13 *Février* 1733. *T. V. p.* 105. La longueur fe livre entre les deux coupes; le fagot doit avoir trois pieds trois quarts de haut, fur deux pieds huit pouces fix lignes de contour , & l'échalat quatre pieds & demi de haut, & huit lignes d'écarriffage. *Régl. 23 Avril 1759. T. X. p. 9.*

Sur la marque des Bois à délivrer aux Salpêtriers. V. *SALPETRIERS.* On ne doit couper ni vendre aucune Futaye , aucun Balliveaux ni Chablis, fans permiffion du Prince. *Décl. 21 Mai 1739. T. VI. p.* 190. Les Propriétaires Laïcs le peuvent. *A. C. 2 Septembre 1740. T. VI. p. 240.* Six mois avant l'exploitation dans les Bois , à fix lieues des Rivieres navigables ou Ruiffeaux flottables , on doit fournir une Déclaration de la quantité & effence d'Arbres à couper. *A. C. 18 Septembre 1738. T. VI. p. 134. Décl. 21 Mai 1739. T. VI. p.* 190. *A. C. 2 Septembre 1740 T. VI. p. 240.* V. *BATIMENS.* Les Propriétaires Laïcs ne font pas tenus d'attendre fix mois après leur déclaration , pour d'autres arbres que les Chênes; mais feulement un mois; ils peuvent même difpofer des arbres fecs & chablis après une reconnoiffance. *A. C. 2 Septembre 1740. T. VI. p. 240.* V. *HAUTES-JUSTICES , EAUX & FORETS , COMMUNAUTÉS , BOIS , DÉLITS.*

(SORTIE DES BOIS.) Défenfe d'en fortir des Etats fans permiffion , excepté par les François , compris au traité de Paris ; à charge de déclarer celui de Futaie avant la fortie , & rapporter un Certificat du Déchargement : le Propriétaire du Bois eft garant de l'amende ; il eft foumis , quant à ce , à l'infpection du Gruyer de fon domicile. *A. C. 20 Septembre 1723. T. II. p. 658. A. C. 18 Septembre 1738. T. VI. p. 134.*

BOUCHERS. } Bouchers ne doivent tuer bétail chez eux. *Ord. Police.*
BOUCHERIES. } *Mai 1699. T. I. p. 166.* Leurs Chartres. *A. C. 26 Mars 1764. T. X. p. 284.* Réglement pour les Boucheries & le prix des viandes. *Ord. Pol. 14 Décembre 1735. T. V. p. 313.* Défenfes d'y vendre des Têtes , Pieds , Foies & Moux. *A. C. 23 Juillet 1740. T. VI. p. 229. Ord. Pol. 12 Septembre 1764. T. XV. p. 357.* Marchand de Bétail ne peut en acheter qu'à trois lieues au delà de Nancy , même pour la confommation de la Ville ; ne peut aller au devant de celui que d'autres Marchands y deftinent , pour l'acheter de leurs mains. *A. C. 26 Mars 1764. T. X. p. 284.* Convention , fur le prix de la Viande au deffus de la Taxe , eft prohibée. *Ord Pol. 12 Septembre 1764. T. X. p. 357.*

BOUCONVILLE. Prévôté réunie à celle de Mandre. *Ed. 18 Mars 1722. T. II. p. 537.*

BOUCQ. On le défunit de la Prévôté de Foug , & on y transfere les Grueries de Mandre & Bouconville. *Ed. 6 Septembre 1725. T. III. p. 112.*

BOURGS. Les Receveurs des Octrois des Bourgs, où il y a Prévôté, doivent compter aux Chambres des Comptes, après avoir compté avec les Communautés. *Ed. 22 Janvier 1699. T. I. p. 129.*

BOURGEOIS. Les Notables pouvoient porter en campagne, à pied ou à cheval, Epées ou Piftolets. *Ord. 14 Février 1700. T. I. p. 227.*

BOURGEOISIE. Fixation du droit, tant pour les Hommes que pour les Filles ou Veuves & ceux qu'elles époufent. *A. C. 15 Octobre 1760. T. X. p. 94.*

BOURGOGNE. V. *Traité.*

BOURMONT. V. *Bailliages, Batiment, Chapitre.*

BOUVEROT. V. *Portion congrue.*

BOUZONVILLE. Tranflation des Prévôtés de Freiftroff & Berus à Bouzonville. *Ed. 15 Décembre 1705. T. I. p. 500.* On y crée des Officiers de Juftice. V. *Office.*

BRASSERIE. Défenfe de braffer Bleds & Orges en 1709. *Ord. 13 Avril. 1709. T. I. p. 655.* La Défenfe eft levée. *Ord. 15 Mars 1710. T. I. p. 695.* Celle de Nancy a un Privilege excluſif. *Let. Pat. 1 Avril 1723. T. II. p. 609.* Défenfes à autres que les Privilégiés de braffer, fans Permiffion du Fermier Général, & d'encaver des Bieres, fans payer deux francs par pieces de cinq mefures ; après en avoir donné la Déclaration. Ce Droit eft Domanial. *A. C. 6 Juin 1751. T. VIII. p. 226.*

BULLES. Ne doivent être fulminées, publiées ou affichées, fans Permiffion du Prince vérifiée en la Cour ; il en eft de même des Brefs ou Mandemens Apoftoliques. *A. Cour 2 Janv. 1700. T. I. p. 213. A. C. 27 Juil. 1744. T. VII. p. 50.*
Enrégiftrement d'une Bulle concernant la doctrine de Janfenius. *A. Cour 17 Décembre 1705. T. I. p. 502.* D'une autre concernant le Livre intitulé : Nouveau Teftament en François, &c. *A. Cour 8 Mars 1714. T. II. p. 29.* D'une Bulle de Jubilé. *A. Cour 19 Mars 1759. T. X. p. 6.*

BUREAU (des Pauvres) établi dans toutes les Villes, Bourgs & Villages, doit être préfidé par le Bailli ou le Lieutenant-Général dans les Villes, & le Curé dans les Villages. Il eft formé des Députés des Communautés Eccléfiaftiques & Séculieres (excepté de Religieux Mendians) de la Nobleffe & des plus Notables de la Paroiffe ; on doit y faire choix de Commiffaires pour la répartition de l'Impôt, pour la fubfiftance des Pauvres, fur les Aifés exempts ou non, le fort portant le foible. Le Bureau juge des plaintes des Surtaxes. *A. Cour 15 Décembre 1698. T. I. p. 106. A. Cour 20 Février 1699. T. I. p. 137. A. Cour 15 Décembre 1699. T. I. p. 208.* Doit être fait choix chaque année de Perfonnes prépofées pour recevoir les Déclarations des Contribuables & les Quêtes. Il doit y avoir un Rôle des Pauvres. *Ord. 8 Mai* 1717. *T. II. p.* 113. Les offres des Contribuables doivent être raifonnables, à peine du double de ce qu'ils auroient dû offrir. Les Maifons Religieufes & autres, éloignées des Villes ou Villages, formeront un Rôle particulier, & feront taxées au Confeil pour laf ubfiftance des Pauvres des lieux qui en font plus foulés. *Décl.* 11 *Novembre* 1717. *T. II. p.* 147. Le Bureau eft préfidé dans les Villes par le Chef de Police ; dans les Villages, par le Seigneur ou le Maire, & compofé d'un Noble, s'il y en a, de deux Notables, d'un Commiffaire de Quartier ou Sindic. Les Curés ou Vicaires peuvent y affifter & examiner ce qui tient à la fubfiftance des Pauvres. *Décl.* 11 *Novembre* 1717 *T. II. p.* 147. *Ed.* 28 *Décembre* 1723. *T. II. p.* 687. L'Affemblée fe fait tous les mois ; les Vifites de la Paroiffe chaque fix mois ; le Commiffaire va recevoir les offres des Aifés chez eux ; le Receveur tient Regiftres ; le Bureau taxe en cas d'infuffifance des offres. Le Chef du Bureau eft permanent ; les Officiers font choifis chaque trois ans ; les Quêteurs & Commis des Villages chaque année. L'état des Pauvres doit être annuellement adreffé au Chef de Police du Chef-lieu. L'état des Offres, celui des Taxes, la Recette & Dépenfe ; le *finito* du dernier Compte, font auffi adreffés annuellement au Confeil, ainfi que les inftructions fur les difficultés & incidens dans l'exercice des Officiers. *Ed.* 28 *Décembre* 1723. *T. II. p.* 687. Etabliffement d'un Bureau à Nancy, avec pouvoir aux Commiffaires de décider de ce qui le concerne ; peut augmenter les Taxes du Tiers-Etat ; le Prince fe réferve d'augmenter celles des Eccléfiaftiques & des Nobles. *Ord.* 4 *Juin* 1717. *T. III. p.* 235. Etabliffement de la Maifon-de-Force à Nancy ; elle eft affranchie de l'Impôt fur les Bleds portés au Moulin ; elle a un affouage de quinze arpens dans les Bois du Domaine. Les Affemblées font à la liberté des Commiffaires. Défenfes d'infulter les Gardes-Pauvres ou s'attrouper autour d'eux. Les Commiffaires connoiffent & jugent fans appel & fommairement les Contraventions à cette Défenfe, au nombre de cinq, fi la peine eft pécuniaire, & de fept, fi elle eft corporelle ; celle de mort eft de la Jurifdiction de la Cour ; mais l'inftruction eft au Bureau fur papier blanc, fans Contrôle ; les Tours Notre-Dame fervent à la garde des Coupables. Il doit y avoir un Carcan devant la Maifon-de-Force. L'Inftruction fe fait fur les Procès-verbaux des Gardes, même dans le cas de la peine du Carcan, à charge de les répéter & d'appeller les Contrevenans ; les Affignations aux Témoins font verbales. Le Service des Gardes ne doit être empêché par les Soldats, à quoi veilleront leurs Supérieurs. La Contravention par les Ecoliers du College est punie de prison; & pour récidive, d'expulsion du College, outre l'Amende & punition arbitraire ; de quoi les Peres & Meres feront responsables ; les peines pécuniaires s'exécuteront par corps, s'il échet. La Maison-de-Force a les deux tiers des Amendes prononcées à l'Hôtel de Ville, & les deux tiers des Aumônes des Commensaux du Prince. L'Imposition se fait sans exception & font exécutoires. *Décl. 19 Avril 1730. T. V. p. 56.* Réglement sur les fonctions des Commissaires, du Bureau, du Receveur & des Commissaires de Quartier ; sur la Jurisdiction Souveraine du Bureau ; les objets qui y sont soumis; les fonctions du Concierge & des Gardes. Les Curés ont entrée aux Bureaux. Les Mendians feront conduits à la Maison-de-Force pour y être punis ; ils y feront logés séparément & mis au travail. La Ville sera distribuée par Quartier; les Quêtes aux Eglises feront remises au Receveur. *Ord. 4 Juin 1727. T. III. p. 235.*

Toutes Fondations & Dispositions pieuses au profit des Pauvres, sans destination particuliere, font réunies au Bureau de chaque lieu. *A. C. 28 Juin 1754. T. IX. p. 158.*

BUVETTE. Défense d'en faire dans les Ventes d'Immeubles en détail, à peine de nullité des Ventes, & d'Amende. *A. Cour 8 Mai 1726. T. III p. 156..* Promesses pour Buvettes au cabaret font nulles. *Ed. 28 Mai 1723. T. II. p. 614.*

C

CABARET. ON ne doit y donner à boire ni à manger pendant le Service Divin les Dimanches & Fêtes; non plus que chez les Aubergistes, Rôtisseurs, Académistes & Maitres de Jeux. *Ord. Pol. 1 Mai 1699. T. I. p. 164. A. Cour 5 Janvier 1703. T. I. p. 374.* Aux Jeunes Gens & Habitans du lieu, à heure indue. *A. Cour 11 Mars 1711. T. I. p. 713.* On ne doit fréquenter le Cabaret dans le lieu de sa résidence & à une lieue aux environs de son domicile, ni le Cabaretier le permettre ; encore moins aux Enfans de Famille, Apprentifs, Compagnons, Domestiques ; aux Prodigues, Gens dissolus; excepté aux Domestiques qui ont la nourriture du Maitre en argent. Toutes Promesses de payer des dettes de Cabaret, font nulles. Gens de Justice quelconques ne doivent tenir Cabarets, ni y boire ou manger avec les Plaideurs. On ne doit donner à boire

ni à

ni à manger dans les Caves. Défenses de faire venir Vin ou Vivres chez foi pendant le Service Divin des Dimanches & Fêtes. Les pour- fuites doivent fe faire par les Procureurs d'Office ; les Jugemens s'exécutent par provifion, s'ils n'excedent pas vingt-cinq francs dans les Bourgs & Villages, & cinquante dans les Villes. L'Amende eft pour un tiers au Seigneur, un tiers aux Pauvres, & le refte au Dé- nonciateur. *Ed. 28 Mai 1723. T. II. p. 624.* Gardes-Cabarets font nommés aux Plaids-Annaux par les Officiers de Police, & y prêtent fer- ment. Ils doivent vifiter, de jour & de nuit, les lieux où on vend Vin, fur-tout lorfqu'ils font avertis par les Curés ; & faire Rapport des Délits, à peine d'en répondre ; lequel fait foi s'il eft foufcrit de deux Gardes, ou d'un feul & un Témoin ; il doit être pourfuivi dans la huitaine. Les Procureurs d'Office peuvent pourfuivre fur leurs connoiffances d'ailleurs que par des Rapports ; le Jugement fe fait fommairement ; l'Amende ne peut être modérée ; les Gardes ont le tiers du Dénonciateur. Officiers de Juftice ne doivent fréquenter les Cabarets de leur réfidence ; les Cabaretiers feront jugés re- belles s'ils refufent l'entrée aux Gardes & aux Curés, & s'ils font évader les Buveurs. L'Ordonnance du 28 Mai 1723 doit être lue chaque année au Prône. *A. Cour 27 Avril 1735. T. V. p. 297.* Vendans Vins, Biere, Liqueurs, Café, &c. Marchands, Boulan- gers, Bouchers, &c. & tous autres, ne doivent prêter de l'argent aux Enfans de Famille ni aux Soldats. *Ord. Pol. 30 Juil. 1763. T. X. p. 247.* Cabaretiers ne doivent tuer Viande de Boucherie en leur logis, dans les Villes où il y a Octroi fur les Boucheries. *Décl. 11 Juin 1719. T. II. p. 264.*

CACHOT. Perfonne ne peut être mis en Prifon fans Ordonnance fignée du Juge. *A. Cour 12 Mai 1699. T. I. p. 176.*

CADAVRE. Le Procès lui eft fait pour crime de Duel, comme pour Sui- cide. S'il n'eft pas extant, il eft fait à la mémoire, comme pour crime de Lèfe-Majefté Divine & humaine. Les Parens du Mort, même en degré éloigné, évitent la Confifcation, s'ils pourfuivent le Combattant qui furvit. *Ed. Mai 1699. T. I. p. 168.*
Les Juges doivent faire fournir les Cadavres des Suppliciés aux Profeffeurs de Chirurgie de Pont-à-Mouffon, pour les Démonftra- tions Anatomiques. La conduite s'en fait aux frais du Prince. *Ord. 28 Mars 1708. T. I. p. 618.* V. *MORTS.*

CADET. Réglement pour la Compagnie des Cadets du Roi Staniflas. *Ord. 30 Décembre 1738. T. VII. p. 30 du Supplément à la fin du Volume.*

CAFÉ V. *CABARET.*

D

CAFOUSE. Menues Denrées, au deſſous de vingt-cinq livres, n'y doivent aucun Droit de Poids. Les Poiſſons, Fruits & Défruits n'en doivent point, à quel poids ils montent. Les Marchands ne doivent apporter leurs Ballots & Marchandiſes par partie, ni par Perſonnes interpoſées. *A. Ch.* 21 *Aoſt* 1715. *T. II. p.* 74. Défenſe aux Marchands Forains de vendre aucune Marchandiſe dépoſée à la Douanne, ſans en avoir donné la Déclaration au Chef du Corps des Marchands, qui a droit de les viſiter ; leſdits Forains ne vendront qu'à la Douanne ; n'y viendront que trois fois l'an, & n'y ſéjourneront que huit jours chaque fois ; les Forains Colporteurs pourront vendre, dans leſdits délais, dans les maiſons des Bourgeois ; ils ne vendront que pour leur compte, & non pour celui des Marchands de la Ville. Le Fermier de la Cafouſe ne fera aucun Commerce de Marchandiſes, même pour autrui ; les Marchands de la Ville ne peuvent expoſer ni vendre à la Cafouſe. *A. C.* 18 *Aoſt* 1750. *T. VIII. p.* 88. V. *MIRECOURT.*

CANON. V. *DETTES DE PARTICULIERS.*

CANONICAT. V. *CHAPITRE.*

CAPITAINES. Appointemens des Capitaines des Portes. Ils ne peuvent rien exiger des Denrées qui entrent dans la Ville. *A. C.* 7 *Juin* 1701. *T. I. p.* 362.

(DE CHASSE) peuvent aſſiſter à la Réception des Gardes-Chaſſes, & aux Jugemens pour faits de Chaſſe dans les Domaines & les Plaiſirs, ſans aucune part aux Droits de Siege ; ont voix délibérative, la derniere place dans les Bailliages, & la ſeconde dans les Grueries ; les Cauſes de Chaſſe ſeront appellées les premieres. *Ord.* 15 *Janvier* 1704. *T. I. p.* 409. Ce Droit a depuis été donné aux Lieutenans des Chaſſes. *Ed. Janvier* 1729. *T. III. p.* 336. Les Capitaines des Chaſſes prêtent Serment ès mains de M. le Chancelier & à la Cour ; ils diſtribuent les Amendes à leurs Officiers. *Ed.* 30 *Janvier* 1764. *T. X. p.* 270.

CAPITAINERIES. Etabliſſement de douze Capitaineries. *Ed. Janv.* 1729. *T. III. p.* 336. Celles de Nancy, Lunéville & Commercy, diſtraites de la Grande Vennerie, & compoſées chacune d'un Capitaine, d'un Lieutenant, d'un Aſſeſſeur Gradué, d'un Avocat-Procureur du Roi & de pluſieurs Gardes. *Ed.* 30 *Janvier* 1764. *T. X. p.* 270.

CAPITATION. Les Veuves ne doivent que moitié de ce que payoient les Maris. Les Fils de Famille mariés ou garçons, pourvus de Charges, ſont impoſés, quoiqu'ils logent chez leurs Peres. Enfans ayant du bien échu de leurs Peres ou Meres, paient le quart de leurs Auteurs ; le huitieme s'ils ſont Mineurs. *Décl.* 27 *Mai* 1711. *T. I. p.* 726.

CAPTURE. Récompenfe de trois cens livres promife à ceux qui feront la Capture d'un Voleur, & aux Communautés du tiers de la Subvention de l'année. *Décl. 12 Avril 1721. T. II. p. 463.* De toute la Subvention pour trois Voleurs. Une Communauté voifine eft punie de fa négligence par le paiement de la Subvention de celle qui aura fait la Capture. *Ord. 11 Août 1722. T. II. p. 567.* La Récompenfe des Communautés réduite à moitié. La Communauté qui refufe mainforte, paie les trois cens livres au Particulier, quand même le Voleur ne feroit pas arrêté. *Ed. 28 Décembre 1723. T. II. p. 687.*

CAPUCINS établis à Sarguemines *A. Cour 3 Février 1721. T. II. p. 440.* Les Capucins font exempts de Gabelles, Impôts & Octrois quelconques. *Let. Pat. 13 Avril 1731. T. V. p. 135.*

CARÊME. Défenfes de faire des Affemblées, Feftins & Repas extraordinaires. Ordre de fe conformer en tout aux Mandemens des Ordinaires; à quoi doit veiller la Police & juger fommairement les Contraventions. *Ord. 15 Févr. 1710. T. I. p. 693.* Augmentation du prix de la Viande pendant le Carême au profit des Hôpitaux. *Ord. 4 Mars 1714. T. III. p. 18.*

CARROSSES. Privilege exclufif des Carroffes de Nancy à Luneville, à charge d'en tenir fuffifamment pour partir tous les jours. *Let. Pat. 10 Sept. 1710. T. III. p. 454. A. C. 28 Avril 1731. T. V. p. 143.* Bail defdits Carroffes. *A. C. 27 Juil. 1730. T. V. p. 93.* Etabliffement de Carroffes & Meffageries pour les principales Villes de Lorraine. Réglement & Tarif. *A. C. 28 Avril 1731. T. V. p. 143.* Réglement & Tarif pour les Paquets & Papiers confiés au Carroffe de Luneville. *A. C. 4 Septembre 1741. T. VI. p. 293.* Les Voituriers traverfant Luneville ou Nancy & fuivant la Route du Carroffe, doivent prendre une Permiffion *gratis. A. C. 11 Septembre 1742. T. VI. p. 345.* Réglement pour celui de Nancy à Ramberviller & Bruyeres. *A. Ch. 2 Décembre 1739. T. VII. p. 52 du Suppl. à la fin du Vol.* Réglement & Tarif pour celui de Nancy à Langres. *A. Ch. 5 Mai 1751. T. VIII. p. 146.* Réglement pour les Carroffes appellés Fiacres. *Ord. Pol. 28 Décembre 1737. T. VI. p. 96.* V. MESSAGERIES.

CARTES. L'Impôt fur les Cartes eft de la Jurifdiction ordinaire, fauf l'Appel à la Chambre des Comptes. *Ed. 16 Octobre 1726. T. III. p. 189.* L'Impôt établi de nouveau; autre Réglement ' il eft de la Jurifdiction de M. l'Intendant. *Ed. 11 Novembre 1751. T. VIII. p. 311.*

CARTEL. L'envoi du Cartel prive de la fatisfaction de l'offenfe, de toutes Charges, Appointemens & Penfions; eft puni de deux ans de prifon, avec fufpenfe de toute adminiftration de Biens, dont le revenu eft aux

Pauvres & aux Hôpitaux l'entretien diftrait; le tout s'il n'y a Femme ou Enfans. La Jurifdiction eft aux Juges locaux. Si le Provoqué accepte, il encourt les mêmes peines. S'ils n'ont Penfions ou Appointemens, la punition eft de trois ans de prifon outre les peines fufdites, & deux mille livres d'Amende; ceux qui fecourent, font punis comme complices. Les Valets, au deffus de quinze ans, qui portent fciemment un Cartel, font punis du fouet & marqués d'un fer chaud, les Pages fuftigés fous la cuftode. Si l'objet du Cartel eft un intérêt civil, le Juge peut en priver le Provoquant; de même que le Provoqué, s'il l'accepte. Si le Provoqué eft un perfonnage en autorité, outre les peines, il lui fera fait réparation, tête nue & à genoux, en une Affemblée. Mais fi le Provoqué a accepté, outre lefdites peines, il fera fufpens de fon autorité pendant fix mois; fi le Combat a fuivi, il y a peine de mort & de confifcation de Biens. *Ed. Mai 1699. T. I. p. 168.*

CASERNES. Le terrain pour la conftruction du nouveau Quartier à Nancy, eft donné à la Ville. *A. C. 5 Janvier 1765. T. X. p. 367.*

CASSATION. La Demande en Caffation eft fubftituée à la Propofition d'erreur qui demeure abolie. Elle a lieu contre les Arrêts pour Contravention aux Ordonnances & Coutumes, aux Traités & Concordats, &c. pour interverfion de Jurifdiction des Cours Souveraines, pour l'intérêt de la Couronne. La Requête doit contenir les Moyens, & être fignée de cinq Avocats, celui de la Caufe compris. Le Délai pour fe pourvoir, eft d'un an de la fignification de l'Arrêt pour les Majeurs; deux ans pour MM. les Procureurs-Généraux; un an pour les Mineurs, du jour de leur majorité; fix mois pour les Veuves au delà de ce qui reftoit de délais à leurs Maris; fix mois aux Mineurs, du jour de la majorité, au delà de ce qui reftoit à leurs Auteurs; l'objet doit être au moins de mille livres de principal ou de cinquante livres de rente, fans les frais; la Confignation eft de fix cens livres, & de moitié fi l'Arrêt eft rendu par défaut. Si le Demandeur fuccombe, le Souverain a les deux tiers, & l'Adverfaire l'autre; s'il obtient fes fins, elle lui fera rendue en entier. Forme de procéder en Caffation; la voie de Requête Civile rend celle en Caffation non-recevable, & réciproquement; l'Adverfaire peut fe pourvoir en Caffation contre l'Arrêt du Confeil qui aura caffé celui des Cours Souveraines; y ayant voie à Caffation contre les Arrêts du Confeil. La Demande n'empêche l'exécution des Arrêts. La Caffation doit être examinée par fept Juges. *Ed. 10 Août 1716. T. II. p. 103.*

CASUEL. V. *PORTION CONGRUE.*

CAVES. V. *CABARETS*.

CAUSE. La Préfentation de Caufe. V. *PRÉSENTATIONS*. Caufes commencées. Appel de Caufe. Caufe à huis clos. V. *BAILLIAGES*. Rôle
des Caufes. V. *APPOINTEMENT*.

CAUTION donnée par les Huiffiers pour la fûreté publique, eft à l'arbitrage
du Juge. *Ed.* 31 *Août* 1698. *T. I. p.* 40. Les François difpenfés de
donner en Lorraine Caution *Judicatum folvi*, & réciproquement.
Ed. 30 *Juin* 1738. *T. VI. p.* 119.

Pour Adjudications de Bois doivent être reçues en préfence du Receveur Particulier; le Receveur Général, s'il eft préfent, & le Procureur du Roi. *Ed. Septembre* 1749. *T. VIII. p.* 94. À l'adjonction
des Syndics de Communautés & Prépofés des Gens de Main-morte.
A. C. 3 *Mai* 1765. *T. X. p.* 389. Pourfuites & Diligences des Subftituts en Gruerie. *A. Ch.* 14 *Novembre* 1727. *T. III. p.* 259.

CÉDULES. (EVOCATOIRES AUX REQUETES DU PALAIS,) doivent être
données au Demandeur à fon domicile, ou à celui de fon Procureur,
& fixer l'Audience des Requêtes du Palais, à laquelle le Demandeur
eft affigné; exprimer le titre du Privilege, élire Domicile chez un
Procureur des Requêtes du Palais. Le Privilégié n'eft pas obligé
d'évoquer au delà de dix lieues de diftance du Siege des Requêtes
du Palais. *Décl.* 28 *Mai* 1711. *T. I. p.* 735. L'Evocation eft, pour toutes
diftances, à la liberté du Privilégié. *Ed.* 16 *Novembre* 1713. *T. II. p.*
16. Les Sieges inférieurs ne peuvent connoitre des Déclinatoires,
lorfqu'il y a Cédules fignifiées. *A. Cour* 24 *Mai* 1728. *T. III. p.* 281.

CERTIFICATS. Les Brigadiers de Maréchauffée doivent envoyer aux Secretaires d'Etat les certificats des Magiftrats ou Officiers principaux des lieux
où ils auront fait la tournée, contenans atteftation de bonne conduite, & de leurs diligences & perquifitions. *Décl.* 31 *Octobre* 1719.
T. II. p. 265. *Ord.* 17 *Mars* 1720. *T. II. p.* 318.

Le Mendiant doit en avoir de l'Officier de chaque lieu d'où il fort,
contenans la Déclaration qu'il y a faite de la route qu'il méditoit;
il fera conduit en prifon s'il s'eft dévoyé. *Ord.* 17 *Mars* 1720. *T. II.
p.* 318.

Un Voyageur doit avoir des Certificats de fanté dans les tems de
maladie contagieufe. *Ord.* 6 *Novembre* 1720. *T. II. p.* 411.

Certificats des Adjudicataires. V. *BOIS*.

CHABLIS. Réglement pour la Reconnoiffance & Vente des Chablis dans les
Bois du Roi & de Communauté. Les Maitrifes doivent envoyer les
Procès-verbaux de Reconnoiffance & Vente, au Greffe du Confeil:
il eft défendu aux Communautés d'y toucher ni en difpofer, que par

Adjudication, à l'ordinaire. En cas de négligence des Officiers des Vassaux, les Délinquans seront poursuivis sur les Rapports des Forestiers Royaux & les Amendes acquises à Sa Majesté, sans préjudice aux Droits des Vassaux pour les autres cas. *A. C.* 7 *Février* 1739. *T. VI. p.* 176. Réglement au sujet des Chablis dans les Bois du Roi. Les Gardes doivent les visiter, en faire Rapport, & veiller avec le Garde-Marteau à ce qu'ils ne soient ébranchés ou enlevés; après la vérification par les Officiers, ils seront marqués & vendus, lorsqu'il y en aura pour dix cordes. On doit vuider le Bois dans le mois. On ne doit pas vendre les Arbres en *estant*. L'Etat des Ventes doit être remis au Receveur. *A. C.* 19 *Décembre* 1750. *T. VIII. p.* 208.

CHAISE. Réglement concernant les Porteurs de Chaises. Tarif. *Ord. Pol.* 28 *Décembre* 1737. *T. VI. p.* 96. *Ord. Pol.* 11 *Janvier* 1761. *T. X. p.* 103.

CHAMBELLAN. Le Duc François défend à qui que ce soit de se qualifier Chambellan, que ceux qu'il aura constitués dans la suite en cette dignité. *Décl.* 12 *Juil.* 1729. *T. V. p.* 10.

CHAMBRE. GRANDE-CHAMBRE.) V. *Cour*.

CHAMBRE (DES COMPTES.) La Visite des Usines du Domaine est de sa Jurisdiction. *A. Ch.* 12 *Juin* 1698. *T. I. p.* 25. Les Comptes des Deniers Patrimoniaux & d'Octroi, se rendent, d'abord en Communauté & ensuite aux Chambres des Comptes, nonobstant tous Privileges. *Ed.* 22 *Janv.* 1699. *T. I. p.* 129. *Décl.* 31 *Janvier* 1724. *T. III. p.* 6. L'Appel des Instances, en matiere de Domaine, ressortit comme avant l'année 1670. La Chambre des Comptes de Bar connoît desdites Causes en première Instance dans le Ressort du Barrois mouvant; & dans le Bassigny mouvant, par Appel seulement. Attribution à la Chambre de trois deniers pour livre du prix des Baux, Ventes de Grains & Bois du Domaine. *Ord.* 10 *Avril* 1699. *T. I. p.* 159. Elle entend les Comptes des Officiers comptables du Prince. Elle connoit de l'administration des Biens & Droits Domaniaux non engagés & de la mauvaise administration des Engagistes, même pour mauvaise exploitation de Bois. Si M. le Procureur-Général est seule Partie, elle a la Jurisdiction pour la réunion des Domaines aliénés & liquidation de l'indemnité. Elle l'a par Appel sur le possessoire ou pétitoire des Biens Domaniaux en demandant & défendant; elle l'a en première instance pour l'indemnité due pour les Biens amortis, situés dans les Justices du Domaine; elle a l'administration de ce qui appartient au Roi à titre d'aubaine, déshérence, bâtardise. Elle connoit des Surtaux & des Franchises des Fermiers du Domanie; la connoissance de toutes autres Franchifes réfervée au Prince, ainfi que du fait de Nobleffe. Les Lettres de Nobleffe doivent être entérinées à la Chambre. Elle connoit des difficultés fur l'exploitation entre les Fermiers & Sous-Fermiers du Domaine. Elle connoit, par Appel, des faits de Salines & matieres d'Eaux & Forêts des Domaines & Juftices en dépendantes. *Ed.* 31 *Janvier* 1701. *T. I. p.* 259. *A. C.* 16 *Mai* 1753. *T. IX. p.* 57. De ce qui concerne la Ferme de la Pofte-aux-Lettres. *Décl.* 1 *Février* 1704. *T. I. p.* 416. Elle juge feule, comme Cour des Monnoies en premiere Inftance, Civile & Criminelle, & fouverainement, du fait des Monnoies au regard des Ouvriers; & par prévention feulement avec les Bailliages, de la Fabrication & Altération des Monnoies. Elle eft feule Cour des Aides; elle juge les difficultés concernant le Sceau des Contrats; elle a la vérification des Dons, Charges, Penfions, Appointemens fur les Domaines & Salines; des Aveux, Dénombremens, Blâmes, &c. & des Oppofitions qui y font formées par M. le Procureur-Général, en ce qui touche les Domaines aliénés. Elle juge des malverfations des Officiers comptables des Domaines; M. le Premier Préfident reçoit le Serment des Comptables en Gruerie, & des Orfevres. Les difficultés fur la Jurifdiction entre les Cours Souveraines fe décident au Confeil, fans qu'elles puiffent rendre Arrêts l'une contre l'autre. *Ed.* 31 *Janvier* 1701. *T. I. p.* 259. Réglement de Jurifdiction entre la Chambre des Comptes & la Cour Souveraine dans le Barrois non-mouvant. Les Officiers des Bailliages & des Grueries doivent fe faire recevoir à la Chambre. Elle connoît des Appels des Grueries qui ont exercé la prévention fur Délits dans les Bois des Domaines aliénés. Il n'eft rien innové quant à la Jurifdiction de la Chambre des Comptes de Bar. *Ed.* 9 *Novembre* 1728. *T. III. p.* 304. Celle de Lorraine a la Jurifdiction pour la difcuffion des Offices comptables au Domaine, & évoque les Inftances où elles puiffent être pendantes; fauf, fi l'intérêt du Roi ceffe, à les renvoyer au Juge dont elles ont été évoquées. *Décl.* 17 *Janvier* 1729. *T. III. p.* 333. Elle connoît du Droit de Préfentation. *A. C.* 3 *Avril* 1756. *T. IX. p.* 254. Des Affaires de la Compagnie du Commerce. *A. C.* 5 *Janvier* 1725. *T. III. p.* 74. Elle entend les Comptes des Receveurs des Domaines & Bois. *Ed.* *Septembre* 1749. *T. VIII. p.* 94. Les Conteftations entre les Adjuditaires & Ouvriers des Ponts & Chauffées, étoient de fa compétence en premiere Inftance & fouverainement. *Lett. de Cachet* 25 *Février* 1716. *T. II. p.* 86. Elle entend les Comptes des paiemens des dettes de l'Etat. *A. C.* 18 *Décembre* 1729. *T. II. p.* 304. Elle ne connoît pas des Affaires inftruites ou jugées fur les ordres du Confeil. *A. C. 9 Septembre* 1738. *T. VI. p.* 130. Elle avoit enjoint aux Cenli-taires de fe retirer pardevers elle, pour obtenir Arièts de Subroga-tion & y faire régiftrer leurs titres. *A. Ch.* 15 *Avril* 1750. *T. VIII. p.* 152. Le Confeil lui fait défenfes d'en accorder. *A. C.* 16 *Mai* 1753. *T. IX. p.* 57. Excepté des terrains à bâtir dans la Ville de Nancy. *A. C. 9 Aoft* 1755. *T. IX. p.* 207. Elle a exclufivement la Répartition & la Jurifdiction concernans l'Abonnement dès Ving-tiemes. *A. C. 7 Avril* 1759. *T. X. p.* 7. Défenfes aux Juges du Reffort de connoitre des Affaires concernant l'Abonnement des Ving-tiemes. *A. Ch.* 2 *Mai* 1763. *T. X. p.* 223. Elle eft en poffeffion de n'admettre dans fa Compagnie que des Gens qui ont fait preuve de Nobleffe. *Enrégiftrement de la Décl.* 16 *Novembre* 1764. *T. X. p.* 364. Les Confeillers de la Chambre des Comptes de Lorraine font qualifiés Maitres des Comptes. *Décl. 9 Mars* 1708. *T. I. p.* 625. Les Préfi-dens, Confeillers & Gens du Roi ont leurs Caufes commifes aux Requêtes du Palais. *Ed.* 6 *Juillet* 1710. *T. I. p.* 701. Création d'un fecond Préfident. *Ed.* 1 *Juin* 1720. *T. II. p.* 348. MM. les Premiers Préfidens des deux Chambres & M. le Procureur-Général font Con-feillers d'Etat nés, entrans au Confeil. *Ed.* 25 *Mai* 1737. *T. VI. p.* 30. La Vérification des Lettres de Nobleffe, données aux Habitans du Barrois, appartient à la Chambre des Comptes de Bar, ainfi que l'Enrégiftrement des Provifions des Baillis de fon Reffort, & des Lettres accordées aux Profeffeurs de l'Univerfité de Pont-à-Mouffon. Elle a l'entérinement des Dons de Terres & Biens Domaniaux, ou Deniers affignés fur les Recettes du Barrois. Les Provifions des Re-ceveurs Particuliers des Finances font régiftrées dans celle des Cham-bres où le Chef-lieu de leur Recette reffortit. *A. C.* 28 *Juil.* 1707. *T. I. p.* 567. V. *PRÉVOTÉ.*

(DES REQUETES DU PALAIS.) Sa première Création à Finance & la Défignation de ceux qui ont le Privilege des Caufes Commifes. Elle ne connoît que des Affaires pour fommes au delà de cent francs, non de celles dues par tranfports, s'ils n'ont été fignifiés trois ans avant l'Action; elle ne peut évoquer que les Caufes d'entre mêmes Parties & pour le même fait; les Actions réelles, pour Cenfives, Partages & Renonciations aux Succeffions, aux Communautés d'entre Gens mariés, Affaires de Tutelles, Caufes du Domaine ne font de fa compétence. Elle juge en dernier Reffort jufqu'à concurrence de cent cinquante francs, & deux cens cinquante par provifion en don-nant Caution; les Jugemens doivent y être rendus par fept Juges au moins,

moins, dans les mêmes formes que celles obfervées à la Cour, & aux mêmes honneurs; n'y prennent rang qu'après le dernier Confeiller. Les Juges portent la robe rouge; ils doivent être reçus à la Cour. *Ed. 6 Juillet* 1710. *T. I. p.* 701. Les Evêques ont le *Committimus*, & en outre tous ceux qui l'ont en France. *Décl.* 16 *Août* 1751. *T. VIII. p.* 306. Les Chapitres de la Primatiale, de S. Diez & de S. Georges. Les Primat & Doyen de la Primatiale. Les Prévôt & Doyen de S. Diez & le Prévôt de S. Georges; ceux-ci pour leurs caufes perfonnelles. Les Chapitres de Chanoineffes en Corps, leurs Abbeffes & Doyennes perfonnellement. *Ed. 6 Juillet* 1710. *T. I. p.* 710. Réglement concernant les Fonctions, la Jurifdiction, la Procédure, les Procureurs poftulans dans cette Chambre, l'Expectative aux Offices de Confeillers à la Cour, le droit qu'a cette Chambre d'affifter aux Affemblées de l'Hôtel de Ville. Elle juge des Actions en partage d'hérédité, de Retraits, d'Inferiptions de faux incidentes, de la Difcipline du Siege, des Exécutions, Saifies réelles, Criées, Adjudications pour chofes par elle jugées. Trois Officiers font Jugement; cinq en dernier Reffort, jufqu'à la valeur de vingt-cinq francs; & cinquante francs par provifion, moyennant Caution. *Décl.* 28 *Mai* 1711. *T. I. p.* 735. Cette Création eft fupprimée, & la Jurifdiction réunie à la Cour, qui doit députer, de fix mois à autres, cinq de fes Membres pour l'exercer: l'ufage du privilege de *Committimus*, qui étoit d'obligation, eft volontaire. Les Offices fupprimés font réunis à d'autres Offices de Judicature. Tarif des Emolumens & Vacations dans les Inftances portées à ce Tribunal. *Ed.* 16 *Novembre* 1713. *T. II. p.* 16.

CHANCELLERIE, ⎰ Réglement pour la Chancellerie & Fixation des Droits
CHANCELIER. ⎱ de grand Sceau, dont le Souverain fe réferve les trois quarts. *Ord.* 15 *Septemb.* 1701. *T. I. p.* 303. *Ed.* 1 *Juin* 1720. *T. II. p.* 351.

Création de la Dignité de Chancelier, Garde des Sceaux. *Ed.* 18 *Janv.* 1737. *T. VI. p.* 27.

CHANGE. Lettres de Change tirées par des Négocians Lorrains à plufieurs jours de vue, doivent être préfentées, dans la quinzaine de leur date, par les Porteurs domiciliés à cent lieues, & dans un délai proportionné, s'il font à une diftance au delà; finon elles ne peuvent plus valoir contre les Tireurs & Endoffeurs. *Ord.* 21 *Juin* 1720. *T. II. p.* 368. Lettres de Change doivent s'acquitter fur le pied de la valeur des Efpeces à la date de la Traite. *A. C.* 8 *Mai* 1722. *T. II. p.* 551.

CHANGEUR. Etabliffement d'un Changeur des Efpeces & Agent de Change;

il eſt exclufif pour le Change des vieilles Eſpeces. *Decl. 15 Janv.* 1719. *T. II. p.* 241. Permiſſion à la Compagnie du Commerce d'établir des Changeurs ; ne doivent , eux ni autres , trafiquer ou dénaturer les Eſpeces & Matieres d'or , à peine de mort contre les Changeurs pour la premiere fois , & contre tous autres pour la troiſieme ; défenſes d'en ſortir des Etats , ſous peine de mort ; le Procès-verbal de capture d'un Garde & deux Recors fera foi juſqu'à inſcription de faux. *Ed.* 8 *Juin* 1724. *T. III. p.* 31. *A. C.* 18 *Juin* 1724. *T. III. p.* 45.

CHANOINES. V. *CHAPITRE.*

(RÉGULIERS DE S. AUGUSTIN) de la Congrégation de Notre Sauveur , peuvent être rappellés des Cures par le Général , pour faute ou ſcandale ; même pour l'utilité de la Congrégation , du conſentement du Diocéfain ; ne feront reçus à poſſéder un Bénéfice , ſans Certificat par écrit du Général. *A. C.* 11 *Décemb.* 1739. *T. VI. p.* 207.

CHAPEAUX. V. *MANUFACTURE.*

CHAPELLE, ⎰ doivent être occupées par des Hermites vivans en Congréga-
CHAPELAINS ⎱ tion reçues au Diocèſe. Les Gardes-Chapelles ne doivent pas être mariés ; doivent être gens de bonnes mœurs , travaillans , ne quêtant pas hors du lieu , ſoumis aux Curés , fréquentans la Paroiſſe ; ſubiront la Viſite des Hermites , leur obéiront , porteront une Robe griſe. *A. Cour* 4 *Avril* 1716. *T. II. p.* 93. V. *HERMITES.*

CHAPITRE. Les Dignités & les trois quarts des Prébendes de la Primatiale & S. Maxe de Bar , la Prévôté de S. Georges , doivent être occupées par des Eccléſiaſtiques Nobles de trois degrés du côté paternel ; l'autre quart eſt affecté à des Docteurs en Théologie , & en Droit Civil & Canonique , ou en Droit Canonique ſeulement ; de même les Dignités de S. Pierre de Bar & de Pont-à-Mouſſon. Les autres Dignités de S. George , S. Pierre & Ste. Croix de Pont - à - Mouſſon , ſeront remplies par des Nobles ou Licenciés. *Ed.* 30 *Septemb.* 1698. *T. I. p.* 75. Les Chapitres de Chanoineſſes ſont confirmés dans les Privilege & Droit d'élire les Dignitaires ; les preuves , pour y entrer , ſont réduites à huit degrés de Nobleſſe paternelle , au lieu de quatre ; & huit degrés maternels de la ligne de la derniere Mere ſeulement ; n'y ſont reçues que des Nationales ; les Alſaciennes n'y ſont admiſes qu'à Charge de Réciprocité. *Decl.* 31 *Mars* 1761. *T. X. p.* 124. *A. C.* 23 *Avril* 1765. *T. X. p.* 385. Confirmation des Statuts du Chapitre de Bourmont. *A. C.* 30 *Août* 1710. *T. III. p.* 436. V. *S. DIEZ.*

CHANVRE. Chanvres ou Lins ne doivent être rouis dans les Coulans des Rivieres & Ruiſſeaux poiſſonneux , ſauf à faire des Foſſes qui ne communiquent pas aux Coulans & ne gênent pas la Navigation. *Ord.* 4

Fév. 1701. *T. I. p.* 267. *Ed. Janv.* 1729. *T. III. p.* 336. *A. C.* 27 *Janv.*
1753. *T. IX. p.* 25.

CHARBON. Défenses de vendre aux Etrangers des Charbons façonnés
dans l'Arrondissement des Bailliages de Longuyon & Villers-la-
Montagne; & à tous Sujets, d'en sortir des Etats; les François ne sont
Etrangers. *A. C.* 4 *Mars* 1758. *T. IX. p.* 394.
Marchands de Charbon doivent charger fidellement leurs Voitures.
Ord. 9 *Mai* 1712. *T. I. p.* 767.

CHARBONNIERS. Les Forêtiers du Roi & autres doivent déclarer le nombre & l'habitation des Charbonniers à trois lieues de Nancy. *Ord.* 8
Mai 1717. *T. II. p.* 113.

CHARGE. V. OFFICE.
(EN MATIERE CRIMINELLE.) L'Accusé doit être interrogé, s'il prend
droit par les Charges; ce qui doit lui être expliqué. *A. Cour* 8 *Mars*
1756. *T. IX. p.* 246.

CHARITÉ. Tout Testateur en la Ville de S. Mihiel doit faire un Legs à la
Charité dudit lieu; sinon les Directeurs sont autorisés de prendre la
dixieme part des Meubles meublans. *Décl.* 5 *Septemb.* 1732. *T. V.
p.* 189. Homologation des Statuts de l'Association des Dames de Charité de Nancy. *A. Cour* 4 *Juil.* 1748. *T. VII. p.* 201.

CHARIVARIS. Défenses de s'attrouper pour insulter les nouveaux Mariés
en premieres ou secondes Nôces, & d'éxiger d'eux une somme ou
des denrées; les Peres & Meres, Maitres & Maitresses sont responsables de leurs Enfans & Domestiques. *A. Cour* 17 *Janv.* 1715. *T. II.
p.* 49.

CHARLEVILLE. Le Duc est Prince Souverain de Charleville, d'Arches,
Duc de Montferrat, comme Héritier de Charles-Ferdinand, Duc de
Mantoue. *A. Ch.* 13 *Août* 1708. *T. I. p.* 644.

CHARMES. Réglement pour le Droit de Copelle, Vente & Passage dû dans
la Ville de Charmes. *A. C.* 24 *Août* 1748. *T. VII. p.* 245.

CHARTRES. V. ARTS ET MÉTIERS.

CHATRERIE. Réglemens concernans cette ferme; les obligatious des Châ-
treurs; l'exclusion du Privilege de Châtrerie; elle est de la Jurisdiction Domaniale; Tarif des Salaires. *A. C.* 22 *Avril* 1752. *T. VIII.
p.* 361.

CHARTREUX. Le Privilege des Bourgeois de Nancy sur la Pêche dans la
partie de la Meurthe qui est aux Chartreux; est racheté d'un Cens à
la Ville par ces Religieux. *A. C.* 19 *Janv.* 1754. *T. IX. p.* 92.

CHATÉ. Projet de Coutume supprimé; il est régi par celle de Lorraine.
Ed. 10 *Mars* 1723. *T. II. p.* 607.

CHATEAU-SALINS. Prévôté créée. *Ed.* 13 *Août,* 1721. *T. II. p.* 482.

CHASSE. Pouvoir au Grand-Veneur d'établir des Gardes Chasses. *Ord.* 28 *Février* 1698. *T. I. p.* 14. Réglement provisionnel. *Ord.* 17 *Avril* 1698. *T. I. p.* 19. Etablissement d'un Grand-Veneur & de Capitaines dans chaque Bailliage, pour veiller sur les Gardes. Création de Gardes; les Procédures s'instruisoient en Prévôté, & se jugeoient aux Bailliages par trois Juges au moins; les Sentences s'exécutoient provisionnéllement. Défenses aux Gardes d'être armés, que de brins d'estocs. *Ed.* 19 *Juin* 1698. *T. I. p.* 27. Ordre aux Gruyers & Maires de faire rétablir deux Louvieres à chaque Village, de la dimension ordonnée, tendues & amorcées tous les soirs. *Ord.* 8 *Juil.* 1698. *T. I. p.* 30. Défense de chasser dans les Plaisirs. Ordre de fournir du Gibier aux Seigneurs, en dédommagement de leurs Chasses comprises dans les Plaisirs. *Ord.* 16 *Octobre* 1698. *T. I. p.* 91. Création d'un Grand-Louvetier. Réglement concernant les Traques à corvées. *Ed.* 10 *Mars* 1701. *T. I. p.* 347. *Ord.* 19 *Novembre* 1703. *T. I. p.* 399. *Ed. Janvier* 1729. *T. III. p.* 336. Permission à ceux qui auront pris des Loups, de faire des quêtes volontaires. *Ed.* 10 *Mars* 1701. *T. I. p.* 347. Autre Réglement concernant les Chasses. *Ed.* 15 *Janvier* 1704. *T. I. p.* 409. Ordre de faire couper le jarret aux Chiens & Mâtins, de quoi les Maires seront responsables. *Décr.* 15 *Mars* 1708. *T. I. p.* 627. Les Amendes, pour faits de Chasse & de Pêche, se paient solidairement. *Ord.* 5 *Septembre* 1709. *T. I. p.* 675. *Ord.* 30 *Novembre* 1716. *T. II. p.* 107. Peres, Meres, Maitres, Maitresses sont responsables du fait de leurs Enfans & Domestiques. Roturiers trouvés avec armes-à-feu, hors des Routes, sont réputés chasser. *Ord.* 8 *Mai* 1717. *T. II. p.* 113. *Ed. Janvier* 1729. *T. III. p.* 336. Le Prince se réserve de faire chasser dans les Domaines aliénés. Défenses aux Seigneurs d'affermer la Chasse à autres qu'à leurs Admodiateurs; alors les Seigneurs ne peuvent avoir un Chasseur. *Ord.* 10 *Avril* 1717. *T. II. p.* 111. Dernier Réglement ampliatif sur le fait des Chasses & Pêches, portant Rétablissement des Capitaineries, des Lieutenans & Brigadiers. Les Gardes sauront lire & écrire, s'il est possible de les trouver tels. Ils seront reçus aux Bailliages après information de vie & mœurs. Sont exempts de toutes Charges & Impositions. Leurs Rapports font foi jusqu'à cent francs d'amende; même jusqu'à deux cens, en prouvant que le Délinquant a porté le fusil le même jour, ou qu'il a accoutumé de le porter. Ils font foi pour plus forte somme, en en prouvant la vérité par un Témoin digne de foi. Les Forêtiers peuvent faire des Reprifes de Chaffe & Pêche ; & les Gardes-Chaffes des Reprifes dans les Bois. Toutes Perfonnes peuvent faire Rapports , recordés de deux Témoins dignes de foi. Les Rapports dans les Plaifirs feront faits aux Greffes des Bailliages. Dans les Domaines aux Greffes des Grueries ; & tous autres dans les Greffes des Vaffaux, fur des Régiftres particuliers, & en bonne forme, de fuite en fuite. Forme des Rapports. Réglement pour la Jurifdiction ; les Amendes ne doivent être modérées. Forme de procéder , juger & exécuter les Sentences. Les Lieutenans de Chaffe ont voix délibérative , place après le dernier Confeiller dans les Bailliages ; & la feconde Place dans les Grueries. Le tems défendu eft depuis le 15 Mars jufqu'au 15 Août. Peines contre les Délinquans, fuivant les lieux & les tems de Reprifes. Défenfe de tendre des Lacs. Défenfes aux Lieutenans, Brigadiers, Gardes & Forêtiers de porter le fufil. Défenfes de tuer Cerfs, Biches, Faons. De prendre les Lévraux , Faons , Œufs de Perdrix , Cailles, Gelinottes & Faifans. Armes brifées font défendues, & aux Armuriers d'en fabriquer. Les Mâtins doivent avoir un billot ou chaine au col , ou le jaret coupé. Défenfes de faire des Pipées ; de prendre des Nids de Grives. Le Droit perfonel de Chaffer & établir un Chaffeur , peut être cédé aux Admodiateurs. Le fixieme dans les Haute, Moyenne, Baffe ou Fonciere Juftices donnent droit de Chaffe. Les Seigneurs de Fiefs ont Droit dans l'étendue du Fief. Indemnité promife aux Seigneurs pour leur Chaffe dans l'étendue des Plaifirs. Maniere de fuivre le Gibier hors du lieu où on a droit de Chaffe. *Ed. Janvier* 1729. *T. III. p.* 336. Etat des Capitaineries. *T. III. p.* 347. Etat des Plaifirs. *T. III. p.* 348. Le Faifan eft un Gibier prohibé , ainfi que toutes Chaffes aux Lacs, même pour ceux qui ont droit de chaffer ; les Communautés font refponfables de ceux tendus fur leurs Bans. Les Voyageurs ne doivent laiffer écarter les Chiens, même ceux qui ont des billots. Les Laboureurs ne doivent les mener aux travaux de Campagne , excepté à la garde des chevaux & troupeaux. Permis aux Gardes , Forêtiers & Chaffeurs de les tuer, dans les cas où il y a contravention à cette Difpofition. Les Amendes de Chaffes font payables par tête folidairement , & ne peuvent être modérées. *Décl.* 23 *Avril* 1731. *T. V. p.* 138. A qui font-elles dans les Terres des Vaffaux? V. AMENDES. La Chaffe du Chevreuil eft fufpendue pour deux ans, & celle des Perdrix pour trois ans. *Décl.* 14 *Février* 1732. *T. V. p.* 166. Les Communautés font déchargées de la garantie pour les Lacs tendus fur leurs Bans. Récompenfe de deux cens francs au Particulier qui fera Rapport contre un Tendeur de Lacs. *Décl.* 22 *Janvier* 1735. *T. V. p.* 286. Les Rapports dans les Bois des Domaines , non aliénés , fe font & fe jugent en Maitrifes, (fauf l'appel à la Chambre) même ceux faits où Sa Majefté a accordé permiffion de chaffer. *A. Ch.* 23 *Juin* 1762. *T. X. p.* 193. Etabliffement des Capitaineries de Nancy , Luneville & Commercy. *Ed.* 30 *Janvier* 1764. *T. X. p.* 270. V. *CAPITAINERIES.* Révocation des Permiffions de Chaffe dans les Capitaineries de Nancy, Luneville & Commercy. *A. C.* 4 *Juillet* 1764. *T. X. p.* 336.

CHAUFFAGE. Taxe du Bois de chauffage. Sa longueur. *V. Bois.*
Les Receveurs doivent prendre Quittance du paiement du Chauffage fait aux Officiers qui y ont droit. *A. C.* 16 *Mai* 1742. *T. VI. p.* 321.

CHAUSSÉES. V. *Ponts & Chaussées, Chemins.*

CHEFS. Les Chefs de Juftice & du Parquet Taxateurs des Procédures Criminelles. MM. les Premiers Préfidens des Cours vifent les Exécutoires. *Ord.* 24 *Janvier* 1699. *T. I. p.* 131.

CHEF-LIEU. V. *Bénéfices.*
Le Chirurgien-Juré aux Rapports a le Droit Excluff de Vifites & Procès-Verbaux dans la dépendance du Chef-lieu où il eft attaché. *Ed.* 18 *Février.* 1707. *T. I. p.* 540.

CHEMINS. Ordre de couper les Haies, Buiffons & Rapailles à trente toifes de part & d'autre des Chemins. *Ord.* 1 *Février* 1699. *T. I. p.* 135. Ordre d'y planter des Poteaux qui indiquent les Routes. *Ord.* 23 *Mars* 1703. *T. I. p.* 380. Ordre de faire des Chemins des deux côtés de la Mofelle, pour la navigation, depuis Châté jufqu'à Méréville. *Let. Cachet* 11 *Février* 1713. *T. II. p.* 3. Création d'un Sur-Intendant des Chemins. *Let. Cachet* 15 *Février* 1716. *T. II. p.* 86. Arbres plantés le long des grands Chemins. V. *Arbres, Ponts et Chaussées.*

CHENILLES. Ordre pour le Nettoiement des Arbres, & pour brûler les Chenilles & Nids. *Ord.* 13 *Mars* 1716. *T. II. p.* 89. *Ord. de M. l'Intendant* 27 *Décembre* 1738. *T. VI. p.* 166. *A. Cour* 27 *Févr.* 1761. *T. X. p.* 116. Même ceux des Lifieres des Forêts, & des Haies & Buiffons. Vifites à faire par les Officiers Municipaux & les Syndics. *Ord. de M. l'Intendant* 27 *Décembre* 1738. *T. VI. p.* 166. Par les Maires. *A. Cour* 27 *Février* 1761. *T. X. p.* 116.

CHEVALIER. (d'Honneur.) Suppreffion des Charges. Cette Dignité eft attachée aux Charges des Grands Officiers de la Couronne ; ils ont voix délibérative; fuivent la Chambre du Premier Préfident , & à fon abfence , du plus ancien Préfident. *Ed.* 2 *Juin* 1710. *T. II.* p. 360.

CHEVAUX (MORVEUX.) Ordre de les tuer, brûler les équipages, laver à la chaux vive les Crêches & Rateliers, relever les Pavés. Défenfes de cacher les Chevaux morveux & de s'en fervir. Ordre de faire vifiter ceux qui en font foupçonnés. Défenfes de les conduire à la pâture & les fortir des Écuries. *Ordre de M. l'Intendant* 17 *Aoûs* 1739. *T. VI. p.* 193. *Ed. du même* 30 *Juin* 1741. *T. VI.* p. 280.

CHEVAUX (LÉGERS.) Réglement pour les quatre Compagnies de S. A. R. *Ord.* 16 *Mars* 1701. *T. III. p.* 381.

CHIRURGIENS. Sont exceptés de la Permiffion donnée aux Ouvriers Etrangers, de s'établir & travailler fans faire apprentiffage ni Chef-d'œuvre. *Ord.* 2 *Avril* 1698. *T. I. p.* 15.

Etabliffement du premier Chirurgien Barbier. Réglemens & Statuts des Chirurgiens. Fonction du Lieutenant du premier Chirurgien, pour la vifite des bleffures. *Ed.* 5 *Oftobre &* 30 *Décembre* 1698. *T. I.* p. 78. *& fuivantes.* Création d'un Profeffeur en Chirurgie à Pont-à-Mouffon. Réglemens fur la Chirurgie. *Ed.* 18 *Fév.* 1707. *T. I. p.* 540. Fonctions du Chirurgien - Juré. V. *CHEF-LIEU.* V. *ARTS ET MÉTIERS.*

CITEAUX. Enrégiftrement des Réglemens faits par l'Abbé de Morimond, pour le régime de fa Filiation. *A. Cour* 27 *Juillet* 1699. *T. I. p.* 190. Confirmation des Privileges de l'Ordre. *Décl.* 12 *Mai* 1707. *T. I.* pag. 596.

CITATION. V. *PAREATIS.*

CLOTURES. Ordre de clorre les Héritages fur les chemins, fentiers, pâquis & ufuaires, à peine de deux Francs d'amende par Héritage. *Ord. Pol.* 13 *Mars* 1716. *T. II. p.* 89.

COCHE (D'EAU.) Réglement pour celui de Nancy à Metz. *A. Ch.* 13 *Juin* 1698. *T. I. p.* 26.

COCHERS. Défenfes aux Cochers de déclarer que les perfonnes qu'ils conduifent font mariées , lorfqu'ils font affurés du contraire. Défenfes de conduire hors de la Ban - Lieue, fans permiffion du Fermier des Coches. *A. Cour* 8 *Avril* 1743. *T. VII. p.* 19. V. *CARROSSES.*

COLOMBIERS. Défenfes d'en ériger & en avoir dans la fuite, fans permiffion du Prince , de quelle maniere ils foient conftruits. Ordre de démolir ceux établis fans permiffion ; excepté les Hauts Jufticiers, ou autres fondés en titre & permiffions , ou poffeffion centenaire.

Il eſt permis d'élever à la maiſon des Tiblis & Patus : tout uſage de
Voliers abrogé. *Ord.* 14 *Avril* 1711. *T. I. p.* 711. Il eſt permis
aux Curés de conſerver les Voliers ſous le toit, dont ils avoient
la poſſeſſion en 1711, pourvu qu'ils n'excedent pas cent-vingt Bou-
lins, pour leur uſage ſeulement, celui de leurs Paroiſſiens malades, & pour exercer l'hoſpitalité qui eſt de leur état ; avec
défenſe d'en vendre ou commercer, à peine de privation de la
Grace. *Decl.* 30 *Juin* 1711. *T. I. 1.* 749.

COMBAT. V. *DUEL, CARTEL.*

CONDAMNÉS à mort Civile en dernier Reſſort, ne peuvent plus être re-
préſentés par le Curateur en Titre *A. Cour* 8 *Août* 1751. *T. VIII.*
p. 389.

CONDAMNATIONS prononcées par les Officiers de Gruerie Royale, dans
le cas de prévention pour négligence & malverſation dans les Bois
des Juſtices des Vaſſaux, ſont au profit du Roi. *A. C.* 5 *Mai* 1740.
T. VI. p. 111.

COMÉDIENS. Défenſes leur furent faites, & à autres perſonnes ſemblables,
d'entrer dans les États pendant la contagion des Pays voiſins. *Ord.* 6
Novembre 1710. *T. II. p.* 411.

COMMISSION. V. *OFFICES.*

COMMERCE. Eabliſſement d'une Compagnie de Commerce ; Franchiſes aux
Ouvriers. Exempte de tous Droits de Péage, &c. Forme & valeur
des Actions. Le Souverain cede le travail de ſes Mines, autres
que celle de la Croix ; fait Bail à cette Compagnie des Fermes
du Contrôle des Actes & Greffes des Préſentations. *Ed.* 13 *Août*
1710. *T. II. p.* 390. Adminiſtrations des Affaires de la Compagnie.
A.C. 11 *Janvier* 1721. *T. II. p.* 431. Réunions des Mines de la Croix à la
Compagnie. *Décl.* 16 *Janvier* 1721. *T. II. p.* 432. Ceſſions de Terres &
Uſines du Domaine. *A.C.* 30 *Mai* 1721. *T. II. p.* 470. Réglement
concernant les Actions. Ceſſion gratuite des Fermes du Contrôle des
Actes, des Préſentations & du produit des Poſtes & Meſſageries
pendant dix ans. Etabliſſement d'un ſeul Commiſſaire ayant
Juriſdiction, avec Suppreſſion des autres. *Décl.* 8 *Novembre* 1721.
T. II. p. 511. La Compagnie ſupprimée. *Ed.* 31 *Mars* 1721. *T. II.*
p. 545. Liquidation des Créances des Actionnaires. *A. C.* 10 *Mars*
1723. *T. II. p.* 605. Création d'une nouvelle Compagnie. *Edit*
8 *Juin* 1724. *T. III. p.* 31. Ceſſion des Forges de Moyeuvre,
de Framont & Champenay, de la Manufacture des Draps de Nancy,
de l'uſage des Ponts ſur les Rivieres, avec exemption de tous
Droits de Péage, &c. Projet de Rétabliſſement des Foires de S.
                                                                    Nicolas

Nicolas. Ceſſion de la Fabrication des Monnoles. *Ed.* 8 *Juin* 1724. *T. III. p.* 31. Augmentation de quatre Directeurs. *A. C.* 16 *Août* 1714. *T. III. p.* 57. Révocation du Bureau. Juriſdiction attribuée à la Chambre des Comptes. *A. C.* 5 *Janvier* 1725. *T. III. p.* 74.

(DE GRAINS.) V. *BLEDS.*

(DE BOIS.) V. *BOIS.*

(D'ARGENTERIE, PARFILURES, &c.) V. *ARGENT.*

Défenſes aux Curés de faire aucun Commerce; de prendre des Fermes; de cultiver d'autres Terres que du Bénéfice, à peine d'être impoſés pour ce & aux Charges publiques. *Ed.* 30 *Septembre* 1698. *T. I. p.* 72.

Traité avec la Ville de Metz, pour la Correſpondance & la liberté du Commerce réciproque. *Traité* 17 *Février* 1701. *T. I. p.* 268.

COMMERCY. Le Duc de Lorraine rétabli en cette Principauté. *Traité* 7 *Mai* 1707. *T. I. p.* 587. Elle eſt cédée à M. le Prince de Vaudémont pour ſa vie. *Donation* 31 *Décembre* 1707. *T. I. p.* 617. Suppreſſion des grands Jours de Commercy. Création des Bailliage, Gruerie & Hôtel de Ville. *Ed.* 23 *Janvier* 1723. *T. II. p.* 581. Etabliſſement de la Foraine. *Décl.* 4 *Février* 1723. *T. II. p.* 584. Cette Principauté eſt cédée à Madame la Ducheſſe Douairiere du Duc Léopold pendant ſa vie. *Act. du* 4 *Juillet* 1737. *T. VI. p.* 37.

COMMISSAIRE (DE QUARTIER.) Ses Fonctions. *Ord. Pol. Mai* 1699. *T. I. p.* 166.

(AUX SAISIES RÉELLES.) Création d'un Receveur Général des Conſignations & Commiſſaire aux Saiſies Réelles pour tous les Sieges Royaux, avec pouvoir d'établir des Commis, dont il demeure garant, & qui ſeront reçus par le premier Officier du ſiege, ſur la Commiſſion du Receveur Général. *Ed. Juin* 1751. *T. VIII. p.* 254. L'Office eſt Domanial. L'Officier eſt reçu à la Cour ſur ſa Quittance de Finance ſans Proviſions, après information de vie & mœurs, en donnant caution. Il a deux pour cent ſur les deniers conſignés, & tous Privileges attribués à pareils Offices en France. *Ed. Février* 1757. *T. IX. p.* 334. Lui & ſes Prépoſés ont droit de poſtuler dans toutes Affaires & en toutes Juriſdictions. *A. C.* 19 *Novembre* 1759. *T. X. p.* 38. Le Droit de Conſeing eſt dû pour Vente ſur ſimple Affiche, quand il y a Inſtance de Collocation entre les Créanciers du Saiſi. Il eſt du dans le cas des Saiſies Mobiliaires, ſur leſquelles il y a Inſtance de préférence, & au moins deux Oppoſans. Il a

F

fûr les Effets de fes Commis un Privilege de préférence , nonobftant la faill-
lite , s'il a la priorité de Saifie ; il a auffi Hypotheque du jour de l'Enrégiftrement de leurs Commiffions aux Greffes. Ses Commis jouiffent des Franchifes d'Impofitions & Charges. *A. C. 28 Juin 1760; T. X. p. 72.*
Bis.

(RÉFORMATEUR) établi pendant la Minorité du Grand-Maître. *A.*
C. 19. Février 1761. T. X. p. 114.

COMMITTIMUS V. *REQUETES DU PALAIS , CÉDULES ÉVOCATOIRES.*

COMMUNAUTÉS. (DETTES.) Répi pour l'acquittement de leurs Dettes.
Ord. 3 Avril 1698. T. I. p. 17. Od. 14 Octobre 1699. T. I. p. 203.
Ord. 18 Avril. 1700. T. I. p. 237. Leurs Créanciers tenus de pré-
fénter leurs titres aux Prévôts pour être liquidés au Confeil. *A.*
C. 3 Mai 1738. T. VI. p. 115.

(BOIS.) Défenfes de vendre ou commercer leurs Bois d'Affouage , à peine
de Confifcation & de cent livres d'Amende. *A. C. 18 Janv. 1738.*
T. VI. p. 99. A. C. 5 Décemb. 1740. T. VI. p. 255. La Jurifdiction fur les Bois des Communautés Domaniales appartient aux Grueries Royales. *A. C. 28 Juil. 1742. T. VI. p. 329.* Celle fur les
Communautés des Vaffaux Laïcs & Eccléfiaftiques, aux Officiers defdits Vaffaux ; le Droit de Vifite réfervé aux Officiers Royaux en
perfonne ; qui, en vertu de leurs Procès-verbaux, ont la prévention
pour la correction des abus & négligences des Officiers ordinaires. Les
Officiers Royaux ont néanmoins la délivrance des Affouages & Arbres
de Bâtiment, jufqu'après le Réglement des Bois. Ils ont Jurifdiction
ordinaire pour les Ventes extraordinaires de la Souille , Futaie & Chablis,
en tout tems. *Décl. 11 Mai 1739. T. VI. p. 190. A. C. 5 Mai 1740. p. 222.*
A. C. 2 Sept. 1740. T. VI. p. 240. Les Officiers Royaux avoient droit
d'envoyer leurs Gardes vifiter les Bois des Gens de Main-morte , & en vertu
de leurs Rapports exercer la Prévention. *Décl. 11 Mai 1739. T. VI.*
p. 190. Mais les Vifites ne peuvent plus être faites que par les Officiers en perfonne. *A. C. 2 Sept. 1740. T. VI. p. 240.* Défenfes aux
Communautés de convertir les Bois de Bâtimens à autres ufages. *Décl.*
11 Mai 1739. T. VI. p. 190. Maniere d'obtenir des Ventes de Bois
extraordinaires. *A. C. 2 Sept. 1740. T. VI. p. 240.* Le tiers Denier des
Bois des Communautés Domaniales, fitués dans l'enclave des Vaffaux,
eft au Domaine. *A. C. 18 Juil. 1742. T. VI. p. 329.* Les Communautés ne peuvent fe rendre Adjudicataires ni Ceffionnaires de leurs
propres Bois. *A. C. 18 Décemb. 1745. T. VII. p. 78.* Les Officiers
Royaux ne doivent rien recevoir des Communautés, fans une Taxe préa-
lable du Réformateur. Les Officiers des Hauts-Jufticiers ont récu-

péré provifionnellement la délivrance des Affouages des Communautés , qui ont fait diligence pour le Réglement de leurs Bois. *A. C.* 19
Décemb. 1750. *T. VIII. p.* 114. Les Receveurs-Généraux ont cinq
fous pour livre des Reftitutions & Dommages & Intérêts , adjugés aux
Communautés pour Délits dans les Forêts ; ils en font la Recette &
Recouvrement exclufivement. *A. C.* 10 *Juil.* 1751. *T. VIII. p.* 381.
Les Forêtiers Communaux des Terres du Domaine , font reçus en Maîtrifes fans frais. *A. C.* 8 *Juin* 1754. *T. IX. p.* 151. Les Communautés ne répondent plus des délits dans leurs Bois. *A. C.* 17 *Août*
1754. *T. IX. p.* 161. Les Syndics doivent agréer les Cautions du prix
de leurs Bois. *A. C.* 3 *Mai* 1765. *T. X. p.* 389. Les Habitans ne peuvent
mettre Porcs en panage que pour leur défruit. *A. C.* 31 *Décemb.* 1746.
T. VII. p. 122. V. BOIS, GLANDÉE, EAUX ET FORÊTS.

(VOLEURS ET VAGABONDS.) Les Communautés tenues d'avertir les
Maréchauffées des Vols commis dans le Voifinage. *A. Cour* 10 *Nov.*
1710. *T. I. p.* 709. La Confifcation des Effets des Vagabonds &
du prix du Sel des Faux-Sauniers eft donnée aux Communautés qui
font les Captures des Délinquans. Si elles facilitent ou fouffrent leur
évafion ; elles font puniffables d'Amende, outre les dommages intérêts du Fermier. *Ord.* 10 *Juin* 1711. *T. I. p.* 744. V. CAPTURE,
BARRIERES.

(POLICE ET ÉLECTION D'OFFICIERS.) Les Communautés choififfent
les Bangards & Forêtiers, & mettent le Ban aux Fruits Champêtres.
A. Cour 19 *Juillet* 1701. *T. I. p.* 295. Choififfent les Affayeurs, Col-
lecteurs, Gardes-Vignes ; nomment les Experts pour l'ouverture du
Ban ; établiffent les Pauliers préfentés par le Décimateur. Les Habitans doivent fe trouver aux Affemblées, à peine de cinq francs d'A-
mende. *A. C.* 10 *Mars* 1753. *T. IX. p.* 37. Ont le choix d'un Syndic.
A. C. 3 *Mai* 1738. *T. VI. p.* 115.

(BIENS, PARTAGES.) Le Syndic tenu de compter de fon Adminiftration à la Communauté, fauf la révifion par M. l'Intendant. Les Communautés ne peuvent faire aucune entreprife, dépenfes, procès, en
demandant ou défendant, fans autorifation de M. l'Intendant ; après
une délibération, M. l'Intendant regle les Dépenfes. *A. C.* 3 *Mai*
1738. *T. VI. p.* 115. *A. C.* 9 *Janv.* 1740. *T. VI. p.* 211. Les Affouages & Fruits communaux fe partagent également. *Décl.* 13 *Juin*
1724. *T. III. p.* 43. *A. C.* 31 *Décemb.* 1746. *T. VII. p.* 122. Même
le Bois reftant, après la confommation du Salpêtrier. *A. C.* 14 *Mars*
1764. *T. X. p.* 275. Le Ban aux Fruits doit être ouvert au fon de
la Cloche. *A. C.* 31 *Décemb.* 1746. *T. VII. p.* 122. Les Commu-

nautés ne doivent ftipuler de Vins dans la Vente de leurs Biens,. Ord. 27. *Aoft.* 1727. *T. III. p.* 254.

(CHASSE.) Elles étoient refponfables, des Lacs tendus fur le Ban.. *Decl.* 13 *Avril* 1731. *T. V. p.* 138. Elles en ont été déchargées. *Décl.* 22 *Janv.* 1735. *T. V. p.* 286.

(GRAINS.) Elles ont été chargées en 1699 de la Conduite des Grains pour la fubfiftance des Pauvres des Vofges. *A. Cour* 10 *Fév.* 1699. *T. I. p.* 137.

(MAISON DE CURE.) Elles ne doivent aux Curés que le Logement de leur perfonne & d'un Cheval, s'ils font néceffités, à caufe de la Paroiffe, d'en avoir un. *A. C.* 19 *Mai* 1753. *T. IX. p.* 53.

(RELIGIEUSES.) Donations univerfelles, qui leur font faites, font réduĉibles *ad legitimum modum.* *A. Cour* 16 *Juil.* 1706. *T. I. p.* 517. Sur leurs Etabliffemens & Acquifitions. V. MAIN-MORTE.

(ENTRE GENS MARIÉS.) Office acquis avant le Mariage n'entre en Communauté : fi néanmoins le prix en a été payé pendant le Mariage ; c'eft une reprife de deniers à exercer à la diffolution. Si l'Office eft acquis pendant le Mariage, il fait partie de la Communauté ; mais fi le Mari furvit, il le retient, s'il le veut, en payant à l'Héritier de l'Epoufe moitié de la Finance ; s'il n'y a Traité de Mariage au contraire. *Ed. Décemb.* 1728. *T. III. p.* 314.

COMPATIBILITÉ. Les Juges & Procureurs du Roi des Bailliages ne peuvent être Juges des Vaffaux. Les Prévôts ne peuvent être Greffiers de leurs Sieges. *Ed.* 14 *Aoft* 1711. *T. II. p.* 491. Les Receveurs des Finances ne dérogent pas à la Nobleffe, & peuvent être Prévôts en même tems. *Ed.* 1 *Sept.* 1705. *T. I. p.* 492. Offices de l'Hôtel de Ville font compatibles avec tous autres. *Ed. Fév.* 1707. *T. I. p.* 533. V. AVOCATS.

COMPÉTENCE. Les Jugemens de Compétence étoient fujets à l'Appel. *A. C.* 17 *Mai* 1748. *T. VII. p.* 196. Nota. (*Cette Difpofition a été changée au commencement du Regne de Louis XV. en Lorraine.*) Jugement & Procédure de Maréchauffée, improuvés par la Cour. *A. Cour.* 8 *Mars* 1756. *T. IX. p.* 146. L'Arrêt eft annullé comme de Juge incompétent. *A. C.* 10 *Avril* 1756. *T. IX. p.* 166. Autre Arrêt de la Cour annullé par les mêmes motifs. *A. C.* 17 *Avril* 1756. *T. IX. p.* 269. La Maréchauffée doit renvoyer les Accufés aux Juges ordinaires, lorfque dans l'inftruction il y a lieu de décréter un Domicilié, qui ne doit être jugé que fauf l'Appel à la Cour ; Défenfes à eux de décréter un Domicilié, s'il n'a été repris de Juftice par Banniffement ou peine afflictive ; ou, s'il n'eft Voleur ou Affaffin fur grand Chemin ; enfin s'il n'eft dans le cas de l'Arrêt du 16 Novembre 1728. *A. Cour* 14 *Fév.* 1759. *T. IX. p.* 388.

COMPLICE. V. *Complices d'Assassinats*. Ont leur grace en s'accufant & donnant moyens de prendre leurs Compagnons. *Ord.* 4 *Juin* 1727. *T. III. p.* 235.

COMPTES des Villes. V. *Chambre des Comptes*. Des Villages. V. *Communautés*. (Biens.)

CONCERT. Etabliffement d'une Académie de Mufique & Concert public à Nancy. Statuts de l'Académie. *Let. Pat.* 6 *Avril* 1731. *T. V. p.* 130.

CONCIERGERIE. La Maréchauffée doit y conduire les Prifonniers de fa Compétence. *A. Cour* 13 *Août* 1717. *T. II. p.* 132.

CONCESSIONS. V. *Qualité*.

CONCORDAT. V. *Traité*.

CONDUIT. V. *Haut-Conduit*.

CONGÉS. Il eft furfis pendant un an à accorder aux Soldats des Congés d'ancienneté. *Ord. du Roi. T. Ch.* 1 *Nov.* 1742. *T. VI. p.* 347.

CONFÉRENCES. V. *Avocats*.

CONFISCATION. V. *Amendes, Main-morte*.

CONFRONTATION. V. *Information*.

CONSEIL. Création d'un Confeil des Finances ; les Jugemens pouvoient y être rendus par trois Confeillers, qui s'affembloient à Nancy une fois la femaine. *Ed.* 5 *Mai* 1714. *T. II. p.* 16. Les caffations d'Arrêts doivent fe rendre par fept Juges. *Ed.* 20 *Août* 1716. *T. II. p.* 103. Ordre à tenir au Confeil pendant l'abfence du Prince. *Décl.* 9 *Février* 1718. *T. II. p.* 157. Nouvel Etabliffement d'un Confeil des Finances & fes fonctions. Les Jugemens n'y pouvoient être rendus que par cinq Juges ; ce Confeil fe tenoit une fois la femaine. Les Réformateurs Généraux des Eaux & Forêts y avoient Voix délibétive. *Décl.* 3 *Juin* 1720. *T. II. p.* 361. Le Prince Royal eft autorifé de préfider aux Confeils à l'abfence du Souverain , & y figner les Arrêts, Décrets & Expéditions de Chancellerie. *Ed.* 2 *Décemb* 1722. *T. II. p.* 575. *Ed.* 14 *Juillet* 1723. *T. II. p.* 650. Nouveau Confeil d'Etat & des Finances. *Décl. & Ed.* 9 & 10 *Déc.* 1729. *T. V. p.* 30 & 32. Etabliffement des Confeils d'Etat du Roi Staniflas ; fes Fonctions : les Jugemens pouvoient y être rendus par cinq Juges. *Ed.* 25 *Mai* 1737. *T. VI. p.* 30. Etabliffement d'un Confeil des Finances, les Jugemens pouvoient y être rendus par trois Juges. *Ed.* 1 *Juin* 1737. *T. VI. p.* 33.

(Droit..) Le Droit de Confeil eft fupprimé. *Ed.* 11 *Décembre* 1718. *T. II. p.* 218.

CONSEILLERS. V. *Bailliages*.

(Prélats.) Création d'une troifieme Charge de Confeiller-Prélat en faveur de M. l'Abbé de Bouzey, pour fa vie. *Lett. Pat.* 1• *Mai* 1728. *T. III. p.* 279. L'Ordre entre les Confeillers-Prélats. L'Evêque de Toul a le premier rang ; le Primat, le fecond ; le Grand-Doyen de la Primatiale le troifième. *Ed.* 29 *Novembre* 1742. *T. VI. p.* 348. Création d'une quatrieme Charge pour le Prévôt de S. Diez; il a rang après le Primat. *Ed.* 29 *Avril* 1765. *T. X. p.* 388.

(HÉRÉDITAIRE) entrant au Confeil. Création d'une Charge. *Ed.* 15 *Mars* 1725. *T. III. p.* 110.

(D'ÉPÉE.) A Nancy. *Ed.* 8 *Mai* 1722. *T. II. p.* 553. A Epinal. *Ed.* 24 *Avril* 1723. *T. II. p.* 618. Dans chaque Bailliage. *Ed.* 7 *Janvier* 1727. *T. III. p.* 213.

(POUR LA NOBLESSE.) Dans les Hôtels de Ville. *Idem.*

(EXPECTANS) au Confeil & aux Compagnies Souveraines, fupprimés. *Décl.* 12 *Juillet* 1729. *T. V. p.* 10.

(SECRETAIRES) entrans au Confeil & ceux du Cabinet, Commandemens & Finances, fupprimés. *Ed.* 16 *Septembre* 1729. *T. V. p.* 27.

CONSIGNATION. Le Droit eft d'un pour cent, la Décharge comprife. *Décl.* 16 *Mars* 1731. *T. V. p.* 124. Il eft de deux pour cent par une Création. V. *COMMISSAIRE AUX SAISIES RÉELLES.*

CONSTITUTION. V. *BULLES.*

CONSTRUCTION. V. *COMMUNAUTÉ.* (MAISON DE CURE.) *MAIN-MORTE.*

CONSULS. V. *JUGES-CONSULS.*

CONSULTATION. V. *AVOCAT, FONDATION.*

CONTRATS (DE NONOBSTANT.) V. *NOTAIRES.* V. *CHAMBRE DES COMPTES, CONTRÔLE, NOTAIRES, ACTES, CABARETS.*

CONTINUATION. V. *AUDIENCE.*

CONTREBANDIERS. Les Gardes-Foraines autorifés à les arrêter, les emprifonner, faifir leurs Effets, verbalifer, &c. *A. C.* 23 *Novembre* 1737. *T. VI. p.* 79.

La Peine de Galeres fubftituée aux Peines corporelles, dont ils feroient puniffables par les Ordonnances & pour le même tems. *A. Ch.* 6 *Septembre* 1738. *T. VI. p.* 117. Sont contraints au corps pour l'amende, le mois écoulé du jour de la fignification du Jugement, lequel, paffé, l'Appel eft non-recevable. Dans le cas de l'Appel, ils n'y font reçus qu'en confignant trois cens francs, s'ils font condamnés à mille francs, & cent cinquante francs, s'ils font condamnés à cinq cens francs; les Infolvables font punis des Galeres. *A. C.* 9 *Janvier* 1740. *T. VI. p.* 215. Le Contrebandier infirme doit aller aux Galeres, sauf à y être mis à l'Hôpital. *A. C.* 22 *Avril* 1741. *T. VI. p.* 277. Les paſſages leur ſont fermés, par l'obligation où ſont les Maitres des Bacs & Naſcelles, de les tenir cadenaſſés la nuit. *A. C.* 24 *Juillet* 1756. *T. IX. p.* 291. Les Gardes qui font la Contrebande ſont punis de cinq ans de Galeres. *Décl.* 13 *Février* 1758. *T. IX. p.* 387.

CONTROLE (DES EXPLOITS.) Les Bureaux établis par la France ſont maintenus proviſionnellement. *Ord.* 15 *Février* 1698. *T. I. p.* 7. Les Exploits doivent être contrôlés dans trois jours ; c'eſt-à-dire, le quatrieme, à la diligence des Huiſſiers & Sergens. Greffiers tenus dans les Sentences & Procès-verbaux quelconques, de faire mention du Contrôle, de ſa date & du Lieu. Les Procureurs en feront mention dans la Préſentation des Cauſes, même du nom de l'Huiſſier ; tous Actes que les Notaires notifient aux Parties, doivent être con‑controlés. Le lieu du Contrôle, c'eſt le plus prochain de celui où ſe ſignifie l'Exploit, ou celui de la réſidence de l'Huiſſier, ou celui de la Juriſdiction principale du Reſſort. On ne doit confier les Exploits aux Parties pour le Contrôle. Etabliſſement de Bureaux de deux licues à autres ; Forme des Régiſtres & du Contrôle. Les Exploits dans les Procédures d'Office ſe contrôlent *gratis*, ſauf le Recouvrement, s'il échet : ſi les Pourſuites d'Office intéreſſent un Particulier, l'Exploit ſe paie. Le Droit de Contrôle eſt de la Juriſ‑diction de la Chambre des Comptes dans ſon Reſſort & aux Prévôts dans le Barrois, ſauf l'Appel. Il n'eſt dû qu'un Droit ſi l'Exploit eſt pour Aſſociés, Parens ou Héritiers aſſignés pour même fait, aux mêmes fins & le même jour. L'Exploit ne doit pas contenir le terme de *Conſors* ; mais bien le nom de toutes les Parties ; les Ex‑ploits à domicile d'Avocats & Procureurs, pour l'inſtruction de la Procédure, ſont exempts du Contrôle. Tarif du Droit. *Ed.* 22 *Juin* 1705. *T. I. p.* 483. Nouveau Tarif. *Ed.* 4 *Avril* 1711. *T. II. p.* 450. Condamnation d'un Sergent pour avoir mis deux Exploits ſur une même feuille, ſans les contrôler. Ordre aux Contrôleurs d'arrêter les Régiſtres tous les ſoirs. *A. Ch.* 29 *Mai* 1723. *T. II. p.* 628. Exploit d'Aſſignation aux Parens pour Etabliſſement de Tuteur, ne doit qu'un Droit. Les Huiſſiers ſont contraints de retirer leurs Exploits du Contrôle, trois jours après les y avoir portés, ſauf, en cas de contrainte, le recours contre les Parties. Si les Aſſigna‑tions ſe donnent pour différens jours, quoique pour le même fait, à des Cohéritiers ou Aſſociés, on doit autant de Droits. Les Préſen‑tations de Cauſe doivent contenir le nom de l'Huiſſier, la date & le lieu du Contrôle. *A. Ch.* 23 *Juillet* 1732. *T. V. p.* 183. Les

Exécutoires ne doivent être délivrés qu'après le Contrôle de la Déclaration. *A. Ch. 6 Septembre* 1732. *T. V. p.* 191. Condamnations contre les Juges, Avocats poftulans, Sergens & Parties, en des Amendes confidérables, à caufe de la Signification non-contrôlée de deux Oppofitions. *A. Ch.* 31 *Juil.* 1741. *T. VI. p.* 287. Affignations à Procureurs pour convenir d'Experts, recevoir leurs Sermens, voir jurer les Témoins, être préfens aux Vifites, doivent être contrôlés. *A. C.* 18 *Mai* 1734. *T. V. p.* 273.

(DES ACTES DES NOTAIRES ET SOUS SEINGS PRIVÉS. Etabliffement des Bureaux. L'Enrégiftrement du Contrôle doit être annoté fur la minute de l'Acte ; de quoi fera fait mention dans les Expéditions. Il fera auffi fait mention fur le Régiftre du Contrôle, fi les Minutes des Actes doivent être remifes aux Parties. Le Contrôleur fignera l'Annotation du Contrôlé à la minute ; forme de cette Annotation. Les Notaires ne peuvent délivrer de Groffes ou Expéditions avant le Contrôle de la minute. Le Notaire doit figner l'Acte à l'inftant de la paffation, après l'avoir daté, & jamais avant. Les Actes tranflatifs de Propriété ne peuvent être fous Seing privé ; mais doivent être paffés pardevant Notaires. Nul Privilege ni hypotheque, fi les Actes ne font contrôlés. Les Actes à caufe de mort, ne font contrôlés qu'après le décès du Teftateur. Diftricts des Bureaux de Contrôle. Le Contrôleur a Droit d'infpecter les Régiftres & Répertoires des Notaires. Au moyen du Contrôle, les Actes ne font plus paraphés de l'Officier de Juftice. Les Régiftres de Contrôle doivent être remplis de fuite en fuite ; ils ne doivent être communiqués fans Décret du Juge. Tarif des Droits de Contrôle *Ed.* 11 *Novembre* 1718. *T. II. p.* 223. Tous Actes que les Notaires notifient aux Parties, doivent être contrôlés comme les Exploits. *Ed.* 22 *Juin* 1705. *T. I. p.* 483. Lorfqu'un Contrat contient plufieurs difpofitions relatives, le Droit fe perçoit fur le pied du Contrôle de la Difpofition qui exige le Droit le plus confidérable. Si elles font indépendantes, il eft dû autant de Droits. Les Quittances, Décharges, Subrogations poftérieures aux Actes, Annotation de Réfiliation, Caffations, Décharges, fignées ou non du Notaire, doivent le Droit, s'il n'a pas encore été payé. Le Droit eft fixé pour les Donations entre vifs, Ceffions, Abandonnemens de Biens, Gens fe marians en leurs Droits. Les fous Seings privés doivent être contrôlés avant d'en requérir judiciairement l'exécution. Le Droit eft le même que celui des Contrats. Délai pour le Contrôle. *Décl.* 17 *Juil.* 1719. *T. II. p.* 284. Les Contrats fur les Domaines & Gabelles, ne font fujets au Contrôle. *A. C.* 15

Avril

Avril 1724. *T. III. p.* 23. Copies collationnées doivent être contrôlées. Tarif. Défenfes aux Officiers de Juftice de recevoir des Actes Tranflatifs de propriété; ils peuvent recevoir des Soumiffions pour Délits. V. *Bois.* Amendes contre les Contractans fous Signature privée. Promeffe de paffer Contrat doit être exécutée dans la quinzaine, à peine de nullité. Défenfes de figner, comme Témoin, des fous Seings privés faits par gens ne fachans écrire *ni* figner, portans plus grande valeur que deux cens francs; à peine de nullité & d'amende. Permis à ceux qui favent écrire *&* figner, d'en paffer pour quelle fomme ce foit, exceptés ceux Tranflatifs de propriété. *Décl.* 7 *Mai* 1724. *T. III, p.* 25. Le Droit eft dû en Efpeces ayant cours au jour du Contrôle. *A. C.* 18 *Avril* 1725. *T. III. p.* 113. Réglement fur le paiement du Contrôle en différens cas. *A. Ch.* 13 *Janvier* 1727. *T. III. p.* 216. Condamnation au paiement du Droit avec l'Amende. *Arrêt de Commiffaires.* 1 *Juin* 1719. *T. III. p.* 451. Sous Seings privés doivent être contrôlés avant les Pourfuites, à peine d'amende contre le Juge qui décrete la Requête. *A. C.* 23 *Juillet* 1732. *T. V. p.* 180. Le Droit de Sceau fe paie avec celui du Contrôle. *A. C.* 20 *Décembre* 1737. *T. VI. p.* 92. Défenfes aux Juges de recevoir aucunes Soumiffions portant Obligations quelconques; fi ce n'eft que l'Obligation ait déja été paffée par Tabellions ou pour chofes jugées; ou pour celles pour lefquelles il y auroit Procès pardevant eux. *Ord.* 10 *Janvier* 1633. *T. V. p.* 265. *Décr.* 19 *Juillet* 1665. *T. V. p.* 267. *A. Ch.* 1 *Août* 1698. *T. V. p.* 268. *A. C.* 7 *Février* 1716. *T. V. p.* 269.

CONTROLEURS. V. *Offices.*

COPELLE. Réglement pour l'Acquit du Droit. *A. C.* 19 *Mai* 1764. *T. X. p.* 304. Tout Grain livré dans la Ville, par les Livreurs-Jurés ou autres, doit le Droit. *Ord. Pol.* 16 *Novembre* 1733. *T. V. p.* 242. *Ord. Pol.* 24 *Décembre* 1735. *T. V. p.* 316.

COPIES (DE CONTRATS) ne font admifes en Jugement, fi ce n'eft en cas de perte des Minutes; après avoir été autorifées du Souverain, groffoyées & fcellées. Elles fervent pour faire repréfenter la Minute au Notaire, qui doit exprimer qu'il délivre une Copie. *Ord.* 25 *Juin* 1632. *T. V. p.* 263. *Ord.* 10 *Janvier* 1633. *T. V. p.* 265 *& fuiv.*

(DE PIECES DE PROCÉDURES) doivent demeurer au Réfidu. *A. Cour* 15 *Février* 1760. *T. X. p.* 41.

CORDELEURS (DE BOIS.) Fixation pour le Mefurage de la Corde de Bois; Maniere de cordeler; le Cordeleur ne doit pas emporter de Bois. *Ord. Pol.* 2 *Novembre* 1737. *T. VI. p.* 74.

G

CORPS DE MÉTIERS. *V. Arts et Métiers. Apprentifs.*

COUR SOUVERAINE. Son Rétabliffement à Nancy. *Ord.* 12 *Février* 1698. *T. I. p.* 3. Elle connoit, par Appel, des Jugemens de Maréchauffée, & de ceux des Bailliages fur le crime de Duel. *Ed. Mai* 1699. *T. I. p.* 168. Actions des Engagiftes des Domaines, contre les Débiteurs des Droits en dépendans, reffortiffent par Appel à la Cour. Elle juge de l'indemnité des Biens amortis dans les Juftices des Vaffaux; des Déshérence, Bâtardife, Aubaine, Droit de Mainmorte, même dans les Juftices Domaniales. Elle a l'Enrégiftrement des Lettres de Nobleffe. Elle connoit des Appels en matiere·Grueriale; même des Domaines aliénés, fi M. le Procureur-Général de la Chambre eft feule Partie. Excepté le Scel des Contrats, tout ce qui concerne les Notaires eft de la Jurifdiction ordinaire, ainfi que ce qui concerne les Dons, Penfions & Appointemens fur les Domaines, excepté la vérification. Les Oppofitions aux Aveux & Dénombremens font auffi de la Juftice ordinaire, fi ce n'eft que M. le Procureur-Général de la Chambre des Comptes y forme oppofition. Ce qui concerne les Fermiers, à l'exception des Malverfations, Concuffions & l'Exploitation des Fermes, eft auffi de la Jurifdiction ordinaire, de même que ce qui concerne les Arts & Métiers. Les Difficultés entre les Cours Souveraines fur la Jurifdiction, fe portent au Confeil, fans que l'une puiffe rendre Arrêt contre l'autre. *Ed.* 31 *Janvier* 1701. *T. I. p.* 159. Toutes Difficultés fur les Adjudications de Ponts & Chauffées à la charge des Communautés non Domaniales, étoient de la Jurifdiction ordinaire. *Lett. Cach.* 15 *Février* 1716. *T. II. p.* 86. Création de deux Préfidens-à-Mortier. *Ed.* 10 *Mai* 1720. *T. II. p.* 343. D'un Premier Préfident. *Ed.* 26 *Septembre* 1721. *T. II. p.* 505. Etabliffement d'une Grand'Chambre & d'une Chambre des Enquêtes. La Grand'Chambre a les Caufes d'Audience; celle des Enquêtes, les Criminelles. Le Service eft annuel & alternatif. En cas de Partage dans une Chambre, le Procès fe départage dans l'autre; où le Rapporteur & le Compartiteur fe tranfportent. Le Juge d'une Chambre, qui a un Procès, eft jugé dans l'autre, fi la Partie le requiert. Les Affaires appointées par la Grand'Chambre, y étoient jugées exclufivement de l'autre. Les Officiers des Juftices inférieures font reçus à la Grand'Chambre. Toutes Lettres Patentes y font enrégiftrées; les Edits & Ordonnances font lus à fon Audience, après qu'ils ont été préfentés aux deux Chambres, féparément ou affemblées. La Grand'Chambre devoit juger le tiers des Procès appointés. Les Procès Criminels faits aux Privilégiés, font jugés dans l'Affemblée des

'Chambres. Les Lettres de Grace, Rémiſſion, &c. ſont lues à l'Audience, & reportées aux Enquêtes. Elles ont la Police des Priſons. Le Droit d'aſſembler les Chambres eſt au Premier Préſident. S'il y a inſuffiſance de Juges dans une Chambre, elle emprunte les ſurnuméraires de l'autre. L'une ne peut juger un Procès diſtribué à l'autre. Les Requêtes Civiles ſe jugent en l'Aſſemblée des Chambres. *Ed.* 16 *Novembre* 1723. *T. II. p.* 673. La Juriſdiction de la Cour ſur le Poſſeſſoire des Bénéfices, eſt reconnue par la Cour de Rome. *A. Cour* 1 *Décembre* 1725. *T. III. p.* 131. Réglement pour la Juriſdiction du Barrois non mouvant entre les Compagnies Souveraines de Lorraine & Barrois. V. *CHAMBRE DES COMPTES.* La Cour n'avoit pas la Réception des Officiers en Gruerie; mais elle l'a toujours eue de ceux des autres Sieges qui y reſſortiſſent nuement. *Ed.* 9 *Novembre* 1728. *T. III. p.* 304. Les Officiers de Maitriſes doivent maintenant y être reçus. *A. C.* 20 *Mai* 1752. *T. VIII. p.* 377. Les Procès par écrit ne ſe partagent plus par tiers; cependant les Affaires Bénéficiales & toutes celles dont la Cour connoît en premiere Inſtance, quoiqu'appointées, demeurent à la Grand'-Chambre, Un Procès diſtribué à une Chambre peut être jugé en l'autre, ſi le Rapporteur y eſt paſſé, en le notifiant par Acte, par un des Procureurs à l'autre, trois jours avant le Jugement. En Affaires Civiles ſur Procès par Ecrit, les Incidens & Demandes en exécution d'Arrêts, ou autrement, ſe portent à la Chambre où eſt le Rapporteur. *Décl.* 20 *Janvier* 1736. *T. V. p.* 318. MM. les Premiers Préſidens & Procureurs-Généraux ont rang de Conſeillers d'Etat & Voix délibérative. *Ed.* 25 *Mai* 1737. *T. VI. p.* 30. La Cour ne connoit pas de ce qui concerne le Droit de Préſentation. *A. C.* 3 *Avril* 1756. *T. IX. p.* 154. Ni des Appels des Jugemens Prévôtaux. *A. C.* 10 & 17 *Avril* 1756. *T. IX. p.* 266. & 269. Les Fondations & Objets de l'Article III. de l'Edit de Septembre 1759 doivent y être homologués. Elle connoit en premiere Inſtance, & ſouverainement, des Demandes intentées en éxécution dudit Edit. *Ed. Septembre* 1759. *T. X. p.* 18.

Suppreſſion de la Cour des Grands Jours de Commercy. *Ed.* 23 *Janv.* 1723. *T. II. p.* 581.

'COUTURIERS ne doivent, ni les Tailleurs & autres perſonnes, recevoir les Effets des Domeſtiques, dans le tems de leur Service, ni leur en faire au deſſus de leur état, ſans en avoir averti les Maitres. *A. Cour* 16 *Nov.* 1735. *T. V. p.* 508.

CREATIONS. V. *OFFICES.*

CRIMINELS. V. *GALERES.*

CROISEMENT. V. *ADJUDICATIONS.*

CUIRS. Impofitions fur les Cuirs. *Ed. Avril 1764. T. X. p. 291.* Direction de la Régie. *A. C. 7 Juin 1764. T. X. p. 317.*

CUIVRES. Cuivres, Rofettes, vieux Chaudrons, &c. ne doivent être exportés. *Ord. 22. Sept. 1711. T. I. p. 763.*

CURATEUR EN TITRE. V. *OFFICES.* ne doivent repréfenter les Condamnés à mort civile. *A. Cour 8 Août 1752. T. VIII. p. 389.* Celui qui exerce dans les Compagnies Souveraines doit être Avocat. *Ed. 10 Janv. 1719. T. II. p. 233.* V. *HÉRÉDITÉ.*

CURÉS. Les Docteurs en Théologie feront préférés pour les Cures de Nancy, Pont-à-Mouffon, S. Mihiel, Epinal, Mirecourt & Neufchâteau ; pour les autres Cures la préférence fera à ceux qui auront deux ans de Théologie atteftés. *Ed. 6 Janv. 1699. T. I. p. 111.* V. *COMMERCE, COLOMBIERS, PORTIONS CONGRUES, CABARETS, BUREAU DES PAUVRES, BANNALITÉ;* les Curés doivent contribuer à l'Aumône publique. *Ord. 13 Mars 1699. T. I. p. 141.* Doivent quatre cens foixante-fix francs huit gros Barrois de Penfion aux Vicaires Réfidans, ou leur abandonner ce qu'ils perçoivent des Dimes de l'Annexe. *Décl. 20 Sept. 1710. T. II. p. 408.* Ils ne peuvent exiger des Paroiffiens que le Logement perfonnel & celui d'un Cheval, fi le fervice de la Cure l'exige ; les Engrangemens font à la charge des Curés. *A. C. 19 Mai 1753. T. IX. p. 53.* V. *POLICE BOURGEOISE, SOLDATS.*

D.

DANSES (PUBLIQUES.) JEUX & Diffolutions prohibés lés jours de Fêtes & de Dimanches. *A. Cour 27 Août 1700. T. I. p. 248. A. Cour 19 Juin 1704. T. I. p. 435. Ed. 15 Avril 1710. T. II. p. 336.*

DARNAY. Réduction des Prébendes de la Collégiale, fes Statuts. *Décl. 27 Juin 1708. T. III. p. 421 & 422.*

DÉBORDEMENT. Les Bois & Effets enlevés par les Débordemens doivent être rendus après les Déclarations; les Propriétaires font autorifés d'enlever, après les Recoltes, les Bois & Effets épars dans la Campagne, avec défenfes de les en empêcher. Maniere de fe partager lefdits Bois entre plufieurs Propriétaires. *A. Cour 16 Juil. 1734. T. V. p. 181.*

DÉCÈS. Procureur ne doit notifier le Décès de fa Partie, fans un pouvoir fpécial. *A. Cour 20 Janv. 1753. T. IX. p. 3.*

DÉCIME accordée au Souverain par le Pape fur les Biens de l'Eglife. *Brief* 8 *Mai* 1717. *T. II. p.* 135. *Bis.* Déclarations à fournir pour l'Impofition. *Mandement de Commiff.* 8 *Octobre* 1717. *T. II. p.* 141. Formulaire des Déclarations. *T. II. p.* 142. Evaluation des Ducats Romains en Livres. *T. II. p.* 146.

DÉCIMATEUR. *V. PORTION CONGRUE.*

DÉCLARATION. Moitié de la façon des Déclarations de Dépens & diminutions réfervée au Prince. *Ed.* 11 *Décemb.* 1718. *T. II. p.* 218. Défenfes au Greffier de délivrer les Exécutoires, s'il n'a vu la Quittance du Droit. *A. C.* 16 *Janv.* 1754. *T. IX. p.* 102. Et fi lefdites Déclarations n'ont été contrôlées. *A. Ch.* 6 *Sept.* 1732. *T. V. p.* 191.

(BOIS.) Les Seigneurs qui veulent exploiter des Bois de Futaie, doivent en faire la Déclaration au Greffe de la Gruerie de la dépendance, fix mois avant. *A. C.* 18 *Sept.* 1738. *T. VI. p.* 134. *Décl.* 11 *Mai* 1739. *T. VI. p.* 190. *A. C.* 5 *Mai* 1740. *T. VI. p.* 222. Le délai de fix mois eft réduit à un mois en faveur des Seigneurs Laïcs, pour autre effence que celle de Chêne. *Décl.* 2 *Sept.* 1740. *T. VI. p.* 240.

(DOMAINE.) Sous-Fermiers doivent donner au Fermier-Général des Déclarations des Biens Domaniaux dont ils ont joui, exprimer la caufe des non-jouiffances, & juftifier leurs diligences; énoncer les Charges du Domaine. *A. Ch.* 28 *Juil.* 1741. *T. VI. p.* 185. Fermiers & Engagiftes tenus de fournir des Déclarations aux Receveurs-Généraux des Domaines & Bois. *Ed. Sept.* 1749. *T. VIII. p.* 94.

DÉCRET. Les Biens du Domaine aliénés ne peuvent être décrétés, n'étant fufceptibles d'aucune hypotheque qui puiffe en empêcher la Réunion, & les Cenfitaires ou Aliénataires n'étant qu'Ufufruitiers. *Ed.* 9 *Nov.* 1728. *T. III. p.* 304. Les Offices de mille livres de Finance & au deffus, peuvent être difcutés, (étant fufceptibles d'hypotheque) après difcuffion du Mobilier. La Jurifdiction pour le Décret dépend de la nature de chaque Office. Formalités de ces fortes de Décret. Formalités pour le Décret des Offices au deffous de mille livres de Finance. Le Souverain eft le premier privilégié pour récupérer ce que l'Officier doit des Deniers du Prince, même fur les Meubles. Ordre entre les Créanciers. *Ed. Décemb.* 1728. *T. III. p.* 314. Le Privilege du Prince eft poftérieur à celui qui a vendu l'Office ou fourni les Deniers. Tous Offices, dont les Titulaires font redevables ou comptables au Prince, fe difcutent à la Chambre des Comptes, les autres en Juftice ordinaire. M. le Procureur-Général de la

Chambre , peut évoquer les Inftances dé Difcuffion , où le Prince a intérêt , en quelles Jurifdictions elles fe pourfuivent ; mais l'intérêt ceffant , elles font renvoyées au Siege d'où elles ont été évoquées. *Décl.* 27 *Janv.* 1729. *T. III. p.* 333. On ne doit comprendre au Décret les Biens qu'a le Débiteur fur les Biens Domaniaux. *A. C.* 7 *Avril* 1742. *T. VI. p.* 318. La Difcuffion & Vente de Biens Meubles & Immeubles , & tout ce qui y eft relatif , fe fait pardevant le Juge du Domicile du Débiteur , quoique François , & de Biens fitués en Lorraine : il y a Réciprocité. Les Jugemens s'exécutent avec *Pareatis.* Les Saifies & Criées fe font par un Huiffier du Reffort de la fituation des Biens. Si la Saifie & Difcuffion fe font en Lorraine , le Réglement concernant les Commiffaires aux Saifies Réelles fera exécuté en France ; à charge que le délai , pour préfenter la Saifie Réelle au Commiffaire , fera augmenté d'un jour pour cinq lieues. Les Affignations aux François , & même aux Evêcheois , fe donnent à Domicile ; l'ufage de les donner aux Domiciles des Fermiers , Receveurs , Procureurs , Curateurs en Titre & autres , ou par Affiche , eft abrogé. *Décl.* 27 *Juin* 1746. *T. VII. p.* 93. La Cour s'étoit réfervée de faire des Remontrances pour la Révocation de cette Déclaration ; mais cette réferve a été annullée. *A. C.* 30 *Janv.* 1747. *T. VII. p.* 125.

(EN MATIERE CRIMINELLE.) Les Décrets des Tribunaux François s'exécutent en Lorraine & réciproquement fans *Pareatis,* à charge du *Vifa* du premier Juge du lieu. *Ord.* 23 *Avril* 1742. *T. VI. p.* 320. Tous Décrets en matiere Criminelle doivent être rendus par cinq Gradués dans les Bailliages ; & par trois , aux Prévôtés & Sieges inférieurs , & contenir le nom des Juges ; ils doivent figner le Jugement. Ce qui ne s'entend pas des Décrets de Prife de Corps dans les cas provifoires , comme ceux de Meurtres ou Vols qualifiés qu'un feul Juge peut décerner fur le champ ; non plus que de ceux décernés par le Commiffaire fur le pouvoir de fa Compagnie ; à charge par la Chambre de décerner fans retard le Décret définitif. *A. Cour* 10 *Août* 1761. *T. X. p.* 157. Le Décret de Prife de Corps doit être décerné contre un Accufé , quand bien même il feroit déja arrêté. *A. Cour* 2 *Juil.* 1753. *T. IX. p.* 63.

DÉFAUT. Le délai de l'Oppofition à un Arrêt du Confeil par Défaut , eft de deux mois de la fignification à Perfonne ou à Domicile , en refondant les Dépens. *Ed.* 20 *Août* 1716. *T. I. p.* 103.

DÉFENSES. On ne peut être Appellans de Sentences de Remifes , à l'effet d'être des Défenfes fignifiées. *A. C.* 15 *Février* 1760. *T. X. p.* 41.

DÉFRICHEMENT. Faute par les Propriétaires de mettre leurs Biens en valeur, il eſt permis aux Etrangers, qui s'établiront en Lorraine, de s'en emparer; à charge de les mettre en bon état, & de faire faire des Procès-verbaux avant d'entrer en poſſeſſion. Il eſt cependant permis au Propriétaire d'y rentrer dans l'an, à charge d'indemniſer l'Occupant par une jouiſſance de dix années en nature, ou évaluée en argent, au choix du Propriétaire. *Ord.* 10 *Octobre* 1698. *T. I. p.* 89. *Ord.* 14 *Novembre* 1709. *T. I. p.* 681. Les Etrangers; Poſſeſſeurs des biens ainſi laiſſés en friches par les Propriétaires, & qui ont leur Domicile en Lorraine, ont dû donner en 1715 la Déclaration des Eſſarts qu'ils ont faits; on permet aux Propriétaires d'y rentrer dans trois ans, pour tout délai, en juſtifiant leur Propriété par titres; ſans qu'après ledit tems, eux, leurs Héritiers ou Créanciers, puiſſent y rentrer. Les Sujets ont la Permiſſion d'eſſarter les Friches, & en devenir Propriétaires incommutables; s'ils ne ſont revendiqués dans dix années. On ne doit point eſſarter près des Bois, qu'après une Reconnoiſſance par les Officiers ayant Juriſdiction. *Ord.* 12 *Janvier* 1715. *T. II. p.* 44. Défenſes de faire défricher des Bois, Terres ou Prés accrus en Bois depuis cent ans, ſans Permiſſion du Prince. Défenſes aux Seigneurs, Gens de Main-Morte, & tous Sujets de couper des Futaies propres à bâtir, ſans une Permiſſion de la Réformation qui ſera donnée *gratis*, s'il échet; la Marque & Vente réſervée aux Officiers des Hauts-Juſticiers. *Ord.* 12 *Septembre* 1724. *T. III. p.* 69.

DÉLITS. Les Délits dans les Bois du Domaine, ſitués en Terres de l'Evêché de Metz, feront jugés ſouverainement par les Juges communs de l'Evêque, ou ſes Vaſſaux, & ceux du Prince; le Juge du Prince eſt un Officier de ſes Salines. En cas de déni de Juſtice, ou nullité de Jugement, les Parties ſe pourvoiront pardevant les Commiſſaires. Il en ſera de même pour les Bois enclavés dans la Route de Metz à Phaltzbourg; le Juge François ſera indiqué par le Roi ou ſes Vaſſaux; il ſera accordé *Parcatis*, pour traduire le Délinquant pardevant leſdits Juges. *Traité de Paris du* 11 *Janvier* 1718. *T. II. p.* 167.

Les Officiers de Gruerie connoiſſoient par prévention des Délits reconnus dans les Bois des Gens de Main-morte, enclavés dans les Hautes-Juſtices des Vaſſaux, ſoit par leurs Procès-verbaux dans le cours de leurs Viſites, ſoit ſur les Rapports de leurs Gardes. *Déf.* 11 *Mai* 1739. *T. VI. p.* 190. Mais la Prévention eſt reſtrainte, au ſeul cas où les Officiers de Vaſſaux feroient reconnus négligens par les Officiers Royaux [...]

'Vifites. *A. C.* 1 *Septembre* 1740. *T. VI. p.* 140. Les Communautés font déchargées des Délits commis dans leurs Bois. *A. C.* 17 *Août* 1754. *T. IX. p.* 161.

Soumiſſion pour Délits de Bois doivent fe faire par le Délinquant en perfonne. *A. C.* 10 *Novembre* 1747. *T. VII. p.* 170. La Cour avoit ordonné de différer juſqu'au Récolement les Vifites de Délits. *A. Cour* 18 *Janvier* 1756. *T. IX. p.* 136. Cette Difpofition a été annullée. *A. C.* 10 *Avril* 1756. *T. IX. p.* 164. La Chambre a depuis rendu Arrêt, qui ordonne qu'elles feront différées juſqu'au Récolement. *A. Ch.* 16 *Mai* 1764. *T. X. p.* 316.

DÉLIVRANCE (DE BOIS) doit fe faire, l'Adjudicataire préſent ou appellé, dont Procès-verbal doit être dreſſé fur le Régiſtre; Fixation de l'Eſſence & Qualité des Réſerves. *A. Ch.* 16 *Mai* 1764. *T. X. p.* 316.

DEMANDE. V. *ASSIGNATION, SCEAU.*

DÉNOMBREMENT des Maiſons de chaque Quartier de la Ville de Nancy, doit être fait par les Commiſſaires de Quartier. *Ord. Pol. Mai* 1699. *T. I. p.* 166. V. *CHAMBRE DES COMPTES.*

DÉNONCIATIONS. Elles doivent être reçues fur un Régiſtre. *A. Ch.* 8 *Août* 1721. *T. II. p.* 565.

DENRÉES. V. *ENTRÉE.*

DÉPENS. Les Officiers de Juſtice n'en doivent recevoir que de la main des Greffiers. *A. C.* 9 *Mai* 1750. *T. VIII. p.* 171. V. *TAXE.*

DÉPENSE Le Duc Léopold retranche fa Dépenſe dans le tems de la difette, pour continuer, de tout fon pouvoir, les fecours dont fes Sujets ont befoin. *Ord.* 13 *Mars* 1699. *T. I. p.* 141.

DÉPORT On ne doit former, ni le Juge recevoir, aucunes Demandes en Repriſe d'Inſtance enſuite d'un Déport d'Appel; il fuffit d'en reprendre les Errémens par un fimple Acte, à Domicile des mêmes Procureurs. *A. Cour.* 30 *Avril* 1755. *T. IX. p.* 191.

DÉPOT. Ne doit fe faire d'aucune piece au Greffe, s'il n'eſt ordonné par le Juge. *A. Cour* 5 *Octobre* 1754. *T. IX. p.* 169.

DÉPOUILLE. V. *ARCHIDIACRE.*

DÉSERTEURS. Traité avec la France pour la reſtitution réciproque des Déſerteurs. 14 *Octobre* 1799. *T. I. p.* 101. Avec l'Empire. *Traité* 11 *Janvier* 1726. *T. III. p.* 142. *Autre du* 30 *Juil.* 1737. *T. VI. p.* 49. Le Prince s'engage à renvoyer les Déſerteurs qui fe feroient engagés fans fraude; autres que les Enfans au deſſus de feize ans, les Ecoliers d'un College, les Chefs de Famille & les Laboureurs; tous leſquels auront leur liberté, en rendant le prix de l'Engagement,

les

les Armes & Equipages. Récompenfe promife à ceux qui arrêteront les Déferteurs du Régiment aux Gardes. *Réglement 15 Mars 1735. T. V. p. 290.*

DÉSOBÉISSANCE aux Ordres pour répondre fur le fait de Duel, & l'Evafion en fe dégageant des Gardes, font punies de deux mois de Prifon en la Conciergerie de Nancy, d'Amende, & de plus grande peine, à l'arbitrage du Prince; quand même il n'y auroit pas eu de Combat. *Ed. Mai 1699. T. I. p. 168.*

DETTES (D'ÉTAT.) Etabliffement d'une Chambre pour la Vérification des Dettes d'Etat. *Ed. 15 Février 1700. T. I. p. 230.* Révocation de cette Chambre. *Décl. 3 Avril. 1705. T. I. p. 491.* On pourvoit au Rembourfement. *A. C. 6 Février 1710. T. II. p. 312.* Création de Rentes fur les Domaines & Gabelles. *Ed. 15 Avril. 1710. T. II. p. 334.* Autre Création. *Ed. 15 Avril 1710. T. II. p. 339.* Autre Création. *Ed. 8 Juillet 1710. T. II. p. 377.* On pourvoit à l'Acquit des Rentes. *A. C. 15 Juillet 1710. T. II. p. 388.* Nouvelle Création de Rentes fur les Domaines & Gabelles. *Ed. 23 Août 1711. T. II. p. 502.* Penfions fur les Sous-Fermiers ou Cenfitaires font éteintes, ainfi que tous autres Affignaux, pour être reportés fur d'autres parties. *Ed. 19 Novembre 1721. T. II. p. 520.* Rembourfement des Dettes ordonné. *Décl. 16 Août 1724. T. III. p. 57.* Le Fermier-Général eft déchargé du Paiement des Dettes de la Compagnie du Commerce. *A. C. 15 Janvier 1726. T. III. p. 148.* Affurance pour les Paiemens. *Décl. 8 Mai 1726. T. III. p. 157.* Régie des Fonds deftinés au Paiement. *A. C. 13 Mai 1726. T. III. p. 166.* Réglement pour le *Vifa* des Billets & Mandemens. *A. C. 20 Mai 1726. T. III. p. 169.* Prorogation de Délai pour obtenir le *Vifa. A. C. 28 Septembre 1726. T. III. p. 187.* Liquidation. *A. C. 5 Février 1736. T. V. p. 320. Vifa* des Mandemens. *A. C. 23 Janvier 1737. T. V. p. 331.* Créanciers tenus de répréfenter leurs Titres, à l'effet de vérifier les dettes affectées & hypothéquées fur les deux Duchés. *A. C. 15 Août 1763. T. X. p. 251.* Réglement pour cette Liquidation. *A. C. 15 Février 1766. T. X. p. 419.*

(DE COMMUNAUTÉ.) Répi pour les acquitter. *Ord. 3 Avril 1698. T. I. p. 17.* Prorogation. *Ord. 28 Décembre 1698. T. I. p. 108.* Autre. *Ord. 24 Octobre 1699. T. I. p. 203.* Autre Prorogation. *Ord. 28 Avril 1700. T. I. p. 237.* Surfis levés; Commiffion pour les liquider. Créanciers tenus de repréfenter leurs Titres, à peine de déchéance. *A. C. 10 Septembre 1700. T. I. p. 251.* Les Paie-

H

mens font divifés. *Régl.* 4 *Février* 1722. *T. II. p.* 528. Se paient
par les Contribuables à la Subvention : & fur le même pied. *A. C.*
5 *Février* 1722. *T. II. p.* 529. Défenfes de faifir les Revenus des
Villes, fauf à demander des Mandemens fur les Fermiers. *A. C.* 30
Août 1724. *T. III. p.* 60. Les Communautés doivent remettre aux
Prévôts, l'Etat de leurs Dettes actives & paffives ; & les Créanciers
leurs Titres, pour être fur les Procès-Verbaux pourvus au Confeil
à la Liquidation & au Remboursement. *A. C.* 3 *Mai* 1738. *T. VI.*
p. 115. Défenfe de pourfuivre les Communautés pendant deux ans.
Décl. 3 *Septembre* 1735. *T. V. p.* 306.

(DES PARTICULIERS.) Répi de celles dues aux Juifs. *Ord.* 13 *Août*
1698. *T. I. p.* 37. Ce Répi eft révoqué en faveur des Juifs de
Metz & de Lorraine. *Ord.* 10 *Janvier* 1699. *T. I. p.* 119. On au-
torife les Prêts pour la fubfiftance des Sujets en 1699, & on donne
Privilege aux Créanciers, même fur les Immeubles ; à charge que les
Obligations feront authentiques, exprimeront la caufe du Prêt, &
feront mention que le Débiteur eft fur l'Etat des Néceffiteux,
dreffé par ordre du Prince. *Ord.* 14 *Avril* 1699. *T. I. p.* 161.
Od. 23 *Juillet* 1709. *T. I. p.* 671. Surféance en 1709 au Paiement
de toutes Dettes, jufqu'à la S. Martin. *Décl.* 15 *Juin* 1709. *T. I.*
p. 668. Défenfe aux Propriétaires de faire en cette année des
Saifies fur les Fermiers pour Arrérages. *Ord.* 23 *Juillet* 1709.
T. I. p. 671. Privilege aux Créanciers qui prêtent aux Sujets affligés par la Grêle en 1735. Surfis au paiemens des
Dettes, en donnant Caution. *Décl.* 3 *Septemb.* 1735. *T. V. p.*
306.

(ENTRE GENS MARIÉS.) Sont à la charge du Survivant qui accepte
la Communauté, foit qu'elles foient contractées avant ou pendant
le Mariage. *Ed.* 11 *Mars* 1735. *T. V. p.* 291.

DEUIL. Réglement pour la Livrée & le Deuil. Les Laquais doivent être
habillés de drap de Pays, avec un revers de Livrée fur la manche,
ou un ruban de Livrée fur l'épaule. Le Deuil pour les Princes ne
doit durer que fix mois ; pour les Maris un an ; pour les Femmes,
Peres, Meres, Afcendans & autres, dont on a hérité, ou dont on eft
Légataire univerfel, fix mois ; pour Freres, Sœurs, dont on hérite,
trois mois ; tous autres Deuils, un mois. Les feuls Gentilshommes &
Confeillers d'Etat peuvent draper leurs Carroffes. *Ed.* 15 *Mars*
1719. *T. II. p.* 249. Défenfes de faire aucune efpece de Réjouif-
fance pendant l'an du Deuil du Prince Royal. *A. Cour* 7 *Juin* 1723.
T. II. p. 636. Autres défenfes pendant la maladie du R. T. C.

A. Cour 10 *Janvier* 1757. *T. IX. p.* 310. Autres à la mort du Roi Stanislas. *A. Cour* 24 *Février* 1766. *T. X. p.* 423.

EUX-PONTS. Traité du Commerce & du Péage. *A. Ch.* 4 *Décembre* 1726. *T. III. p.* 202.

IEUZE. Réglement concernant le Droit des Domaines fur les Vins, Bieres, Cidres & Liqueurs qui fe vendent en détail à Dieuze. *A. C.* 1 *Mars* 1749. *T. VIII. p.* 26. *A. C.* 20 *Décembre* 1749. *T. VIII. p.* 108.

IEZ. V. S. *Diez*, *Bailliage*.

IMINUTION. V. *Déclaration de Dépens*.

IGNITÉS. On doit garder les égards qui leur font dus, & réciproquement les Gens en dignité doivent mettre de l'honnêteté dans leur conduite, pour ne pas donner occafion aux manquemens; ce qui doit être obfervé par les Gens en Caractere, Gens de Naiffance & tenans un rang fupérieur. Ceux qui les provoqueront au combat, fur-tout pour querelle relative à leur Autorité, leur feront réparation, tête nue & à genoux en compagnie, outre les peines afflictives & pécuniaires décernées par les Loix. Si le Provoqué accepte, il eft déchu pour fix mois de fes Dignités, outre les peines afflictives & pécuniaires. *Ed. Mai* 1699. *T. I. p.* 168.

SCUSSION. V. *Décret*.

SSOLUTION. V. *Danses*.

STILLATEUR. Création d'Office de Diftillateurs exclufifs. Les Propriétaires de Mares de leur crû étoient tenus d'employer ces Diftillateurs. *Ed.* 21 *Août* 1700. *T. I. p.* 241. Ils étoient tenus d'enlever les Mares dans vingt-quatre heures, fi-non ils étoient à la difpofition libre du Propriétaire. *Décl.* 28 *Octobre* 1700. *T. I. p.* 256. Doivent diftiller pour autrui par préférence & à moitié. Réglement lorfqu'ils fortent du lieu. *Décl.* 4 *Février* 1701. *T. I. p.* 263.

XME. La Dime de Tabac réglée à deux francs par Jour d'Héritage. *A. Cour* 16 *Avril* 1701. *T. I. p.* 275. Les Chartreux en font exempts pour les Terres de leur ancienne dotation, qu'ils cultivent ou font cultiver à prix d'argent. *A. Cour* 1 *Juillet* 1701. *T. I. p.* 291. La Dime de Choux & Cabus peut s'acquérir par l'ufage, excepté dans les Jardins tenans aux Maifons. *A. Cour* 20 *Juin* 1703. *T. I. p.* 384. La Dime & Terrage de Navette fe paient à la Maifon. *A. Cour* 27 *Février* 1706. *T. I. p.* 508. La Dime de Foin, femé dans des Terres, n'eft due cependant que comme celle des Foins percus dans les Prairies. *A. Cour* 2 *Septembre* 1707. *T. I. p.* 615. Dime de Poulets peut s'acquérir par Prefcription. *A. C.* 5 *Septembre* 1709. *T. I.*

p. 677. Celle de Pommes de Terre étoit due des Champs fujets à la groffe Dime, foient qu'ils fuffent en Verfaine ou non. *A. Cour 18 Juin 1715. T. II. p. 55.* Elle fe prenoit fur Place. *A. Cour 23 Mars 1716. T. II. p. 91.* Elle n'eft due que dans le cas où la Terre feroit fujette d'ancienneté à la groffe ou menue Dime; elle fe paie à la Maifon fur le pied de celle due par l'héritage d'où elle provient. Les Pommes de Terre, enlevées fans fraude pour le défuit journalier du Menage, en font exemptes. Les Héritages, non fujets à la groffe ou menue Dime avant 1719, en font exempts, nonobftant tous Titres contraires. *Décl. 6 Mars 1719. T. II. p. 146.* Le Décimateur de Landécourt eft tenu de la conftruction & entretien du Chœur, fourniture du Calice, Ciboire, Chafuble de quatre couleurs, Chappe, Linges, Pain, Vin pour la Meffe, Livres d'Eglifes, Huiles, Cierges ordinaires; il reprend les vieux Ornemens; Inventaire doit être fait des fournitures; il eft chargé de la Maifon de Cure. *A. Cour 6 Juin 1716. T. II. p. 95.* La Dime des Vignes, plantées dans le Bailliage d'Allemagne depuis 1697. fe paie au vingtquatrieme. *Ed. 22 Avril 1728. T. III. p. 276.* La Dime ne doit être publiée ni adjugée les Dimanches & Fêtes. *A. Cour 21 Juillet 1727. T. III. p. 243.* Les Dimes doivent être battues, & les pailles confommées dans le lieu d'où elles proviennent, fans qu'on puiffe les en enlever fous aucun prétexte, à peine d'amende & de dommages intérêts envers les Communautés. *Décl. 25 Avril 1763. T. X. p. 221.* V. *PORTION CONGRUE.*

DOCTEURS. V. *AGGRÉGÉS, CURÉS.*

DOMAINE. (JURISDICTION.) V. *BAILLIAGE, CHAMBRE DES COMPTES, COUR, EAUX ET FORETS, AVOCATS.* Les Affaires concernant les Domaines & Finances portées au Confeil, fe jugent au Bureau des Finances. *Ord. 16 Mars 1711. T. I. p. 720.* Les Officiers de Gruerie ont Jurifdiction fur une Communauté Domaniale & fur tous les Bois de cette Communauté, même ceux fitués hors de la Juftice du Domaine. *A. C. 18 Juil. 1742. T. VI. p. 329.* Les Caufes du Barrois mouvant fe portent directement à la Chambre des Comptes de Bar, celles du Baffigny mouvant aux Juges Gruyers Royaux. *Ord. 10 Avril 1699. T. I. p. 159.* Les Gruyers & Juges Royaux jugent des Faits de Chaffe & de Pêche dans les Bois, Etangs, Rivieres, que le Souverain s'eft réfervés dans les Aliénations, quoique ces Biens foient enclavés dans les Hautes-Juftices aliénées. *A. Ch. 11 Juil. 1764. T. X. p. 340.* Révocation des Aliénations, à quel titre ce foit, quant à l'Exercice de la

Jurifdiction, excepté celles unies à des Terres Titrées. *Ed.* 10 *Janv.*
1719. *T. II. p.* 233. Les Seigneurs Aliénataires, même de Terres
Titrées, n'ont pas la Jurifdiction Grueriale, fi la Conceffion n'en
eft expreffe. *A. C.* 11 *Janv.* 1750. *T. VIII. p.* 118.

(ALIÉNÉS.) Ordre aux Communautés d'indiquer les Héritages, Cens
& Redevances du Domaine, qui font dans leur Ban, à peine d'être
elles-mêmes contraintes au paiement. *A. C.* 3 *Juin* 1703. *T. I. p.*
386. Les Poffeffeurs des Biens Domaniaux, à quel titre ce foit,
doivent faire entériner leurs Titres à la Chambre des Comptes de
Lorraine ; en donner une Déclaration & un Dénombrement détaillé & Reconnoiffance des Charges & Conditions de leurs Aliénations, à peine de Privation de la Poffeffion ; les Déclarations doivent
fpécifier les Biens libres defdits Poffeffeurs dans le même lieu où ils
ont des Biens Domaniaux. En cas d'Aliénations nouvelles du Domaine, dans le même lieu où ils en ont déja d'anciennes, ils le fpé-
cifieront dans les Déclarations. *Ord.* 18 *Décemb.* 1714. *T. II. p.* 41.
Les Emolumens de la Juftice, Création d'Officiers dans les Terres
où le Domaine a réuni la Jurifdiction, font demeurés aux Aliénataires, à charge des Frais de Procédures criminelles, à payer fur le
même pied que le Domaine ; fi mieux ils n'aiment opter dans le
mois, d'abandonner les hautes Amendes & Confifcations ; leur étant
même libre de renoncer aux Emolumens de la Juftice. *Ed.* 10 *Janv.*
1719. *T. II. p.* 233. V. *DOMAINE.* (JURISDICTION.) Le Prince
s'eft réfervé de faire chaffer dans les Domaines aliénés. *Ord.* 8 *Mai*
1717. *T. II. p.* 113. Faute d'avoir fourni les Déclarations voulues
par l'Ordonnance de 1714, la Réunion eft déclarée acquife, pour
toutes les Aliénations poftérieures à l'Année 1600 inclufivement. On
doit fournir pareilles Déclarations des Bois aliénés, fous les mêmes
peines. *Décl.* 31 *Décemb.* 1719. *T. II. p.* 309. Taxes impofées aux
Aliénataires des Domaines (fi mieux ils n'aiment renoncer) à peine
de Réunion, en les dédommageant de leur premiere Finance. *Décl.*
18 *Mars* 1722. *T. II. p.* 537. *Décl.* 10 *Mai* 1722. *T. II. p.* 555. Réunion prononcée contre ceux qui n'ont pas fatisfait aux nouvelles
Taxes. *A. C.* 15 *Sept.* 1722. *T. II. p.* 570. Les Receveurs font
autorifés à faire les recherches des Parties de Biens & Cens Domaniaux, dont l'énumération feroit omife dans les Déclarations. Le
Prince leur affure une Récompenfe fur les Fruits defdits Biens &
Cens. *A. C.* 5 *Novemb.* 1722. *T. II. p.* 572. Les Domaines aliénés
ne font pas fufceptibles d'hypotheque. V. *DÉCRET.* Toutes Aliénations, même de Jurifdiction depuis 1697, font réunies au Domaine,

excepté les Terres vagues, friches & crues en Bois, afcenfées pour défricher, mettre en valeur & bâtir : & les Ufines, Mafures & Métairies à rebâtir ; fi elles ont été affichées, publiées & afcenfées à la Chambre des Comptes. Les Aliénations, antérieures à 1698, font fujettes à la Taxe de l'Edit de 1711. *Ed.* 14 *Juil.* 1719. *T. V. p.* 14. Commiffion pour l'Exécution de l'Edit de 1729. *A. C.* 6 *Août* 1729. *T. V. p.* 23. Fixation du délai pour fe pourvoir en indemnité pardevers les Commiffaires. *Décl.* 16 *Sept.* 1729. *T. V. p.* 28. *Décl.* 30 *Décemb.* 1729. *T. V. p.* 40. Prorogation du Délai. *Décl.* 23 *Janv.* 1730. *T. V. p.* 45. Les Poffeffeurs, à quel droit ce foit, font tenus de repréfenter leurs Titres, à peine de Réunion. *A. C.* 5 *Août* 1737. *T. VI. p.* 55. Le Droit fur les Main-mortables, dans les Terres afcenfées, eft réfervé au Domaine. *A. C.* 17 *Décemb.* 1740. *T. VI. p.* 259. Les Terrains du Domaine à Luneville, non employés en Maifons ou Jardins, demeurent réunis. *A. C.* 15 *Janv.* 1746. *T. VII. p.* 71. V. *BATIMENS.* Réunion des Domaines & Jurifdictions dans la Ville de S. Diez. V. *S. DIEZ.* Réunion des Parties de Domaine, dont les Officiers de Juftice jouiffoient avant la Suppreffion des Bailliages & Prévôtés en 1751. *A. Ch.* 10 *Mars* 1752. *T. VIII. p.* 336. Ordre de la Chambre aux Cenfitaires de s'y préfenter pour y obtenir Contrats & faire régiftrer leurs Lettres Patentes ou Arrêt d'Aliénation. *A. Ch.* 15 *Avril* 1750. *T. VIII. p.* 152. Défenfes à la Chambre de paffer lefdits Contrats, fauf aux Aliénataires à s'adreffer au Confeil. Les Bailliages ont la Jurifdiction en premiere inftance en Matiere de Domaines aliénés ou non, fauf l'Appel à la Chambre ou à la Cour, s'il échet ; toutes réferves contraires, oppofées dans les Afcenfemens, demeurant nulles. *A. C.* 26 *Mai* 1753. *T. IX. p.* 57. L'Office de Receveur des Confignations & Commiffaire aux Saifies Réelles eft Domanial. *A. C.* 28 *Juin* 1760. *T. X. p.* 72. Les Aliénataires font tenus de repréfenter aux Procureurs du Roi de chaque Bailliage leurs Contrats d'Afcenfement, pour être dreffé un Etat de ceux qui n'ont pas pris de Contrat, & être les Cenfitaires contraints d'en paffer, à peine de Réunion. *A. C.* 29 *Mars.* *A. Ch.* 26 *Juil.* 1765. *T. X. p.* 401 *& fuiv.* Délai pour ladite Repréfentation. Ceux qui paient Droit au Domaine, fans Contrat d'Afcenfement, doivent feulement une Déclaration. *A. Ch.* 26 *Octob.* 1765. *T. X. p.* 413.

(BÉNÉFICES.) La Collation des Bénéfices n'eft pas comprife dans les Aliénations des Terres du Domaine. Réunion de la Collation. *Décl.* 26 *Août* 1720. *T. II. p.* 403. *Décl.* 5 *Février* 1721. *T. II. p.* 441.

Ordre à ceux qui détiennent des Titres ou Papiers du Domaine, de les remettre au Tréfor de Nancy ou de Bar, ou au Conſeil. *Ord. 17 Mars 1699. T. I. p. 146.* Délai de trois ans aux Fermiers & Sous-Fermiers, depuis l'expiration de leurs Baux, pour la pourſuite des Revenus du Domaine échus pendant leur Exploitation. Même Délai pour la Péremption des Inſtances par eux commencées, ſi ce n'eſt que les Gens du Prince ſoient Parties, comme prenant l'intérêt des Fermiers. *Ed. 28 Ianvier 1721. T. II. p. 434.*

Permiſſion en 1710 de faire pâturer les Chevaux & Bêtes-à-Cornes dans tous les Bois, même du Domaine, de ſix ans de Recrute. *Ord. 11 Mars 1710. T. II. p. 317.*

DOMESTIQUES. V. *CARTEL.* Défenſes de fréquenter les Cabarets, & aux Cabaretiers de leur donner à boire, ſi ce n'eſt que les Maîtres leur donnent le Vivre en argent. *Ed. 28 Mai 1723. T. II. p. 624.* Ceux qui entrent au Service doivent déclarer aux Maîtres le lieu de leur naiſſance, leur Religion, exhiber les Actes de Baptêmes, &c. Déclarer quels Maîtres ils ont ſervis; en exhiber des Congés qui énoncent la cauſe de leur Sortie, ſur-tout s'ils ſont ſortis avant leur année. S'ils n'ont pas encore ſervi, ils produiront un Certificat de bonnes mœurs, des Gens de Juſtice des lieux où ils auront demeuré les ſix derniers mois. Défenſes tant aux Domeſtiques qu'aux Répondans de ſuppofer les Noms. Aux Domeſtiques de quitter les Maîtres avant le terme, ſans avoir leur Permiſſion par écrit; à peine de perdre leurs Gages. Défenſes aux Maîtres d'en prendre qu'aux ſuſdites Conditions, à peine de répondre du Dommage fait aux Maîtres précédens, & des Vols & Délits. Ils peuvent en ſortir pour cauſes légitimes & mauvais traitemens vérifiés à l'Hôtel de Ville. Les Officiers leur donneront une Atteſtation au refus des Maîtres. Tout ce que ci-deſſus aura lieu au regard des Maîtres de Métiers ayant Apprentifs, Garçons, Compagnons, Valets, &c. Défenſes aux uns & aux autres de s'écarter de nuit, pour jouer ou danſer; & d'être dans les rues en aucun tems, que pour le Service de leurs Maîtres. *Ord. Pol. 13 Juin 1731. T. V. p. 216.* Défenſes à quiconque de recevoir les Effets des Domeſtiques, tant qu'ils ſont en Service; & aux Ouvriers, de leur faire des habits au delà de leur condition, ſans en avoir averti les Maîtres. *A. Cour 26 Novembre 1735. T. V. p. 308.*

DOMICILE. V. *DÉCRET.*

DOMICILIÉS. Les Repris de Juſtice, les Voleurs & Aſſaſſins de Grands-Chemins avec Effet, ſont Prévôtaux. Réglement pour le Jugement de Compétence. *A. Cour 2 Juillet 1718. T. II. p. 196.*

DONATION. V. *Insinuation.*

DON GRATUIT. Demande du Prince au Clergé. *Décl.* 17 *Mai* 1711. *T.
I. p.* 726. Autre Demande de cent cinquante mille livres. *A. C.* 15
Novembre 1756. *T. IX. p.* 301. Le Vingtieme eft fubftitué au Don
Gratuit. *A. C.* 11 *Juin* 1757. *T. IX. p.* 359. Le Don Gratuit eft
enfuite fubftitué au Vingtieme ; l'Ordre de Malte & les Biens dépendans des Bénéfices dont les Chef-lieux font impofés en France,
ne contribuent pas en Lorraine. Les Manfes Conventuelles n'ont
aucun recours fur le tiers Lot pour l'Indemnité ; nonobftant tous
Traités. Les Contribuables doivent fournir des Déclarations ; les
Bénéficiers Confiftoriaux retiennent le quatorzieme de l'Impofition
aux Penfionnaires. Tout ce qui eft réglé au Bureau a lieu, nonobftant Oppofition ; le Clergé eft difpenfé d'ufer du Papier timbré
& du Contrôle, pour ce qui concerne le Don Gratuit. La Jurifdiction Contentieufe eft au Confeil. *A. C.* 26 *Novembre* 1757. *T. IX.
p.* 382. Réduction du premier Don Gratuit à cent vingt mille livres.
Nouveau Don Gratuit de cent mille livres. Diftribution faite de la
Portion de chaque Diocèfe enclavé en Lorraine & Barrois. *A. C.*
6 *Juillet* 1761. *T. X. p.* 152.

DOUAIRE. Les Offices héréditaires font fujets au Douaire, comme font
les Immeubles; & la Jouiffance eft évaluée en argent, les frais de
Régie déduits. *Ed. Décembre* 1728. *T. III. p.* 324.

DOUANE. V. *Cafouse.*

DOUBLEMENT. V. *Adjudication.*

DOYENS RURAUX. V. *Archidiacres.*

DROIT. Un Avocat exerçant en Lorraine, doit être Licencié en Droit
en l'Univerfité de Pont-à-Mouffon, ou en une autre approuvée.
Les Juges des Cours & des Bailliages doivent être Avocats. Il faut
un an d'étude pour être admis au Baccalauréat en Droit, autant pour
la Licence, une troifieme année pour le Doctorat. L'Ecolier eft tenu
d'écrire lui-même, de trois mois à autres, fes Infcriptions fur deux
Régiftres, dont l'un eft envoyé à M. le Procureur-Général, l'autre à
M. l'Avocat-Général. *Régl.* 9 *Juin* 1700. *T. I. p.* 239. Il doit faire une
troifieme Infcription fur le Régiftre de chaque Profeffeur dont il prend
les Leçons. Les Profeffeurs marqueront les Abfens un jour de chaque
femaine qu'ils choifiront ; ils doivent employer une heure à dicter &
à expliquer, & une demi-heure à exercer les Ecoliers. Ils doivent indiquer aux Ecoliers les Difpofitions du Droit Civil abrogées par les Loix
du Pays. La Faculté doit avoir quatre Profeffeurs, un de Droit Canon,
deux du Civil, un du Droit Public. Le Prince les nomme la premiere

miere fois ; ils font enfuite remplacés par la voie du concours ; le
choix doit être confirmé par le Souverain , qui nomme toujours le
Doyen. On ne peut étudier en Droit & en même tems en Rhéto-
rique ou en Philofophie. Le commencement de l'Etude de Droit eft
à dix-fept ans. Il y a un Examen pour chaque Degré fur les Matieres enfeignées. L'Ecolier repréfentera fes Cahiers écrits de fa main ,
qui feront percés d'un poinçon, pour en ôter l'ufage à d'autres ; s'ils
font informes, ou fi l'Ecolier a fait des abfences notables, les
Degrés lui feront refufés ou retardés. La Préfidence aux Actes fe
fera par tour. On nommera des Ecoliers pour la Difpute aux Actes
Publics. Les voix feront recueillies par fcrutin pour l'Admiffion de
l'Afpirant. Un Profeffeur eft fufpect pour voter, s'il eft Parent de
l'Afpirant. Le Tarif des Droits doit être expofé en la Salle publique.
L'Etude, par bénéfice d'âge, n'eft que de trois mois pour chaque
Degré, excepté celui de Docteur. Celui qui a étudié dans une autre
Univerfité , doit y avoir rempli le même tems d'étude, pour obtenir
des Degrés à Pont-à-Mouffon ; & y avoir fubi Examen foutenu
d'Actes Publics. *Ed. 6 Janvier 1699. T. I. p. 111.* Perfonne ne peut
être reçu à étudier en Droit ou en Médecine , s'il n'a fait deux ans
de Philofophie dans une Univerfité ou College approuvé ; ce qu'il
prouvera par Atteftations en forme , fans que les Profeffeurs puiffent
en difpenfer, fauf à pourfuivre extraordinairement ceux qui auroient
donné ou obtenu de fauffes Atteftations. *Ord. 28 Mars 1708. T. I.
p. 628.*

(PUBLIC.) Chaire établie en l'Univerfité de Pont-à-Mouffon. Réglemens fur l'Etude & les Matieres. Le Profeffeur fait trois Leçons par
femaine : il n'affifte pas aux Examens ; ne perçoit que les Gages
que le Souverain lui fait. Il eft du corps & a les mêmes honneurs
& franchifes que les Profeffeurs. Il doit enfeigner le Droit Réga-
lien & celui des Souverains, le Droit de la Guerre & de la Paix,
celui des Fiefs, &c. *Décl. 15 Décembre 1706. T. I. p. 516.*

(COUTUMIER.) Chaire établie en l'Univerfité de Pont-à-Mouffon. Suppreffion d'un Aggrégé. Le Profeffeur eft du Corps de la Faculté ; il fuffit
qu'il foit licencié en Droit Civil & Canonique, avec dix ans d'exercice
du miniftere d'Avocat, foit à la Cour, foit au Bailliage. Il a Voix
délibérative aux Affemblées ; Place après l'Aggrégé : n'a d'autres
Droits que les Gages que le Souverain lui fait. Il doit faire trois Leçons
par femaine, en Langue vulgaire. L'Ecolier doit fréquenter l'Ecole
pendant moitié du tems fixé pour fa réfidence; & fournir, pour être
reçu au ferment d'Avocat, un Certificat d'affiduité. *Ed. Décembre*
1723. T. II. p. 682.   I.

DUC. Correction d'une Erreur, dans la Dénomination faite dans les Lettres Patentes d'Erection du Marquisat de Bayon. *Lisez*, Charles I, *au lieu de* Charles II. *A. Cour* 9 *Décembre* 1710. *T. II. p.* 429.

DUCAT. Évaluation du Ducat Romain en livres de Lorraine. *T. II. p.* 146. V. *DÉCIMES.*

DUEL. Précautions pour le prévenir. Les Voies de fait, fur-tout dans une Eglife, font défendues; étant un moyen illicite de fe faire Juftice. Les injures doivent être réparées. Les Témoins d'une injure doivent en avertir les Baillis, MM. les Procureurs-Généraux ou Maréchaux; même le Prince, fi l'injure s'eft faite en Cour. L'Autorité fur le Provifoire eft au Baillif. V. *CADAVRE, CARTEL, AGE, DÉSO-BÉISSANCE, DIGNITÉS.* Défenfes de favorifer ou loger les Coupables. Le Combat eft puni de Mort. Quels font les Juges de ce Crime ? Le Prince défend de lui demander Grace pour les Coupables. L'Honneur confifte dans l'obéiffance à la Loi de Dieu & du Prince ; la vraie Valeur, à répandre fon fang pour Dieu & pour fon Prince : il y a Honneur & Probité de refufer le Combat. Les Maréchaux font Juges du Point d'honneur & de la réparation des Outrages entre Gentilshommes ; s'ils font récufables, le Prince fe réferve à en juger. Forme de procéder dans ce cas. L'Offenfé eft non-recevable à exiger une réparation, s'il a réparti par paroles injurieufes. Réparations pour injures, fuivant leurs nature & qualité, & celle des Perfonnes. Le Manquement de Parole eft de la compétence du Juge du Point d'honneur. Les Jugemens des Maréchaux doivent être fupprimés, lorfqu'ils ont recu leur exécution. La Défobéiffance à leurs Ordres eft puniffable griévement. *Ed. Mai* 1699. *T. I. p.* 168. V. *DÉSOBÉISSANCE.*

E

EAU-DE-VIE. V. *DISTILLATEURS, VINS.*

EAUX ET FORÊTS. Commiffion pour la Vifite des Bois du Domaine. *Ord.* 28 *Février* 1698. *T. I. p.* 13. V. *CHASSES.* Bureaux pour les Affaires d'Eaux & Forêts des Domaines & des Communautés Domaniales. *Ed.* 4 *Mars* 1703. *T. I. p.* 379. V. *SALINES.* Réglement pour la Diftribution des Francs-Vins entre les Officiers. *A. C.* 19 *Juillet* 1706. *T. I. p.* 516. Fixation de la longueur du Bois provenant des Ventes ou Affouages des Communautés. *A. C.* 23 *Janv.* 1708. *T. I. p.* 622. V. *DÉFRICHEMENS, CHEMIN.* Réglement contre les Voleurs de Bois. V. *BOIS.* Réglement pour les Remonts

aux Adjudications. V. *ADJUDICATION.* Les Officiers Lorrains ou
Evêchois tenus d'accorder *Pareatis* pour traduire les Sujets, à raison
de Délits de Bois, pardevant le Juge du lieu du Délit. *Traité de
Paris du 21 Janvier 1718. T. II. p. 167.* Réglement faisant Supplément à l'Ordonnance de 1707, concernant les Eaux & Forêts,
l'Administration de la Justice & Police. *Ed. 14 Août 1721. T. II. p.
491. Cet Ed. est à la fin du Volume in-8°. de l'Ordonnance de 1707,
compris dans la Table qui le termine.* Réglement concernant le Droit
d'Entrée & Sortie des Bois, des Etats. *A. Ch. 6 Juillet 1723. T. II.
p. 645.* Autre Réglement concernant le Commerce des Bois entre
les Lorrains & les François. *A. C. 20 Septembre 1723. T. II. p. 656.*
V. *BOIS.* Réglement faisant Supplément à l'Ordonnance de 1707,
concernant les Eaux & Forêts. *Décl. 31 Janvier 1724. T. III. p. 6.
Cette Déclaration & la Table des Matieres sont dans le Volume in-8°. de
l'Ordonnance de 1707.* Défenses de couper des Bois de Futaies propres à Bâtiment. V. *BOIS.* Adjudicataires tenus de donner Cautions. V. *CAUTION.* Les Substituts doivent fournir un Etat des
Condamnations. V. *AMENDE.* Défenses de couper des Bois secs
ou verds. V. *BOIS.* Les Receveurs tenus de rendre Compte au Réformateur des Deniers provenans des Condamnations. *A. C. 4 Août
1710. T. III. p. 425.* Permission, pour l'année 1731, de faire vainpâturer dans les Bois du Roi & tous autres de six ans de Recrute,
les Chevaux & Bêtes-à-cornes. *A. C. 19 Juin 1731. T. V. p. 157.
A. C. 6 Juillet 1734. T. V. p. 276.* Bois enlevés par les Débordemens. V. *DÉBORDEMENS.* Rapport d'un Forêtier fait foi pour
cent francs d'Amende ; & d'un Forêtier & un Recors, pour les Peines
pécuniaires au delà de cette somme. *Décl. 22 Janvier 1735. T. V. p.
284.* Délits commis dans les Bois Communaux. V. *AFFOUAGES,
COMMUNAUTÉS.* Bois de Marine. V. *BOIS.* Réglement pour la
Marque des Chablis. V. *CHABLIS.* Réglemens concernans la Jurisdiction Grueriale, celle des Grands-Maitres & autres Officiers
Royaux, & celle des Hauts-Justiciers, pour ce qui concerne les
Bois de Marine, & ceux des Gens de Main-morte. *Décl. 21 Mai
1739. T. VI. p. 190. A. C. 5 Mai 1740. T. VI. p. 222. A. C. 2
Septembre 1740. T. VI. p. 240.* Les Gardes des Grueries ne peuvent
faire Rapports dans les Bois des Sujets & Gens de Main-morte enclavés dans l'étendue des Hautes-Justices des Vassaux. Les Officiers
Royaux n'ont plus de Prévention que pour les Contraventions ou
Négligences de ceux des Vassaux reconnus par les Procès-verbaux
des Visites qu'ils sont tenus de faire en personne. Ils ne connoissent

plus des Délits ordinaires. *A. C.* 1 *Septembre* 1740. *T. VI. p.* 240.
Défrichement des Routes publiques. V. *DÉFRICHEMENT*. Régle-
ment pour la Glandée. V. *GLANDÉE*. Les Receveurs tenus de
pourfuivre les Adjudicataires , même par Décret de leurs Biens.
A. C. 7 *Avril* 1741. *T. VI. p.* 318. Ils ne doivent payer de Gages
ni autres Droits aux Officiers, fans Quittance. *A. C.* 16 *Mai* 1741.
T. VI. p. 321. La Recette du produit des Grueries, & autres Recettes, doit fe faire en deux Paiemens. *Décl.* 16 *Juillet* 1741. *T.*
VI. p. 327. Jurifdiction Grueriale fur les Bois des Communautés
Domaniales. V. *DOMAINE*. Sur les Amendes de Bois. V. *AMENDES*.
Les Bois doivent être réarpentés au Récolement en préfence des
Officiers; les Récolemens & Réarpentage feront remis aux Subftituts,
pour y donner leurs Conclufions. Requifitions contre les Adjudicataires leur feront fignifiées dans trois jours, pour y répondre dans
pareil délai ; fur quoi les Officiers prononceront la Sur-mefure, le
moins de Mefure, l'Outre-paffe, le Congé de Cour, &c. fans déroger aux Obligations du Grand-Gruyer pour le Récolement par
Réformation. *A. C.* 18 *Avril* 1744. *T. VII. p.* 43. Bois de l'Ordre
de Malte. V. *MALTE*. Gages des Forêtiers & leur Portion d'A-
mende infaififfables. *A. C.* 22 *Janvier* 1746. *T. VII. p.* 76. Adjudications interdites aux Communautés, de leurs propres Bois. V. *COM-*
MUNAUTÉS. Soumiffions pour Délits. V. *DÉLITS*. Création des
Maitrifes ; Tarif de leurs Droits. *Ed. Décembre* 1747. *T. VII. p.*
177. Etabliffement d'un Commiffaire Réformateur. *A. C.* 1 *Janvier*
1748. *T. VII. p.* 189. Vacations aux Maitrifes pour les Récolemens avant leur Création. *A. C.* 4 *Mai* 1748. *T. VII. p.* 194.
Vacations pour Marque, Délivrance, &c. des Arbres de Bâtiment.
V. *BATIMENT*. Bois de Marine. V. *BOIS*. Emolumens de Procé-
dures attribués aux Maitrifes. *Décl.* 17 *Février* 1749. *T. VIII. p.* 15.
Bois des Terres Domaniales. V. *DOMAINES*. Création des Rece-
veurs-Généraux & Contrôleurs des Domaines & Bois, & des Rece-
veurs particuliers des Bois. *Décl.* 16 *Mars* 1750. *T. VIII. p.* 135.
Officiers de Juftice ne doivent rien recevoir que de la main du
Greffier. *A. C.* 9 *Mai* 1759. *T. VIII. p.* 171. Les Vacations ne
doivent être employées au Cahier des Charges. *A. C.* 6 *Juin* 1750.
T. VIII. p. 174. Reconnoiffance des Chablis dans les Bois des
Domaines du Roi. *A. C.* 19 *Décembre* 1750. *T. VIII. p.* 208.
Fonctions des Officiers des Maitrifes. *A. C.* 19 *Décembre* 1750.
T. VIII. p. 211. Réglement des Coupes des Bois Communaux
des Juftices Patrimoniales. V. *COMMUNAUTÉ*. Taxation du Bois

de Corde. V. *CHAUFFAGE*. Officiers de Maîtrises doivent être reçus à la Cour. *A. C. 10 Mai 1751. T. VIII. p. 377.* Honoraires des Receveurs des Bois fur les Dommages, Intérêts des Communautés, fixés à cinq fous pour livre. *A. C. 10 Juillet 1751. T. VIII. p. 381.* Défenses d'élaguer les Arbres. V. *ARBRES*. Délits dans les Bois Communaux. V. *COMMUNAUTÉ*. Réglement de Jurifdiction entre les Officiers des Maîtrises Royales & ceux du Chapitre de Remiremont dans différentes Maîtrises. *A. C. 27 Janvier 1753. T. IX. p. 18.* Défenses de faire rouir le Chanvre dans les Rivieres. V. *CHANVRES*. Même Inftruction de Procédure, Taxe & Réglement dans les Maîtrises, que pour les anciennes Prévôtés, conformément à l'Article XVI. Tit. des Prévôtés de l'Ordonnance de 1707. *A. C. 9 Février 1754. T. IX. p. 118.* Forêtiers Communaux des Juftices Domaniales. V. *COMMUNAUTÉS*. Maîtrises du Barrois mouvant reffortiffant au Parlement de Paris *Lett. Pat. du R. T. C. 7 Octobre 1755. T. IX. p. 219.* Réglement de l'Annuel. V. *ANNUEL*. Reconnoiffance des Délits. V. *DÉLITS*. Taxe des Préfentations en Maîtrise. *A. Cour 18 Février 1756. T. IX. p. 243.* Elle eft annullée ; le Droit fe perçoit fuivant la Déclaration des 11 Décembre 1718 & 27 Juillet 1719. *A. C. 3 Avril 1756. T. IX. p. 254.* Création de l'Office de Grand-Maitre. *Ed. Mai 1756. T. IX. p. 271.* Réglement de Coupes en la Maîtrise de Nancy. *A. C. 2 Avril 1757. T. IX. p. 336.* En celle de Mirecourt. *A. C. 6 Mai 1757. T. IX. p. 345.* Réglement de la Graffe Pâture dans les Bois du Roi & ceux des Gens de Main-morte. Les Officiers doivent, lors des Affiettes, indiquer les Taillis en défenfe dans leurs Procès-verbaux. *A. C. 6 Mai 1757. T. IX. p. 349.* Défenfes aux Maîtrises de procéder à aucunes Ventes, fans Commiffion du Grand-Maitre ; & aux Délivrances d'Affouages, contrairement à fes Etats. L'Effence des Réferves doit être fpécifiée aux Procès-verbaux, & les Adjudications arrêtées dans vingt-quatre heures. *A. C. 24 Septembre 1757. T. IX. p. 369.* Vente des Charbons. V. *CHARBONS*. Longueur du Bois de Chauffage, Fagots & Echalas. V. *BOIS*. Commiffaire Réformateur pendant la minorité du Grand-Maitre. *A. C. 19 Février 1761. T. X. p. 114.* Ne peut, ni autres Officiers, exercer de fonctions, fi leurs Provifions ne font régiftrées dans les Cours. *A. Cour 4 Avril fuiv. T. X. p. 128. A. Ch. 6 Avril fuivant. T. X. p. 131.* Les Délivrances de Futaie fe font, l'Adjudicataire appellé, par Procès-verbaux fur le Régiftre. Choix des Réferves ; les Procès-verbaux feront repréfentés aux Grands-Maitres pour vérifier la Réferve. *A. Ch. 26 Mai 1764. T. X. p. 316.* Vifites des Bois doivent être dépofées au Greffe de la Chambre. *A. Ch.* 8 *Juin* 1764. *T. X. p.* 324. Procédures Criminelles doivent être inftruites par des Gradués ; Les maîtrifes ne peuvent faire aucuns Réglemens. Défenfes aux Forêtiers d'acheter du Bois des Adjudicataires, d'en recevoir par Gratifications ; & aux Adjudicataires, de leur en vendre ou donner, à peine de répondre des Délits. *A. Ch.* 11 *Juillet* 1764. *T. X. p.* 338. V. *VISITES.*

EAUX MINÉRALES. Réglement pour l'ufage du Privilege exclufif de la Vente des Eaux Minérales. *A. Cour* 5 *Août* 1756. *T. IX. p.* 293.

ECCLÉSIASTIQUES. Les Biens des Eccléfiaftiques décédés font exempts du Droit de Main-Morte. *A. Cour* 11 *Décembre* 1701. *T. I. p.* 317. Ne doivent exercer la Médecine. *Ord.* 18 *Mars* 1708. *T. I. p.* 628. V. *BOIS.*

ÉCHALAS. V. *BOIS.*

ÉCHÉANCE. V. *ASSIGNATION.*

ÉCOLES. Religieux ne doivent recevoir aux Ecoles aucuns Etudians Séculiers. *A. Cour* 14 *Novembre* 1719. *T. II. p.* 197. Réglement pour les Ecoles gratuites des Freres de la Doctrine-Chrétienne à Nancy. *A. C.* 13 *Juillet* 1762. *T. X. p.* 195. *A. C.* 16 *Juin.* 1765. *T. X. p.* 395.

ÉCOLIERS. On ne doit rien leur fournir au delà du néceffaire, fans le confentement des Parens. *A. Cour* 30 *Mars* 1721. *T. II. p.* 549.

ÉCRITURES doivent être fignifiées. *A. Ch.* 5 *Mai* 1711. *T. I. p.* 724. Indiquer à la marge la cote des Pieces qui y font employées. *A. Cour* 15 *Février* 1760. *T. X. p.* 41. V. *AVOCATS.*

ÉCROUE. Extrait de l'Ecroue & Droit d'entrée, fixé à un franc. *A. Cour* 12 *Mai* 1699. *T. I. p.* 176.

ÉGYPTIENS. V. *VAGABONDS.*

ÉGLISES. Violence commife dans les Eglifes, eft digne d'une punition rigoureufe. *Ed. Mai* 1699. *T. I. p.* 168.

EINVILLE. Franchifes à ceux qui bâtiront à Einville-au-Jard. *Ord.* 15 *Décembre* 1705. *T. I. p.* 499.

ÉLECTION des Syndics de Communautés. *A. C.* 3 *Mai* 1738. *T. VI. p.* 115. Des Dignitaires dans les Chapitres de Chanoineffes. V. *CHAPITRES.* Des Bangards. V. *BANGARDS.*

EMBANNIR. V. *ADJUDICATION.*

EMBUSCADE. V. *CARTELS, DUELS.*

ÉMIGRATIONS. Permiffion à ceux qui ont vendu leurs Biens, pour fortir des Etats, d'y rentrer, en rembourfant l'Acquéreur. Les Acquéreurs tenus de répéter le prix, finon l'Acquêt eft confifqué. Ces eſpeces de Ventes annullées & prohibées. *Ord. 29 Mars 1724. T. III. p. 10. A. C. 29 Mai 1737. T. VI. p. 32.* Confiscation de Corps & de Biens contre les Emigrans ; Induction & Subornation pour-fuivies extraordinairement. *Ord. 15 Octobre 1740. T. VI. p. 252.* Gens de Justice, Syndics & Jurés tenus d'avertir le Procureur-Général du deſſein des Emigrans. *A. Cour 22 Mars 1748. T. VII. p. 191.*

EMPLOIS. V. *OFFICES*, *CRÉATION*. Des Arbres de Bâtiment. V. *BA-TIMENT*.

EMPLOYÉS. V. *GARDES*.

EMPRUNT. V. *DETTÉS D'ÉTAT*.

ENFANS DE FAMILLE. Défenfe aux Notaires, aux Juifs & tous au-tres, de prêter ou faire prêter de l'Argent aux Enfans de Famille, fans le gré de leurs Peres, Meres, Tuteurs ou Curateurs ; ordonné que leur Procès fera fait extraordinairement, fans préjudice à la nullité du Prêt, réfultant de la Loi. *A. Cour 17 Août 1715. T. II. p. 72.* Défenfes aux Taverniers & Cabaretiers de leur donner à boire de jour ou de nuit ; & aux Maîtres de Jeux, de Paulme, &c. de donner à jouer aux heures du Service Divin. V. *CABARETS*. Défenfes de faire crédit aux Mineurs & aux Soldats. *Ord. Pol. 30 Juillet 1763. T. X. p. 247.* Privileges à ceux qui ont dix Enfans vivans. *Décl. 18 Janvier 1719. T. III. p. 350.* Expofitions des Enfans. V. *ACCOUCHEMENT*. Enfans engagés au Service. V. *DÉSERTEURS*. En-fans aux Etudes. V. *ÉCOLIERS*. Enfans de Famille ne peuvent contracter Mariage, fans le confentement de leurs Peres ou Meres, foient qu'ils foient paſſés en premieres ou fecondes Nôces, à peine d'Exhérédation, & d'être privés de tous effets civils. Les Entremetteurs feront punis d'amende, même les Roturiers corporellement, fuivant la qualité du fait. Les Garçons de trente ans & les Filles de vingt-cinq, qui auroient requis par écrit ledit confentement par Sommation refpectueufe, n'en-courent les peines. Les Enfans en Tutelle ne peuvent fe marier avant vingt-cinq ans, fans le confentement de leurs Tuteurs ou Curateurs, & de quatre Parens, à peine de confifcation de biens ; les Entre-metteurs encourent la peine fufdite. *Edit 8 Mars 1713. T. II. p. 596.* Enfans ne font Majeurs qu'à vingt-cinq ans, excepté les Veufs ou Veuves, mariés avant cet âge, lefquels demeurent émancipés ; mais ne peuvent aliéner leurs Immeubles & Propres, que du confentement de leurs Parens & de M. le Procureur-Général. *Ed. 8 Mars 1713. T. II. p. 599.* Enfans trouvés, dans la Ville de Nancy, font à la charge du Fermier-Général. *Décl. 10 Juin 1718. T. II. p. 164.*

ENQUÊTE ne peut être convertie en information ; les Juges peuvent néanmoins décréter sur des Enquêtes faisant Charge ; sur-tout en matiere d'Inscription de Faux : il faut, dans ce cas, ordonner que les Témoins, ouis en l'Enquête, seront répétés par forme d'Information, récolés, confrontés, &c. *A. C. 9 Février 1754. T. IX. p. 121.*

ENRÉGISTREMENT. V. *Sceau en Chancellerie, Bailliage.* Toute Loi concernant l'ordre Judiciaire, Police & Administration des Eaux & Forêts, doit être vérifiée aux Cours supérieures, avant d'être reçues dans les Maitrises. *A. Cour 4 Avril 1761. T. X. p. 128. A. Ch. 6 Avril 1761. T. X. p. 131.*

ENTÉRINEMENT. Le Droit d'Entérinement dans les Cours est pareil à celui du Sceau en Chancellerie. *Ed. 15 Septembre 1701. T. I. p. 303. Ed. 1 Juin 1720. T. II. p. 351.*

ENTRANS. Nouveaux Entrans doivent apporter un Certificat, du lieu de leur sortie, de leurs bonnes Vies & Mœurs. *Ord. Pol. Mai 1699. T. I. p. 166.* Les Cabaretiers, Aubergistes, &c. déclareront, tous les soirs de l'arrivée, les Nom, Qualité, Profession & Domicile de leurs Hôtes, le nombre de leurs Domestiques. Forme des Déclarations ; celle des Juifs contiendra le tems qu'ils séjourneront ; & sera renouvellée s'ils demeurent au delà. Toutes les Déclarations seront renouvellées chaque quinze jours. Les Aubergistes donneront avis du Refus de dire son Nom, ou du Déguisement. On ne peut faire Bail de Chambre garnie à Etranger, n'y recevoir Pensionnaire, autres qu'Ecoliers ou Parens prochains, sans faire une Déclaration au Commissaire de Quartier, qui doit tenir Régistre des Nouveaux Entrans, & y faire mention du contenu en leurs Certificats. Filles ne peuvent se tenir en Chambre, si elles n'ont des Répondans. De même aucun Enfant de Famille, sans consentement des Parens ou ordre de Justice. Les Matrônes ne peuvent recevoir aucune Femme ou Fille pour faire leurs Couches, sans avertir la Police. Un Bourgeois ne doit quitter un Quartier pour l'autre, sans avertir le Commissaire. *Ord. Pol. 31 Décembre 1733. T. V. p. 250. Ord. Pol. 7 Septembre 1764. T. X. p. 352.* On ne doit recevoir en Pension un Etudiant en l'Université, s'il n'est Immatriculé. *Ord. 18 Février 1701. T. I. p. 345.*

ENTRÉE. V. *Ecroue.* Entrée & Sortie des Bois. V. *Haut-Conduit.* Tarif & Réglement pour le Droit d'Entrée, Passage & menue Vente à Nancy. *A. Ch. 7 Sept. 1741. T. VI. p. 335.* Annullé & ordonné que le Droit sera payé, même par les Bourgeois, pour le cru ou concru à chaque Paſſage pour chaque Panier, Hottée, Voiture, &c. *A. C.* 16 *Fév.* 1743. *T. VII. p.* 7. Char doit cinq liards, & menue Vente un liard; Charrette doit onze deniers, & menue Vente un liard; une Chevalée, trois deniers; une Hottée, deux deniers; Charpagne ou Panier, un denier. *Réglem.* 28 *Juillet* 1719. *T. VI. p.* 337. 14 *Fév.* 1704. *T. I. p.* 411. V. PÉAGE, METZ.

ÉPÉE. Défenſes aux Gens ſans caractere d'en porter. *Ord. Pol.* 11 *Août* 1699. *T. I. p.* 196. Défenſes aux Roturiers, qui n'ont été ou ne ſont Officiers de Guerre, de porter Armes offenſives; de quoi les Peres, Meres, Maitres & Maitreſſes ſont reſponſables; les Officiers de Juſtice, Marchands, bons Bourgeois de Ville ou Bourgade, en voyage à pied ou à cheval, pouvoient porter Epée ou Piſtolets. *Ord.* 14 *Fév.* 1700. *T. I. p.* 227. *A. Cour* 8 *Fév.* 1749. *T. VIII. p.* 13. Les ſeuls Nobles & Officiers Militaires ſont exceptés de la défenſe. *Ord.* 16 *Novemb.* 1739. *T. VI. p.* 203. Etudians en l'Univerſité ne doivent porter aucunes Armes, pas même une Epée; ils doivent les dépoſer à leur arrivée chez le Receveur; Défenſes de les leur tenir en dépôt ou de leur en prêter. *Ord.* 18 *Fév.* 1701. *T. I. p.* 345.

ÉPICES. V. JUGEMENS. Le Fiſc du Prince ne paie point d'Epices en Affaires criminelles, ſi ce n'eſt que le Condamné ſoit ſolvable pour ce. *Ord.* 24 *Janv.* 1699. *T. I. p.* 131.

ÉPINAL. Le Juge Tutélaire, ſous cette Coutume, ne doit entendre les Comptes de Tutelle. *A. Cour* 6 *Juil.* 1746. *T. VII. p.* 97.

ERREUR. (PROPOSITION D'ERREUR.) V. CASSATION, AVOCAT.

ESPECES. Confiſcation d'Eſpeces décriées, trouvées dans une Succeſſion. *A. Ch.* 16 *Juil.* 1726. *T. III. p.* 176.

ESSARTS. V. ETRANGERS.

ESSAI. V. MARQUE.

ESTAME. Défenſes de faire des Bas d'Eſtame à deux fils. *A. C.* 14 *Janv.* 1721. *T. II. p.* 524. *A. C.* 29 *Août* 1738. *T. VI. p.* 137.

ESTIMATION. V. PORTIONS CONGRUES.

ÉTABLISSEMENT. V. MAIN-MORTE.

ÉTAT. V. NOBLESSE.

ÉTRANGERS. V. BÉNÉFICES.

Franchiſes accordées aux Etrangers, qui s'établiſſent dans les Etats, de toutes Charges pendant l'Année; & pendant trois Ans, s'ils y bâtiſſent. *Ord.* 2 *Avril* 1698. *T. I. p.* 16. Faute par les ſujets du Bailliage d'Allemagne de mettre leurs Héritages en valeur, les Etrangers, qui s'y établiront, ſont autoriſés à s'en emparer,

K

fuivant qu'il leur fera défigné par des Commiffaires : fi après le Défrichement le Propriétaire fe préfente dans l'An, il récupérera l'Héritage, en en laiffant jouir l'Etranger pendant dix Ans, pour indemnité, ou en payant ladite indemnité en argent ; font naturalifés,
fans prendre de Lettres ; font exempts de toutes Charges pendant
fix Ans : pendant dix, s'ils bâtiffent. *Ord.* 10 *Octob.* 1698. *T. I.*
p. 89. Propriétaires font autorifés à retirer leurs Héritages dans trois
Ans, en en juftifiant la Propriété par Titres ; les Etrangers tenus de
donner une Déclaration des Défrichemens ; permis à tous Particuliers de défricher & jouir pendant dix Ans, en en faifant une Déclaration au Greffe ; paffé lequel tems, fi le Propriétaire ne réven-
dique l'Héritage, il demeurera à celui qui l'aura défriché. Les Effarts
ne doivent fe faire, près des Bois, fans une reconnoiffance préala-
ble. *Ord.* 11 *Janv.* 1715. *T. II. p.* 44.
Les Etrangers qui viendront fe battre en Duel en Lorraine, ou les
Lorrains en Pays étrangers, feront punis fuivant les Loix de Lorraine.
Ed. Mai 1699. *T. I. p.* 168. Huiffiers ne doivent exploiter fur Jugemens ou Décrets de Juges étrangers, fans *Pareatis* ; aucun National ne
peut être traduit chez l'Etranger fans *Pareatis* de la Cour. *A. Cour* 10
Juin 1699. *T. I. p.* 183. Etrangers autorifés à acquérir des Rentes fur
les Domaines & Gabelles affranchies de l'Aubaine, Bâtardife, &c. *Edit*
10 *Décembre* 1719. *T. II. p.* 301. Religieux étrangers tenus de vuider les
Etats, fans rien emporter des Maifons d'où ils fortiront. *A. C.* 16 *Juil.*
1751. *T. VIII. p.* 297. Les Demoifelles étrangeres ne peuvent plus
être apprébendées dans les Chapitres Lorrains de Chanoineffes. *Décl.*
Janv. 1761. *T. X. p.* 114. Etrangers entrans à Nancy. V. *ENTRANS.*
Ordre aux Mendians étrangers de vuider les Etats, à peine du Fouet
& du Carcan, fur un fimple Procès-verbal de Capture, fans Appel.
Ord. 5 *Sept.* 1698. *T. I. p.* 67. Nonobftant l'Appel. *A. Cour* 15
Décemb. 1698. *T. I. p.* 106. Peine du Fouet pour la premiere fois,
de la Marque pour la feconde, & de la Vie pour la troifieme ; défenfes de les loger, fous les mêmes Peines. *Ord.* 1 *Juil.* 1700. *T. I.*
p. 239. *Ord. Pol.* 15 *Avril* 1709. *T. I. p.* 657. *Ord.* 11. *Mai* 1709.
T. I. p. 661. Mendians étrangers tenus de repréfenter un Certificat
des Officiers de lieux, fur la néceffité de leur Voyage ; déclarer où
ils prétendent aller ; tenus de fuivre la Route la plus droite, moyennant quoi on leur fera l'Aumône : recevront un Certificat des Maires ;
s'ils fe font dévoyés de leur Route, feront mis en Prifon. *Ord.* 17
Mars 1710. *T. II. p.* 318. Défenfes aux Habitans de leur donner
l'Aumône ni les réfugier. *A. C.* 7 *Octob.* 1710. *T. II. p.* 409. Punis

de mort, s'ils entrent une feconde fois au Pays, dans le cas de Maladie contagieufe en 1710. Etrangers tenus, dans ledit cas de Maladie, de donner aux Barrieres un Certificat contenant le lieu d'où ils viennent, qu'ils font fains & que leurs Marchandifes ne font pas infectées. Punition de mort contre ceux qui prendroient une autre voie que celle des Barrieres; défenfes de loger les Etrangers, même Amis & Parens, fans un Certificat. *Ord. 6 Nov.* 1710. *T. II. p.* 411. Mendians étrangers armés feront fouettés & marqués; même punis de mort, en cas de récidive. *Ord. 8 Mai* 1717. *T. II. p.* 113.

ÉVALUATION. V. Décimes.

ÉVÊCHÉS Permiffion aux Propriétaires, Habitans des Trois-Évêchés, d'enlever des Etats les Grains de leurs Terres qui y font fituées. *Ed.* 14 *Août* 1698. *T. I. p.* 38. A charge de Réciprocité. *Ord.* 11 *Octob.* 1709. *T. I. p.* 685. Traité de Paris, qui regle le Commerce entre les Trois-Evêchés & la Lorraine, & les Droits de Péage, Haut-Conduit, &c. *Lett. Pat.* 11 *Janv.* 1718. *T. II. p.* 167.

ÉVÊQUE Régulier, devenu Evêque *in Partibus*, laiffe fa Succeffion à fa Famille. *A. C.* 1 *Juin* 1733. *T. V. p.* 119. Evêques ont en Lorraine le Droit de *Committimus*, comme ils en jouiffent en France. *Décl.* 16 *Août* 1751. *T. VIII. p.* 306.

EXAMEN des Officiers de Juftice. *Ed.* 31 *Août* 1698. *T. I. p.* 40.

EXÉCUTIONS. L'Exploit doit détailler les Meubles faifis & ceux referv par l'Ordonnance. Dépofitaire n'eft tenu que de ce qui eft détaillé, l'Exploit doit énoncer que le Dépofitaire a été inftruit des Peines qu'il encourt, en cas de non Repréfentation des Effets. *A. Cour* 10 *Mai* 1754. *T. IX. p.* 146. Montant d'une Exécution, s'il y a Inftance de Préférence, & que le Produit foit au delà de cent livres, doit être mis au Confeing. *A. C.* 28 *Juin* 1760. *T. X. p.* 167. *Bif.* Meubles à Bail exécutés. V. *Bail.*

EXÉCUTOIRES (DE FRAIS DE JUSTICE) à la charge du Roi, doivent être vifés de M. l'Intendant. *Ed. Sept.* 1749. *T. VIII. p.* 94.

EXCOMMUNICATION. La Condamnation des Propofitions, fur la Matiere des Excommunications par la Conftitution du Pape du 8 Septembre 1713, ne doit faire induire que des Sujets puiffent s'exempter de l'obéiffance & fidélité envers le Prince, & d'obferver les Loix de l'Etat. *A. Cour* 8 *Mars* 1714. *T. II. p.* 29.

EXPECTATIVES. V. Chambellans.

EXPLOITS (D'EMPRISONNEMENT) doit faire mention que l'Inventaire des Effets d'un Prifonnier a été fait fur le Régiftre du Geolier *A. Cour* 11 *Mai* 1699. *T. I. p.* 176. Exploits doivent être contrôlés. V. Contrôle des Exploits.

EXTRAIT (DE L'ÉCROUE) doit être délivré *gratis* par le Geolier. *A.*
Cour 12 *Mai* 1699. *T. I. p.* 176.

F

FABRIQUE. ON ne doit pas ſtipuler de Vins aux Adjudications des
Biens de Fabriques. *Ord.* 27 *Août* 1727. *T. III. p.* 254.

FACTUM. On ne peut en faire imprimer, non plus que les Pieces du
Procès, ſans un *Viſa* d'un Secretaire d'Etat, pour le Conſeil; de
MM. les Procureurs & Avocats-Généraux pour les Cours Souveraines & Chambre des Comptes. Défenſes d'en faire imprimer
dans les Bailliages; s'ils ſont imprimés hors des Etats, les Huiſſiers
ne les doivent point ſignifier, ni les Parties les diſtribuer ſans
Viſa, à peine d'Amende. *Ord.* 27 *Juin* 1727. *T. III. p.* 239.

FACULTÉS. (ETUDES.) Réglemens des Vacations; anciennes Ordonnances
renouvellées. Défenſes de diſpenſer de la Réſidence. *A. Cour* 25.
Février 1706. *T. I. p.* 505. V. DROIT COUTUMIER, DROIT
PUBLIC, AGGREGÉ, UNIVERSITÉ, MÉDECINE.

FAGOT. V. BOIS.

FAILLITTES (ET BANQUEROUTES) ſont de la Juriſdiction Conſulaire
entre Marchands & Marchands; quand même une autre Perſonne
y ſeroit intéreſſée, pourvu que le Titre ne ſoit pas hypotéquaire.
Ed. 28 *Novembre* 1715. *T. II. p.* 80.

FAULQUEMONT. Réunion des Acquiſitions à venir, au Marquiſat de Faulquemont. *Lett. Pat.* 11. *Janvier* 1728. *T. III. p.* 261.

FAUX. V. ENQUETE, INSCRIPTION DE FAUX.

FEMMES. V. FILLES, ACCOUCHEMENS.

FÉNESTRANGE. Juriſdiction pour les Principautés de Salm & Baronnie de
Féneſtrange. *Décl.* 28 *Mai* 1753. *T. IX. p.* 60. Aliénataires tenus
de repréſenter leurs Titres dans ces deux Principautés, pour être
viſés. *A. C.* 18 *Mai* 1754. *T. IX. p.* 142.

FER. Réglemens pour la marque des Fers, Droit & Tarif. *Ed. Août* 1699.
T. I. p. 196. *Décl.* 1 *Janvier* 1703. *T. I. p.* 372. *A. C.* 24 *Mars* 1711.
T. I. p. 719. *Décl. & Tarif* 21 *Juin* 1720. *T. II. p.* 369. *Décl.* 30
Mai 1721. *T. II. p.* 468. *Décl.* 4 *Juillet* 1721. *T. II. p.* 481. *A.*
C. 21 *Août* 1739. *T. VII. p.* 48. *Du Supplément à la fin de ce Vo-*
lume. A. C. 28 *Août* 1739. *T. VII. p.* 50. *Du même Supplément.*
A. C. 13 *Août* 1740. *T. VII. p.* 56. *Du même Supplément. A. C.*
31 *Octobre* 1740. *T. VII. p.* 61. *Du même Supplément. A. C.* 22
Juillet 1750. *T. VIII. p.* 181.

FERME. Les Régiſtres des Fermes Générales en dépôts dans les Greffes. *Décl.* 20 *Juillet* 1725. *T. III. p.* 119.

FÊTES. Fixation des Fêtes au Diocèſe de Metz. *Lett. Pat.* 21 *Mars* 1746. *T. VII. p.* 85. Au Diocèſe de Toul. *Lett. Pat.* 31 *Août* 1758. *T. IX. p.* 400. V. *DANSES, DIXME.*

FEU. V. *INCENDIES.*

FIEF. V. *FOI ET HOMMAGE, AMORTISSEMENT, CHASSE, NOBLESSE.*

FINANCES. Réglement touchant l'Adminiſtration des Finances. *Ord.* 9 *Fév.* 1729. *T. III. p.* 354.

FILLE. Attention des Commiſſaires de Quartier, à ce qu'il n'y ait dans leur Quartier des Filles ou Femmes mal famées. *Ord. Pol. Mai* 1699. *T. I. p.* 166.

FIXE. V. *PORTION CONGRUE.*

FLOTTAGE. V. *SALINE.*

FOINS. (ET PAILLES.) Les Voituriers doivent charger leurs Voitures ſans fraude. *Ord. Pol.* 9 *Mai* 1711. *T. I. p.* 767. Défenſes d'en faire des amas. V. *BLED.*

FOIRES. ſont défendues les Dimanches & Fêtes. *A. Cour* 27 *Août* 1700. *T. I. p.* 248. *Ord.* 1583 & 1614. *T. I. p.* 249. *A. Cour* 19 *Juin* 1704. *T. I. p.* 435. *Ed.* 15 *Avril* 1710. *T. II. p.* 336. *A. Cour* 11 *Septembre* 1711. *T. II. p.* 503. Etabliſſement des Foires de S. Nicolas. *Ord.* 14 *Mars* 1597. *T. I. p.* 552. Privileges des Etrangers auxdites Foires. *Idem.* V. *ETRANGERS, COMMERCE.* Défenſes de tenir la Foire S. Georges, & toutes autres Foires & Rapports les Dimanches & Fêtes. *A. Cour* 27 *Avril.* 1719. *T. II. p.* 250. Défenſes de jouer aux Foires les Jeux de Blanque & de Hazard. *Ed.* 15 *Mars* 1719. *T. II. p.* 248. Foires ſuſpendues en Lorraine pendant la Maladie contagieuſe. *Ord.* 6 *Novembre* 1710. *T. II. p.* 411.

FONCTIONS. (DE LA JUSTICE) dans les Tribunaux Souverains ſuſpendues à la mort du Roi Staniſlas. *A. Ch.* 14 *Février* 1766. *T. X. p.* 425.

FONDATIONS. V. *MAIN-MORTE.*

(DU ROI STANILAS.) Fondation des Miſſions. *Lett. Pat.* 21 *Mai* 1739. *T. VI. p.* 180. *Décl.* 17 *Octobre* 1763. *T. X. p.* 167. De Lits en l'Hôpital de Plombieres. *A. Cour* 25 *Avril* 1740. *T. VI. p.* 118. De Prieres & Aumônes aux Minimes de Bon-Secours. *Contrat* 28 *Juillet* 1740. 22 *Avril* 1741. *T. VI. p.* 167. De Places à l'Hôpital S. Julien. *A. Cour* 16 *Mai* 1747. *T. VII. p.* 138. Second Contrat pour ſemblable objet. *Contrat* 27 *Novembre* 1747. *T. VII. p.* 173. Pour les Malades des Lieux où S. M. faiſoit ſa ré-

fidence. *A. Cour* 23 *Août* 1748. *T. VII. p.* 220. Pour le Soulagement des Maladies populaires, & les Secours dans les cas de Grêle,
Incendies, &c. *Décl.* 17 *Septembre* 1748. *T. VII. p.* 230. *A. C.*
7 *Mars* 1749. *T. VIII. p.* 28. *A. C.* 16 *Janvier* 1750. *T. VIII. p.*
112. *A. C.* 14 *Mars* 1750. *T. VIII. p.* 131. Augmentation de la
Fondation. *Lett. Pat.* 17 *Janvier* 1757. *T. IX. p.* 330. *Décl.* 23
Novembre 1761. *T. X. p.* 165. Pour le Soulagement des Malades
où se font les Missions. *A. Cour* 21 *Septembre* 1748. *T. VII. p.*
235. En faveur des Pauvres Gentilshommes. *A. Cour* 28 *Novembre*
1748. *T. VII. p.* 261. Pour l'Enseignement des Pauvres Enfans de
Nancy ; Rétablissement de la Maison de Correction de Maréville.
A. Cour 23 *Août* 1749. *T. VIII. p.* 78. Pour l'Enseignement de ceux
de Luneville. *A. C.* 14 *Mars* 1750. *T. VIII. p.* 131. Pour les Orphe-
lins à l'Hôpital S. Julien de Nancy, & pour l'Etablissement des Freres
de S. Jean de Dieu en cette Ville. *Lett. Pat.* 17 *Avril* 1750. *T.*
VIII. p. 155. Pour une Bibliotheque publique à Nancy, & deux
Prix. *Ed.* 28 *Décembre* 1750. *T. VIII. p.* 216. Pensions pour douze
Pauvres Filles Nobles. *Lett. Pat.* 14 *Juillet* 1751. *T. VIII. p.* 294. Pensions pour des Censeurs Royaux. *Décl.* 15 *Mai* 1752. *T. VIII.*
p. 365. Pensions à douze Gentilshommes & à douze Demoiselles
Pauvres. Ecoles Gratuites à Bar & à Commercy. Rentes pour le
Col'ege de Bar. *Lett. Pat.* 4 *Septembre* 1752. *T. VIII. p.* 398.
Pour les Pauvres honteux des Villes de Lorraine. *A. Cour* 1 *Juin*
1756. *T. IX. p.* 277. Pour un quatrieme Frere d'Ecole à Lune-
ville. *Lett. Pat.* 17 *Janvier* 1757. *T. IX. p.* 317. Augmentation
d'une Sœur à la Maison de Charité de Luneville. *Lett. Pat.* 17
Janvier 1757. *T. IX. p.* 322. Augmentation de deux Freres de
S. Jean de Dieu à Nancy. *Lett. Pat.* 17 *Janvier* 1757. *T. IX. p.*
324. Chaires de Mathématiques & de Philosophie au College de
Nancy. *Lett. Pat.* 19 *Mai* 1760. *T. X. p.* 57. Pension à douze
Prêtres Infirmes du Diocèse. *A. C.* 21 *Août* 1760. *T. X. p.* 80.
Augmentation de deux Freres de S. Jean de Dieu. *A. Cour* 31
Janvier 1761. *T. X. p.* 106. Chaires d'Histoire & de Géographie au
College de Nancy. *A. Cour* 10 *Avril* 1761. *T. X. p.* 135. Aumô-
nes aux Pauvres de différentes Villes. *Lett. Pat.* 30 *Juin* 1761. *T.*
X. p. 149. Partie des Rentes pour la Bibliotheque & les Prix, est
appliquée à la Fondation pour les Maladies Epidémiques, & à l'Habillement du Suisse & de l'Ecrivain de l'Académie. *Décl.* 23 *No-*
vembre 1761. *T. X. p.* 265. Augmentation de six Lits & d'un Frere
de S. Jean de Dieu. *Lett. Pat.* 5 *Septembre* 1763. *T. X. p.* 252.

Aumônes aux Malades de Nancy , & pour les Accidens imprévus. *Lett. Pat.* 11 *Avril* 1765. *T. X. p.* 379.

(DU PRÉLAT DE BOUZEY.) Ecoles Gratuites. *A. Cour* 19 *Avril* 1751. *T. VIII. p.* 231.

(POUR LES PAUVRES.) Si elles font faites fans Défignation , elles font unies aux Bureaux des Pauvres. *A. C.* 28 *Juin* 1754. *T. IX. p.* 158.

FONDERIE exclufive des Suifs , établie hors de l'enceinte de la Ville. *A. C.* 31 *Janvier* 1750. *T. VIII. p.* 122. *A. C.* 12 *Septembre* 1750. *T. VIII. p.* 205.

FONTAINE. Conduite d'une Source au Fauxbourg de Bon-Secours. *A. C.* 13 *Aout* 1751. *T. X. p.* 160.

FORAINE (DROIT DE) fe perçoit fur les Marchandifes & Denrées qui paffent fans déballer ; l'Impôt fur les Toiles , qui paffent & fortent , eft renouvellé. Défenfes font faites d'exiger les Droits de Haut-Conduit , que fur les Marchandifes & Denrées , & dans l'étendue des Diftricts des Hauts-Conduits du Barrois , Salins-l'Etape , St. Epvre & Château-Salins. Les Concordats paffés avec les Pays voifins feront fuivis. *A. C.* 6 *Septembre* 1703. *T. I. p.* 390. Traité de Paris , qui regle le Droit de Haut-Conduit , & la Maniere de le percevoir fur les Evêcheois , & quelques autres Parties Françoifes. *Lett. Pat.* 11 *Janv.* 1718. *T. II. p.* 167. Condamnation au Paiement de l'Iffue Foraine & du Haut-Conduit , pour Vins pris à Metz & conduits à Nancy. *A. C.* 9 *Décembre* 1722. *T. II. p.* 578. Lettre Circulaire aux Receveurs fur le Détail de leurs Fonctions. 31 *Décembre* 1756. *T. IX. p.* 308.

FORCE. (MAISON DE FORCE.) V. *BUREAU DES PAUVRES.*

FORÊTIERS. Peuvent faire des Rapports de Chaffe. V. *CHASSE.* Forêtiers Royaux pouvoient faire des Rapports dans le Bois des Gens de Main-morte , au Greffe des Maîtrifes ; en vertu defquels les Officiers exerçoient la Prévention fur le Juge local , & prononçoient l'amende au profit du Souverain. *Décl.* 11 *Mai* 1739. *T. VI. p.* 190. Mais par une Loi poftérieure, la Prévention des Officiers Royaux n'a lieu, qu'en vertu des Procès-verbaux qu'ils font , lors des Vifites en Corps de Maîtrife. *A. C.* 2 *Sept.* 1740. *T. VI. p.* 240. Choifis par les Communautés Domaniales, doivent être reçus par les Officiers des Grueries Royales. *A. C.* 8 *Juin* 1754. *T. IX. p.* 151. Ne peuvent acheter ni recevoir de Bois des Adjudicataires. V. *EAUX ET FORETS.*

FORGES. Etabliffement de la Forge de Fer blanc de Bain ; Privileges & Franchifes confidérables y annexés pour trente ans exclufivement ,

à quatre lieues de diftance; Exemption de la Marque des Fers
pour les Ventes de premiere main; & de Droits d'Entrée & Haut-
Conduit fur les Matieres; Attribution de Jurifdiction à un Commiffaire, & par Appel au Confeil. *Lett. Pat.* 18 *Juin* 1733. *T. V. p.*
219. Réglement concernant les Forges en Fonte & la Marque des
Fers. *A. C.* 1 *Mai* 1739. *T. VII. p.* 44. *du Supplément.* V.
COMMERCE, FER.

FOUR. Les Curés & Vicaires exempts de la Bannalité de Four. V.
BANNALITÉ. Réglement pour les Fours de la Ville-Vieille. *A. Ch.*
25 *Juin* 1751. *T. VIII. p.* 252.

FOI ET HOMMAGE. Ordres aux Vaffaux de faire leurs Reprifes. *A.*
Ch. 28 *Janv.* 1699. *T. I. p.* 134. *A. Ch.* 13 *Novemb.* 1700. *T. I.*
p. 257. *A. Ch.* 14 *Janv.* 1715. *T. II. p.* 47. *A. Ch.* 13 *Avril* 1716.
T. III. p. 151. Faute par les Vaffaux d'avoir fait leurs Reprifes,
il eft permis à M. le Procureur-Général de faire faifir les Biens;
établir Commiffaires aux Revenus; affigner en Déclaration, & priver
les Seigneurs des Fruits & Revenus; même des Franchifes de leurs
Fermiers, jufqu'aux devoirs rendus. *A. Ch.* 13 *Décemb.* 1706. *T.*
III. p. 417. Les Vaffaux de la Prévôté de Villers-la-Montagne,
& ceux de la Châtellenie de Remberviller & lieux cédés au Traité
de Paris de 1718, tenus de faire leurs Reprifes au Souverain, leur
Seigneur dominant; tous Vaffaux poffédans Fiefs en Lorraine par
Succeffions, Acquêts, Donations, Echanges, doivent s'acquitter du
même devoir; & fournir leurs Dénombremens anx Chambres des
Comptes, fuivant la Difpofition des Coutumes de la fituation des
Biens. Paffés trois mois les Biens font faifis, avec Etabliffement de
Commiffaire; jufqu'à ce que le Prince en ait autrement ordonné.
A. C. 14 *Octob.* 1719. *T. II. p.* 292.

FRAIS. Réglement concernant le Paiement des Frais de Procédure criminelle. *Ord.* 24 *Janv.* 1699. *T. I. p.* 131. *Ed. Sept.* 1749. *T.*
VIII. p. 94. V. *EPICES, CHEFS de COMPAGNIE, EXÉCUTOIRES.*

FRANC (PAR RESAL.) Octroi accordé à la Ville de Nancy par chaque Refal de Grains, qui fe moud pour la Confommation de la
Ville; Suppreffion des Franchifes; le Pain & Gâtelage, qui viennent du dehors, doivent un gros par Miche de feize livres; les
Officiers de l'Hôtel de Ville connoiffent fans Appel des Contraventions fur le droit dont s'agit, circonftances & dépendances; fauf
les Plaintes au Souverain. *Ord.* 15 *Janv.* 1702. *T. I. p.* 335.

(FRAIS DE JUSTICE.) Les Emolumens de Juftice, qui fe percevoient
en Francs Barrois, font convertis en dix fous de France par chaque
Franc,

Franc, en faveur des Officiers des Bailliages & Prévôtés créés en
1751. *Décl.* 25 *Janv.* 1752. *T. VIII. p.* 333. Tarif pour faire cette
Converſion. *T. IX. p.* 213.

FRANCHISES (DE SUBVENTION) accordées aux Fermiers & Sous-Fermiers du Domaine pour leurs Exploitations, eſt de la Compétence
de la Chambre; la connoiſſance de toutes autres réſervées au Prince.
Ed. 31 *Janv.* 1701. *T. I. p.* 259.

FRANÇOIS déclarés Régnicoles Lorrains, & réciproquement. V. *BÉNÉ-
FICES.*

FRANC-SALÉ eſt délivré en Argent, excepté aux Officiers des Salines,
à raiſon de neuf livres par Vaſſel, à ceux qui ſont dénommés
au Bail général des Fermes; permis au Fermier de délivrer les Aumônes en Sel, aux Hôpitaux & aux Communautés de Religieux
pauvres, à prendre aux Magaſins des Sous-Fermiers. *Ord.* 28 *Mars*
1710. *T. II. p.* 314.

FRANCS-VINS. Comment s'en faiſoit la Diſtribution entre les Officiers
de Gruerie. *A. C.* 19 *Juil.* 1706. *T. I. p.* 516. Nouvelle Diſtribution des Emolumens des Officiers de Maitriſes. *Ed. Décemb.*
1747. *T. VII. p.* 177. V. *FABRIQUE, GAGES.*

FRAVEMBERG. La Souveraineté en appartient au Duc de Lorraine.
A. Cour 15 *Fév.* 1702. *T. I. p.* 343.

FREISTROFF. Prévôté ſupprimée, de même que celle de Berus. Etablies
toutes deux à Bouzonville. *Ed.* 15 *Décemb.* 1705. *T. I. p.* 502.

FUGITIFS. V. *CARTEL.*

FUTAIE. V. *BOIS, MARINE, BATIMENS, EAUX ET FORÊTS.*

G

GABELLE. V. *SEL.*

GAGES. Liquidation des Arrérages des Gages & Penſions. *Ord.* 28 *Avril*
1718. *T. II. p.* 162. Les Lieutenans-Généraux de Police & Finance perçoivent double part dans les Gages, à prendre ſur les Octrois. Ceux qui n'entrent qu'aux Aſſemblées extraordinaires ne perçoivent qu'une part. Les Gages ſuſdits ne ſe prennent plus ſur les
Francs-Vins. Dans les Villes où il n'y a point de Conſeillers
permanans les Gages ſont la moitié des Francs-Vins des Octrois,
partageables moitié au Prévôt & le ſurplus également entre le
Subſtitut & le Receveur. *Décl.* 11 *Juin* 1719. *T. II. p.* 166.
Gages concernans les Bois ne doivent être payés par les Receveurs,
ſans Quittances contenant mêmes Noms, Surnoms & Qualités que

L

celles énoncées dans les Etats des Grands-Gruyers. *A. C.* 16 *Mai* 1741. *T. VI. p.* 311. Gages des Forétiers. V. *FORETIERS.*

GALERES. Criminels feront envoyés fur les Galeres de France, lorfqu'il y aura lieu à la Peine, & feront marqués des Lettres G. A. L. foit à temps, foit à perpétuité ; les Prifonniers condamnés aux Galeres, même ceux qui auroient acquiefcé, feront conduits ès Prifons de la Conciergerie à Nancy avec leurs Procès ; ceux jugés prévôtalement feront préalablement marqués ; tous refteront à Nancy jufqu'au Paffage de la Chaine. *A. Cour* 4 *Juil.* 1737. *T. VI. p.* 43. *A. Ch.* 27 *Juil.* 1737. *T. VI. p.* 47. V. *CONTREBANDIERS.*

GARDES (DE BOIS.) V. *FORETIERS.*

(DU CORPS.) V. *CHEVAUX-LÉGERS.* Privileges pour ceux du Roi Staniflas. *Ord.* 7 *Décemb.* 1748. *T. VII. p.* 271.

(MARTEAUX.) V. *ANCERVILLE.*

(DE TABAC) doivent prêter ferment pardevant le premier Juge des lieux, ce qui fera par lui certifié au bas de la Commiffion ; les Vifites feront faites de jour & par deux Gardes au moins, qui donneront Affignation au bas de leurs Procès-verbaux, & mettront les Jugemens à exécution, le tout fans *Pareatis* ni Permiffion. Les Procès-verbaux duement recordés feront foi jufqu'à infcription de faux. Pourront vifiter chez les Seigneurs & Privilégiés, accompagnés d'un Officier de Juftice, (même inférieur) de la Communauté, qui atteftera & paraphera le Procès-verbal. Sera fait Procès-verbal du refus d'ouvrir les Portes, auffi attefté & paraphé. *Ed.* 7 *Décemb.* 1703. *T. I. p.* 401. Les Officiers Militaires doivent donner main-forte, s'ils en font requis, & faire ouvrir les Maifons. Les Officiers de Juftice & les Sujets requis, doivent pareil fecours. Les Gardes des Gabelles peuvent faire les mêmes Fonctions que ceux de Tabac. Dans les lieux où il n'y a Etabliffement de Jurifdiction, les Procès-verbaux feront affirmés pardevant le plus prochain Juge Royal ; qui n'aura cependant pour ce aucune Jurifdiction. Les Vifites ne feront faites qu'à l'affiftance du principal Officier de Juftice du lieu, en préfence duquel les Procès-verbaux feront dreffés. Les Sels & Tabacs repris feront cachetés & pefés pour être repréfentés ; & lefdits Procès-verbaux feront fignés des Gardes & de l'Officier ; ils pourront affifter à l'ouverture des Tonneaux & Ballots de Marchandifes ; prêteront ferment devant le premier Juge des lieux, dont fera dreffé Procès-verbal, à peine de nullité des Reprifes. Les Gardes du Barrois exploiteront en Lorraine, en réitérant le ferment, & réciproquement ; ne peuvent compofer avec les Délinquans fans le confentement par écrit du Fermier, & rien recevoir, fous Peines afflictives. Défenfes de les infulter, portant la Bandouillere aux Vifites. Chacun d'eux n'aura fur lui plus d'une demi-livre de Tabac. S'ils jettent du Tabac faux dans les Maifons, le Procès leur fera fait, & feront punis de mort. Toutes Perfonnes peuvent arrêter les Faux-Sauniers. Impunité prononcée pour ceux qui tuent un Faux-Saunier, réfiftant à la Capture. Les Reprifes feront faites par deux Commis ou Gardes. Les Procès-verbaux feront affirmés pardevant le plus prochain Juge Royal; & s'il a Jurifdiction, lefdits Procès-verbaux & l'Interrogatoire de l'Accufé, fur leur contenu, feront des Pieces fuffifantes pour affeoir Condamnation; n'entreront chez un Domicilié, fans être affifté d'un Officier de Juftice; feront faits deux échantillons de faux Sel, enveloppés & cachetés par les Gardes, qui en retiendront un, & l'autre remis au Greffe de la Jurifdiction; de tout quoi fera dreffé Procès-verbal, foufcrit des Gardes, de l'Officier & du Repris, s'il fait ou veut figner; & lui en fera donné Copie dans vingt-quatre heures. Le témoignagne de deux Commis ou Gardes, confirmé à la Répétition & Confrontation, vaudra Conviction; fauf les reproches perfonnels. *Ord. 6 Novemb.* 1733. *T. V. p.* 236. Juge condamné en des dommages & intérêts, pour le refus de recevoir l'Affirmation d'un Procès-verbal de Gardes. *A. Ch.* 23 *Août* 1738. *T. VI. p.* 124. Procès-verbaux font foi jufqu'à infcription de faux, fans que les Procédures contraires, antérieures à ladite Infcription, puiffent être reçues en Jugement. *A. C.* 31 *Mai* 1749. *T. VIII. p.* 44. Officiers & Sujets punis d'amende & dommages & intérêts, pour avoir refufé main-forte aux Gardes, & pour rebellion. *A. Ch.* 17 *Janv.* 1750. *T. VIII. p.* 115. Les Capitaines, Brigadiers & Gardes François, peuvent fe mettre en embufcade en Lorraine, en affirmant leurs Procès-verbaux pardevant les Juges de l'une ou l'autre Province; (qui n'ont pour ce Jurifdiction) lefquels feront foi, comme ceux des Nationaux: les Geoliers Lorrains tenus de recevoir les Prifonniers de leurs mains. Les Capitaines, affiftés d'un Garde ou deux Témoins, pourront faire vifiter chez les Eccléfiaftiques, Nobles, Bourgeois & Domiciliés Lorrains. *A. C.* 19 *Décemb.* 1754. *T. IX. p.* 177.

(CHASSE) ont le tiers des Amendes & Franchifes de toutes Charges publiques, même de Preftation envers les Seigneurs; excepté de la Subvention, telle qu'ils la payoient à leur Réception. *Décret* 12 *Avril* 1704. *T. I. p.* 415. V. *CHASSE.*

(NOTES.) Création *du* 31 *Août* 1698. *T. I. p.* 40. Création des Notaires Gardes-Notes dans le Barrois. *Ord.* 8 *Avril* 1699. *T. I. p.* 155. Nouvelle Création de Tabellion en Lorraine , & Notaires Gardes-Notes dans le Barrois. 21 *Mars* 1711. *T. I. p.* 715. Leurs Offices rendus héréditaires ; les Minutes paffent aux Succeffeurs ; excepté de ceux qui ne paient pas la Taxe impofée pour acquérir l'Hérédité. Les Minutes , partagées entre les Héritiers d'un Tabellion , doivent être remifes aux Gardes - Notes. *Ed.* 28 *Mai* 1717. *T. II. p.* 123. A la mort du Garde - Note Général, le Scellé doit être appofé fur toutes les Minutes de l'Etude , & les Groffes expédiées par le Notaire plus ancien , à l'effet de quoi le Scellé fera levé. *Décl.* 10 *Juin* 1719. *T. II. p.* 261. Création d'un Tabellion-Général Garde-Notes en chaque Bailliage , pour recevoir toutes les Minutes des Notaires qui décéderont. *Ed.* 11 *Mai* 1720. *T. II. p.* 344. Cette Difpofition eft changée par la Création du mois d'Octobre 1723 ; les Minutes, pour l'avenir , paffant aux Succeffeurs. *Ed. Octobre* 1723. *T. II. p.* 667. V. *NOTAIRE , INVENTAIRE.*

GENS DE GUERRE. V. *CARTEL , DUEL.*

GENTILHOMME. V. *CARTEL , DUEL.* Sur le Pas. V. *PRÉVÔT.*

GEOLAGE, ⎰ doit écarter les os du manger des Criminels , & jetter les
GEOLIER ⎱ gros os fur le champ-après leurs repas. Ne doit appeller un Confeffeur, fans en avoir prévenu M. le Procureur-Général. *A. Cour* 28 *Décembre* 1746. *T. VII. p.* 121. Droit de Geolage fixé à deux Gros par jour. *A. Cour* 12 *Mai* 1699. *T. I. p.* 176. V. *PRISON.*

GIBIER. V. *CHASSE.*

GLANDÉE. On doit annoter aux Procès-verbeaux d'Adjudication le nombre de Porcs qui doit y être mis. Les Officiers doivent veiller à ce que le nombre n'excede pas , & à ce que la Glandée ne paffe pas le tems fixé , depuis le premier Octobre jufqu'au premier Mars, & que tous foient marqués : ils font tenus d'envoyer leurs Procès-verbaux au Grand - Gruyer. *A. Ch.* 29 *Janvier* 1742. *T. VI. p.* 308. Les Habitans des Communautés qui ont des Forêts, ne doivent y placer que les Porcs pour leur nourriture. *A. C.* 31 *Décembre* 1746. *T. VII. p.* 122. Les Forêts, au deffous de huit ans de recrute , font fermées à la graffe pâture dans les Forêts du Roi & des Gens de Main-morte. Les Officiers vifiteront & eftimeront la poffibilité de la Glandée des Bois de S. M. enverront les Procès - verbaux au Grand - Maitre , qui procédera par lui, ou par les Officiers , aux Adjudications avant le quinze Septembre. La prorogation de délais fe donne au Confeil ; les places des Officiers fixées à quatre livres chacune pour les Bois du Roi,

& feulement deux fois pour livres des ventes de celles des Communautés. Ufagers maintenus dans leurs Droits. Communautés tenues de donner une Déclaration des Porcs à mettre en Panage. Officiers tenus de juger, lors des affiettes des Ventes, quels font les Taillis défenfables. *A. C. 6 Mai* 1757. *T. IX. p.* 349. Ufagers tenus de fournir une Déclaration comme les Communautés. Défenfes, même aux Adjudicataires, d'amaffer des Glands & Faines, à peine de cinquante francs d'amende, autant de dommages & intérêts, & confifcation des Chevaux, Chars, &c. Peres, Meres, Maitres, Maitreffes refponfables du fait des Enfans & Domefliques. Défenfes de vendre des Glands & d'en acheter à peine de cent livres d'amende, autant d'intérêts. *A. C. 6 Mai* 1757. *T. X. p.* 374.

GLANDS. V. *GLANDÉE.*

GONDRECOURT. Siege Bailliager fupprimé. *Ed.* 3 *Juillet* 1711. *T. III. p.* 440.

GRACE. V. *CARTEL, DUEL.*

GRADUÉ. Prévôt Gradué, a le pas fur un Gentilhomme qui n'a Fief ni Seigneurie dans le lieu. *A. C.* 22 *Mai* 1711. *T. II. p.* 466. V. *EAUX ET FORETS.*

GRAINS. Les Commerçans en Grains, Boulangers, Pâtiffiers, Bierriers, tenus de fournir des Déclarations des Grains par eux achetés pour Nancy, la veille de la conduite, à peine d'être réputés achetés en fraude. *Ord. Pol.* 16 *Novembre* 1733. *T. V. p.* 242. *Ord. Pol.* 24 *Décembre* 1735. *T. V. p.* 316. V. *BLEDS.*

GRASSE PATURE. V. *GLANDÉE.*

GREFFE.   ⎰ Exécutoires de frais de Procédures Criminelles font décer-
GREFFIERS. ⎱ nés fous le nom des Greffiers; ils n'ont aucune vacation en Procédure Criminelle, lorfque les frais fe paient des deniers du Prince. *Ord.* 24 *Janvier* 1699. *T. I. p.* 131. Les Greffiers doivent donner chaque mois au Fermier l'Etat des Amendes d'Appels; même lui repréfenter les Minutes des Jugemens, & payer lefdites Amendes, de quoi ils tiendront Régiftre. Sont chargés *gratis* des Aumônes prononcées par Jugement, pour en faire la remife à qui elle eft ordonnée. *A. Cour* 19 *Juin* 1711. *T. I. p.* 741. Création des Greffiers de Compagnies Souveraines, & de toutes les Jurifdictions Royales. Ceux de Compagnies Souveraines & des Requétes du Palais ont le Titre de Confeillers du Prince, la Robe des Confeillers du Siege & les mêmes exemptions, excepté de la Subvention. *Ed.* 15 *Septembre* 1711. *T. I. p.* 779. Greffiers de la Cour ancien & alternatif. *Ed.* 21 *Août* 1714. *T. II. p.* 39. Les Greffiers

ne doivent recevoir aucuns Actes concernant le miniſtere des Notaires. *Ed.* 11 *Novembre* 1718. *T. II. p.* 223. *Décl.* 27 *Juillet*
1719. *T. II. p.* 284. Le Droit annuel de leurs Charges. V. AN-
NUEL. Fonctions du Greffier des · Inſinuations Eccléſiaſtiques , &
ſes Droits : doit dépoſer ſon Régiſtre fini, au Greffe de la Cour ;
ſes Commis prêtent ſerment à la Cour. *A. Cour* 20 *Mai* 1719. *T.*
II. p. 253. Création du Greffe des Préſentations. *Décl.* 27
Juillet. 1719. *T. II. p.* 282. V. *PRÉSENTATION.* Greffiers à vie ;
Inventaire à leur décès. *Décl.* 4 *Avril.* 1720. *T. II. p.* 333. *Ed.*
26 *Mars* 1722. *T. II. p.* 533. Ordre de payer la Finance deſdits
Offices. *A. C.* 12 *Juin* 1722. *T. II. p.* 558. Greffiers des Hautes-Juſtices ſont Receveurs des Conſignations, & doivent être choiſis par les Vaſſaux, gens ſolvables & de probité. *Ed.* 3 *Mars*
1723. *T. II. p.* 592. Offices de Greffiers créés héréditairement, aux
prérogatives de l'Edit de 1711. *Ed.* 10 *Mai* 1723. *T. II.* p. 621.
Greffiers, excepté ceux des Cours, ont une augmentation de Droits
de deux gros par francs, moyennant Finance. *Ed.* 13 *Mai* 1726.
T. III. p. 161. Réglement ſur le paiement de ladite Finance. *A.*
C. 18 *Juillet* 1726. *T. III. p.* 173. Défenſes de recevoir des Feuilles
ou préſentations de Cauſes, s'il n'y eſt fait mention de la date
des exploits, du nom de l'Huiſſier, date & lieu du Contrôle. *A.*
Ch. 23 *Juillet* 1732. *T. V. p.* 183. Tenus d'avoir Régiſtres ; ne
doivent délivrer exécutoires, ſi les Déclarations ne ſont - contrôlées.
A. Ch. 6 *Septembre* 1732. *T. V. p.* 191. Défenſes à tous Gens de
Palais de faire les fonctions de Greffiers commis au Conſeil, pardevant les Commiſſaires ; ces fonctions ſont attribuées à Mᵉ. Frimont.
Décr. 1 *Décembre* 1733. *T. V. p.* 244. Doivent donner un extrait
des Jugemens, portant confiſcation pour le Roi, aux Receveurs
des Domaines. *Ed. Septembre* 1749. *T. VIII. p.* 94. Le Droit des
expéditions des Sentences , contenant plus de deux Rôles , eſt
perçus par Rôle, ſuivant les Ordonnances & Tarif de l'Edit de Mai
1726 , & la Déclaration du 25 Janvier 1752. *A. C.* 7 *Septembre*
1753. *T. IX. p.* 77. Réglement ſur les Expéditions des Jugemens
& les Droits y annexés ; ils ne peuvent exiger le dépôt des Procès-
verbaux d'Experts, s'il n'eſt ordonné, ni des Déclarations des Maires
ou Anciens, en matiere de diſcuſſion. *A. C.* 8 *Février* 1754. *T.*
IX. p. 109. Ils ont un ſeul Droit de ſac, d'Enrégiſtrement de Cauſes,
de produit au Greffe ; reçoivent les Droits des Officiers non créés
par l'Edit de 1751, en francs Barrois. Ne peuvent accroître leurs
Droits au delà de l'Ordonnance , ſous prétexte d'uſage. Droit d'Ex-

pédition des départs de Cour aux Bailliages, fixé à sept gros par
Rôle, non compris le papier ou parchemin. *A. C.* 19 *Mars* 1756.
T. IX. p. 250. Nouvelle taxation des Droits des Greffiers; liberté
aux Parties de lever des expéditions au Greffe. *Décl.* 20 *Mars*
1760. *T. X. p.* 44. N'ont aucun Droit d'enrégiftrement des Sen-
tences fur Procès par écrit. *A. Cour* 6 *mars* 1761. *T. X. p.* 121.
Doivent annoter leurs Droits au bas des Expéditions. *A. Cour* 31
Décembre 1698. *T. I. p.* 109. Greffier des Juges-Confuls. V. *JUGES-*
CONSULS, INTERLOCUTOIRES, VUE DE PIECES.

GRÊLE. V. *DETTES DE PARTICULIERS.*

GROSSESSE. V. *ACCOUCHEMENT.*

GRUYER, ⎰Ceux qui prétendent Droit d'Ufage dans les Bois du Domaine,
GRUERIE. ⎱tenus d'en repréfenter les Titres. *Ord.* 15 *Mai* 1701. *T. I. p.*
361. V. *EAUX ET FORETS, BOIS, DOMAINE, COMMUNAUTÉ,*
MAITRISE.

H

HALLES. **L**Es Grains conduits à la Ville pour y être vendus, ne peuvent l'être qu'aux Halles. Les Boulangers n'y doivent aller les Mardis
& Vendredis foir, ni les lendemain avant dix heures du matin, depuis
le premier d'Avril; & avant onze heures, depuis le premier d'Octobre; ni aller au devant des Forains jufqu'à deux lieues à la
ronde. Un Bourgeois ne peut acheter plus de deux refaux de Bled
par femaine. Livreurs ne peuvent en acheter fecrétement pour autrui,
ni s'en approprier comme reftes de Livraifons, pas même s'approvifionner, qu'après le Bourgeois. Déclareront chaque jour au Fermier
de la Copelle la quantité de Grains qu'ils auront livrés chez le Bourgeois. Auront un fou par Refal, moitié de l'Acheteur & moitié du
Vendeur. Ne livreront les Fêtes & Dimanches aux Halles depuis
neuf heures jufqu'à dix du matin. *Ord. Pol.* 27 *Octobre* 1704. *T.*
I. p. 457. Les Marchés fixés aux Mardis & Samedis; les Bleds
achetés par les Boulangers peuvent être amenés la veille des Marchés jufqu'à minuit. Permiffion d'acheter ou faire acheter des Bleds
à la Campagne. *Ord. Pol.* 21 *Janvier* 1761. *T. X. p.* 105. Nouveaux Réglement & Tarif pour les Livreurs. V. *LIVREURS.*

HAROUÉ. Adjugé à S. A. en vertu du Retrait Féodal. *A. C.* 17 *Juin* 1720.
T. II. p. 366.

HATTONCHATEL. Chapitre uni à la Paroiffe de S. Mihiel. *Ed.* 10
Juillet 1707. *T. I. p.* 600.

HAUT-CONDUIT. Réglement pour les cinq Hauts-Conduits de Lorraine.
Le Droit eft pour toutes Marchandifes entrant ou fortant du Pays,
pour y refter ou non ; & ferà payé d'un Haut-Conduit à un autre,
au plus prochain Bureau d'Entrée, fuivant chaque Tarif pour chaque
Haut-Conduit. Le Chargement dans un endroit du Diftriƈt, fe paie
au Bureau voifin. Le Tranfport, fans fortir du Diftriƈt, ne doit
rien. Bureaux placés à la difpofition du Fermier. La Jurifdiƈtion eft
au Prévôt où il n'y a Bailliage. *Décl. Aofit* 1704. *T. I. p.* 441.
Droits d'Entrée & Iffue Foraine confirmés, ainfi que l'Impôt de Traverfe, fans déballer. Réglement pour celui fur les Toiles qui fortent
ou traverfent, foit qu'elles aient été façonnées ou non au Pays; fauf
l'exécution des Concordats avec les Meffins. *A. C. 6 Septembre* 1703.
T. I. p. 390. Il eft convenu au Traité de Paris, que le Commerce
fera libre avec les Trois-Evêchés, leurs Territoires, & réciproquement, fuivant les anciens Concordats ; en fatisfaifant aux Droits
anciennement établis, comme il eft réglé audit Traité ; même pour
les Marchandifes étrangeres. Celles qui feroient de Contrebande,
pafferont débout ; cette Difpofition eft commune aux Villes & Lieux
de la Généralité de Metz, cédés à la France par l'Efpagne ou par les
Ducs de Lorraine. Liberté de faire conduire les Fermages; excepté
en cas de difette, où le Fermier n'auroit que pour la femence. Le
Commerce eft libre, en cas de difette, avec lefdits Pays; à condition que les Denrées ne pafferont pas à l'Etranger. Liberté de
tranfporter, fans payer aucun Droit, les Fruits aux recoltes; lorfque le Chef-lieu de la Métairie fera dans un des deux Pays; même
en empruntant feulement le Paffage. Les Meffins ne doivent qu'une
fois le Droit de Haut-Conduit; même en traverfant plufieurs Diftriƈts.
Ne fera pris qu'un Acquit-de-Paie, lorfqu'il n'y aura qu'une Lettre
de Voiture & un feul Conduƈteur. Le cru & concru des Meffins
eft exempt du Droit. La Principauté de Phaltzbourg, la Ville de
Sarbourg, les Villages faifant la route de Metz à Phaltzbourg, par-
ticipent aux Avantages des Meffins. Les Toulois font exempts du
Haut-Conduit de S. Epvre pour ce qui eft néceffaire à leur confommation : font exempts, pour leur cru & concru, dans les autres
Diftriƈts, & réciproquement ; mais le Droit eft dû, fi les Toulois
empruntent le Paffage pour mener les Denrées ailleurs que chez eux.
Il n'eft dû aucun Droit de Haut-Conduit pour les menues Denrées
qui font portées à Verdun. Fixation du Droit de Haut-Conduit
payable par les Forains dans la partie cédée au Roi par les Ducs.
Les Habitans du Diftriƈt du Barrois ne paient pas le Droit dans

Longwy,

Longwy, Marville & Dépendances, & réciproquement. Les Réſi-
dans au Diſtriƈt de Château-Salins ne paient pas le Droit à Sar-
Louis, Sierck & Dépendances, & réciproquement. Le Droit eſt le
même dans les Parties cédées, que dans celles réſervées du même
ancien Diſtriƈt. Les Evêcheois payeront tous autres Droits, ſoit
d'Entrée, d'Iſſue Foraine, de Traverſe, pour ce qui ne ſera deſtiné
à leur conſommation & qu'ils tranſporteront hors de la Généralité de
Metz. Les Sujets prendront, ſous le nom des Propriétaires, des
Acquits-à-Caution au lieu du Chargement, ou au Bureau plus prochain ſur le Paſſage, même pour les Denrées de conſommation, ſans
déballer. Donneront Gages ou Caution de rapporter, dans quinzaine, l'Acquit déchargé de l'Officier de Juſtice du lieu du Déchargement, qui certifiera qu'elles y ſont déchargées pour y être diſtri-
buées ſans fraude ; le Droit d'Acquit eſt de trois ſous. Les Meſſins,
Principauté de Phaltzbourg, la Ville de Sarbourg & les lieux de
la Route de Metz à Phaltzbourg, ne prennent point d'Acquits - à -
Caution, mais un Paſſe-Avant ſur leurs Déclarations ſouſcrites d'eux,
contenant la quantité de Marchandiſes ; avec Promeſſe de rapporter
témoignage de l'Officier du Déchargement, dans quarante jours,
avec le Paſſe-Avant. Ce qui vient par eau de Metz à Nancy, &
de Nancy à Metz, doit le Droit du Crône & le Haut-Conduit de
Nancy, & eſt exempt de celui du Barrois. Si les Denrées ou Marchandiſes ſont chargées ou déchargées au Diſtriƈt du Barrois, elles
paient, pour le tranſport, juſques, ou depuis la Riviere. Les Meſſins
ſont exempts du ſuſdit Haut-Conduit du Barrois. La Principauté de
Phaltzbourg, &c. Longwy, Marville & les Sujets de la Prévôté de
Vaucouleurs ſont exempts de Haut-Conduit, & réciproquement
pour les Denrées de conſommation. Les Lorrains amenans, des Pays
Etrangers en Lorraine, des Marchandiſes prohibées en France, &
devant paſſer par la Généralité de Metz, en donneront une Déclaration aux Lieux indiqués au Traité, y feront plomber leurs Tonneaux ou Ballots, prendront Acquit-à-Caution, le tout *gratis* : le
renverront dans quarante jours, avec un Certificat de l'Officier
du lieu du Déchargement en Lorraine : repréſenteront l'Acquit à
à tous les Bureaux du Paſſage : les Commis pourront le viſer ; le
repréſenteront auſſi aux Gardes-Foraines. Pourront décharger en
Route, en lieu public & non ſuſpeƈt, en en donnant la Déclaration au principal Officier du lieu du Déchargement. Au delà du
Détroit des lieux indiqués, les Marchands feront préſumés en fraude ;
& de même ſi les Plombs ſont altérés en route. Il en ſera la même

M

chofe pour le Paffage des François traverfant par la Lorraine avec des Marchandifes qui y feroient prohibées. *Traité de Paris 11 Janvier 1718. T.II. p. 167.* Droit de Haut-Conduit eft dû pour le Poiffon & autres Vivres venant des Evêchés , au premier Bureau & à chaque traverfe d'un Bureau à l'autre ; même lorfqu'il fera tiré d'un Haut-Conduit de l'intérieur (celui de Nancy excepté) pour paffer dans un autre ; de tout quoi les Voituriers préfenteront les Acquits , notamment au Déchargement. *A. C. 19 Mars 1720. T. II. p. 322.* Le Haut-Conduit eft fupprimé dans l'intérieur , c'eft-à-dire , d'un Haut-Conduit à l'autre , il ne fubfifte que pour l'Entrée , ou Sortie , ou Paffage des Evêchés ; à raifon de cette Suppreffion les Droits du Contrôle , du Timbre , des Actes d'Affirmation font augmentés. *Ed. 4 Avril 1721. T. II. p. 450.* Indemnité du Fermier. *A. C. 10 Juin 1721. T. II. p. 472.* La Principauté de Salm affranchie du Haut-Conduit ; il eft dû pour ce qui arrive de l'Etranger à Raon-l'Etape , excepté pour les Grains; il n'eft dû que moitié du droit pour ce qui arrive dans les Pays mi-partie avec la Principauté de Salm. *A. C. 7 Juilet 1722. T. II. p. 559.* Fixation du Droit pour la Sortie , Entrée ou Paffage des Bois au Haut-Conduit de Château-Salins. *A. Ch. 6 Juillet 1723. T. II. p. 645.* Déclaration à faire à cet égard. *A. Ch. 14 Avril 1733. T. V. p. 210.* Haut-Conduit de S. Epvre eft dû pour les Denrées menées à Toul & Pays Toulois , & l'Acquit-à-Caution pour fimple Traverfe. Le Commis tenu d'annoter les Paiemens. Haut-Conduit fe prend fous le nom du Voiturier , l'Acquit-de-Paie fous celui du Propriétaire. Défenfes aux Commis de faire des Abonnemens fans le confentement du Fermier. Défenfes aux Fermiers & Commis de faire des Accommodemens , fi ce n'eft au bas des Procès-verbaux , dont Copie fera donnée aux Contrevenans. *A. C. 23 Janvier 1726. T. III. p. 146.* Chaque Marchand d'une même compagnie de voyage , prendra Acquit à fon nom. Les Acquits-à-Caution feront certifiés de l'Officier du Déchargement , & le Certificat déclaré fincere par le Voiturier ; Peines contre les Contrevenans. *A. C. 20 Mars 1726. T. III. p. 148.* Tous Acquits doivent être pris au plus prochain Bureau du Chargement. Les Etrangers entrant , ou fortant , ou traverfant , doivent le prendre au plus prochain de la Route ; fi la Traverfe s'acquitte à Nancy en en tenant la Route , le Droit eft dû fuivant la modération arrêtée pour cette Route , à charge de prendre Acquit-à-Caution au premier Bureau de ladite Route. Seront les Marchandifes conduites devant chaque Bureau , quand elles ne devroient point de Droit. Les Voituriers feront une Déclaration au Bureau , ou en rapporteront une du Propriétaire , qu'ils figneront s'ils favent figner ; elle contiendra le détail des Marchandifes , les Noms du Vendeur & de l'Acheteur , le lieu du Déchargement , les Numéros des Ballots. Peines de la Contravention. *Traité de Paris* 11 *Janvier* 1718. *T. II. p.* 167. Les Bergers & Propriétaires de Beftiaux déclareront ceux qu'ils envoient pâturer hors du Duché, & au retour payeront le Droit de ce qui manquera. *A. C.* 23 *Juillet* 1756. *T. IX. p.* 287. Commis des Bureaux doivent être fournis par les Communautés. V. *COMMUNAUTÉ*.

HAUTES-JUSTICES. Le Paiement des Frais des Procédures Criminelles , la Conduite & Reconduite des Accufés, Frais de Ports de Procès & autres Formes , font les mêmes que pour les Procédures à la charge du Domaine ; elles s'inftruifent aux frais des Hauts-Jufticiers ; les Taxes & Exécutoires fe décernent fur les Seigneurs par leurs Juges ; fans que les Juges d'Appel puiffent exiger d'eux des Epices ou Vacations, fi les Accufés n'ont pas de bien pour fatisfaire ; excepté les Coûts & Expéditions d'Arrèts dûs aux Greffiers. *Ordonnance* 24 *Janvier* 1699. *T. I. p.* 131. Jurifdiction des Hauts-Jufticiers fur les Bois. V. *BOIS, COMMUNAUTÉ , EAUX ET FORETS.* Confervations des Hautes - Juftices réfervées dans les Titres d'Aliénation des Domaines. V. *DOMAINE.* La Délivrance des Coupes des Bois Communaux eft accordée provifionnellement aux Officiers des Hauts-Jufticiers , à caufe des Diligences faites pour le Réglement des Coupes. *A. C.* 19 *Décembre* 1750. *T. VIII. p.* 214. Les Procèsverbaux des Officiers de Grueries Royales contre les Seigneurs ou leurs Officiers, leur feront fignifiés & envoyés au Greffe du Confeil ; furfeoiront aux Procédures pendant trois femaines qu'ils attendront les Ordres du Confeil , faute defquels ils feront la pourfuite des Délits. *A. C.* 2 *Septembre* 1740. *T. VI. p.* 240.

HELSTROFF. Le Village eft de la Domination du Duc de Lorraine. *A. Cour* 5 *Novemb.* 1715. *T. II. p.* 79.

HÉRÉDITÉ (DES OFFICES.) Les Droits des Gens mariés fur les Offices. V. *COMMUNAUTÉ ENTRE GENS MARIÉS.* Les Droits des Veuves. V. *DOUAIRE.* Hérédité de l'Office acquife par le quart Denier de la Finance , pour tenir lieu de l'Annuel. *Ord.* 10 *Septembre* 1722. *T. I. p.* 253. Révocation de cette Ordonnance. Préférence donnée aux Veuves & Héritiers en faveur de ceux qu'ils préfenteront aux Offices à vie de leurs Auteurs, en payant la Finance ; finon , l'Office fera adjugé par Enchere. Forme des Encheres & des Provifions. *Ord.* 1 *Mai* 1701. *T. I. p.* 279. Les Offices de Receveurs des Finances, Tabellions & Gardes-Nottes, font rendus Héréditaires en payant pour annuel, avant le dernier Décembre de chaque année, le centieme Denier. Les Notes paſſeront aux Héritiers des Succeſſeurs de l'Inſtrumentaire. Les Survivances deſdits Emplois maintenues en payant l'Annuel. *Ed. 28 Mai 1717. T. II. p. 123.* Offices créés héréditairement. Curateurs en Titre & Commiſſaires aux Saiſies-Réelles peuvent poſtuler ſans être Avocats; le Curateur en Titre ne le peut dans les Tribunaux Souverains, s'il n'eſt Avocat; & les Commiſſaires aux Saiſies-Réelles ne poſtulent que pour les cauſes de leurs Offices (Finance & Annuel.) *Ed. 10 Janvier 1719. T. II. p. 233.* Les Héritiers des Notaires créés héréditairement ont l'année pour préſenter un Succeſſeur; ſinon l'Office tombe aux Parties caſuelles. Pendant la vacance les Héritiers ont moitié de l'Expédition, Groſſe & Copie; & le Garde-Notes l'autre moitié. *Décl. 10 Juin 1719. T. II. p. 262.* Création d'Offices Héréditaires de Tréſoriers, Receveurs-Généraux (Finance, Annuel.) *Décl. 11 Juin 1719. T. II. p. 268.* Déchéance contre ceux qui n'ont pas payé la Finance des Offices créés en Janvier précédent. *Décl. 11 Juin 1719. T. II. p. 271.* Suppreſſion de l'Hérédité de tous les Offices. *Ed. 21 Mars 1720. T. II. p. 324. Ed. 11 Mai 1720. T. II. p. 344. A. C. 12 Juin 1722. T. II. p. 558.* Création d'Offices Héréditaires dans les Hôtels de Ville (Finance, Annuel.) Les Officiers ont ſix pour cent de Gages ſur les Octrois. Les Procureurs de S. A. & Subſtituts ont la préférence pour l'Office de Procureur-Sindic rendu compatible. *Ed. Octobre 1723. T. II. p. 658.* Création des Offices Héréditaires des Tabellions, Notaires & Gardes-Notes, (Finance, Annuel.) Créanciers autoriſés à payer l'Annuel. L'Héritier ou Succeſſeur aura les Minutes du Prédéceſſeur. *Ed. Octobre 1723. T. II. p. 667.* Office de Conſeiller-Tréſorier-Général des Finances entrant au Conſeil, créé héréditairement; exempt du Droit Annuel, moyennant Finance. *Ed. 15 Mars 1725. T. III. p. 110.* Supplément de Finance. *A. C. 18 Juin 1726. T. III. p. 173.* Nature des Offices Héréditaires; ils ne peuvent être exercés ſans Proviſion; il y a trois mois pour préſenter un Succeſſeur. Oppoſition au Sceau par le Créancier du Titulaire; Forme de l'Oppoſition. Les Offices ſont ſuſceptibles d'hypotheque & de diſcuſſion; énonciation du Prêt de Deniers ſur les Quittances de Finances vaut Oppoſition au Sceau; de même l'Annotation du Notaire au dos des Proviſions; à cet effet le Nouvel Acquéreur doit les répréſenter. La Pourſuite ſur l'Oppoſition eſt de la compétence du Juge de la diſcuſſion de l'Office. Offices ſont propres de Succeſſion & de Diſpoſition, ſujets à rapport du prix fur le pied qu'il a coûté, s'il n'y a Difpofition valable au contraire. Jurifdiction pour la Difcuffion , Forme du Décret. Les Offices à Finance au deffous de mille livres peuvent être vendus fur fimples Affiches. L'Officier eft interdit par le Jugement qui lui ordonne de paffer Procuration *ad refignandum*, fans pouvoir l'exercer , même par Commiffion, pendant la vacance. Le Jugement vaut Procuration; il n'eft dû aucun Droit de Confignation fur ce qui eft adjugé au Prince du prix de l'Office. Les Offices des Comptables font affectés au Prince avant tous Privileges pour le reliquat du Compte, même fur les Deniers & Effets mobiliers; Ordre entre les Créanciers. *Ed. Décembre* 1728. *T. III. p.* 324. Interprétation & Modification de cet Edit fur la Jurifdiction pour la Difcuffion. V. *CHAMBRE DES COMPTES.* Le Prince accorde le Privilege fur lui au Créancier dans les cas de Droit. *Décl.* 27 *Janvier* 1729. *T. III. p.* 333.

HÉRITAGES. V. *CHENILLES.*

HÉRITIERS. V. *HÉRÉDITÉ.*

HÉRIVAL. Prieuré uni aux Chanoines Réguliers de Notre-Sauveur. *Lett. Pat.* 1 *Août* 1747. *T. VII. p.* 164.

HERMITES. Vifites autorifées. Hermite étranger ne peut être admis du Supérieur fans permiffion. Gens mariés ou cotifables ne peuvent être Hermites fans démiffion de Biens; Hermites ne peuvent commercer; font Jurifdiciables pour Délits au Juge Séculier. *A. Cour* 9 *Juil.* 1701. *T. I. p.* 294. Soumis au Juge Séculier pour Faits civils & profanes, à charge de les juger fommairement, fans figure de Procès & *gratis*; pour correction de Mœurs, ils font foumis à l'ordinaire; le Juge Séculier connoît des Faits civils qui donnent lieu à l'Expulfion par l'Ordinaire. *A. Cour* 4 *Juil.* 1701. *T. I. p.* 364. Défenfes de quêter, à peine de Prifon. *A. Cour* 15 *Janv.* 1703. *T. I. p.* 376. V. *CHAPELLE.*

HONNEUR. En quoi il confifte. V. *DUEL*, *CHEVALIER D'HONNEUR.*

HONORAIRES. V. *UNIVERSITÉ.*

HOPITAUX. Tous Teftamens ou Actes à caufe de Mort, faits à Nancy, doivent contenir un Legs à l'Hôpital S. Charles, à peine de nullité. *Ed.* 13 *Avril* 1723. *T. II. p.* 615. La peine de nullité eft levée, on y fubftitue la Confifcation du dixieme des Meubles meublans, à la diligence des Gens de S. A. La Difpofition de l'Edit du 13 Avril 1723 a lieu pour Luneville & Bar & la Ban-lieu defdites Villes. *Décl.* 16 *Fév.* 1724. *T. III. p.* 16. Pour Mirecourt. *Décl.* 10 *Nov.* 1724. *T. III. p.* 70. Pour tous les lieux où il y a des Hôpitaux. *Décl.* 15 *Fév.* 1725. *T. III. p.* 76. Pour la Charité de S. Mihiel. *Décl.* 5 *Sept.* 1731. *T. V. p.* 189. Les Sœurs Hofpita-

lieres peuvent faigner les Pauvres & leur donner les remedes, même
en Ville ; doivent informer les Médecins de l'état des Maladies qui
régneront. *Ord.* 28. *Mars* 1708. *T. I. p.* 628. Avertiront les Médecins pour l'ouverture des Corps morts. V. MORT , MAIN-
MORTE.

HOTELS DE VILLE. Création d'Officiers permanens à vie; Fixation de
leurs Gages. *Ed. Fév.* 1707. *T. I. p.* 533. Création d'un Confeil
de Ville à Luneville. *Ed.* 5 *Mai* 1701. *T. I. p.* 283. Etabliffement
des Elections. *Décl.* 4 *Avril* 1720. *T. II. p.* 329. Création à Titre
d'Hérédité, moyennant Finance & l'Annuel. Gages fixés à fix pour
cent de la Finance fur les Octrois. Taxe de la Finance. *Ed. Octob.*
1723. *T. II. p.* 658. *Décl.* 24 *Nov.* 1723. *T. II. p.* 680. Création
d'un Confeiller-Tréforier de l'Hôtel de Ville de Nancy ; il a rang
après les Confeillers permanens ; voix délibérative ; le demi pour cent
pour Droit de Quittance de fommes excédentes cent francs, excepté fur les Gages de l'Etat-Major. Quatre cens livres pour frais
de Bureau, à retenir par fes mains, avec fes Gages, qui feront réglés
par Arrêt. (Finance. Annuel.) *Ed. Décemb.* 1723. *T. II. p.* 684.
Création d'un Confeiller d'Epée en chaque Hôtel de Ville ; il doit
être noble; il a féance après le Chef, voix délibérative , Gages ;
il eft à Finance, exempt du Droit Annuel. *Ed.* 7 *Janv.* 1717. *T.*
III. p. 213. Rétabliffement de l'Hôtel de Ville de Nancy. *Ord.*
1 *Sept.* 1698. *T. III. p.* 364. Création à Plombieres. *Ed.* 28 *Fév.*
1763. *T. X. p.* 211.- Les Officiers des Hôtels de Ville font Juges
des Conteftations fur les Fermes des Droits de la Ville, en jugeant
fommairement & à l'Audience. *A. Cour* 17 *Sept.* 1701. *T. I. p.*
109. Gens de Condition tenus d'obéir aux Réglemens de Police ,
& d'y comparoître ; les Commenfaux même tenus de payer les Droits
des Fermes ; tous Réfidens, même les Gentilshommes, tenus de la
Cote des Paroiffes ; & les Commenfaux taxés comme perfonnes
nobles, fuivant leurs facultés; les Bourgeois le font fuivant l'ufage ; on
ne peut contraindre un Commenfal fans permiffion du Grand-Maitre
de l'Hôtel ou d'autres grands Officiers, chacun en droit foi. *Ord.* 15
Janv. 1701. *T. I. p.* 332. Les Lieutenans-Particuliers & Officiers des
Bailliages ont entrée, au choix du Prince ; dans les Hôtels de Ville. Le
choix fe fait fur l'état dreffé par les Lieutenans-Géneraux ; les Elus
ont féance après le Chef, voix délibérative , fans gagés niprofits; la
Commiffion dure deux ans, le Chef doit faire avertir les Commiffaires
de l'heure des Affemblées. *Décl.* 19 *Octob.* 1712. *T. I. p.* 782. Octrois
aux différentes Villes de Lorraine , dont les deux tiers doivent

être employés en achat de Grains, pour les cas de nécessité. Ces Officiers connoissent de tout ce qui concerne les Biens des Villes, excepté les Bois & Rivieres; créent les Bangards; mais les Rapports sont faits en Justice ordinaire : mettent le Ban ; connoissent de l'Infraction; jugent avec le Chef des Faits de Police ; ces Dispositions ne concernent pas Nancy ni Bar. *Décl. 3 Décemb. 1717. T. II. p. 149.* Déclaration concernant les Octrois de certaines Villes ; Franchises des Octrois accordées à certaines personnes; Gages attribués aux Lieutenans-Généraux de Police ; Enfans trouvés sont à la charge du Fermier ; les Officiers ne peuvent prendre d'Affouage en especes. *Décl. 10 Juin 1718. T. II. p. 164.* Réglement des Gages des Officiers. *Décl. 11 Juin 1719. T. II. p. 266.* Sont sans caractere, pour ordonner & prononcer des Monitions contre les Délinquans, sauf à dresser des Procès-verbaux de Plaintes & les envoyer aux Juges ordinaires. *A. Cour 22 Juil. 1752. T. VIII. p. 384.* Sergens de Ville exploitent pour assignation & pour l'exécution des Jugemens de l'Hôtel de Ville, à trois lieues de Nancy, sans *Visa* ni *Pareatis* ; au delà, les Exploits se font par Huissiers sans *Pareatis. A. C. 19 Mai 1764. T. X. p. 310.* L'Hôtel de Ville de Nancy est Juge d'Appel, en Matiere de Police, des Jugemens du Lieutenant-Général : & de l'Hôtel de Ville, l'Appel se porte au Conseil. *Ord. 14 Sept. 1714. T. III. p. 445.*

HUISSIERS. Ceux au Conseil exploitent seuls par-tout, pour l'exécution de ce qui émane du Conseil & des Jugemens des Commissaires, dans la Ville & Ban-lieu de Nancy. *A. C. 30 Mai 1699. T. III. p. 373.* Aucun autre ne peut exploiter en exécution des Décrets ou Arrêts du Conseil, sans une Commission en Chancellerie. *A. C. 19 Avril 1738. T. VI. p. 111.*

Création d'Huissier - Audiencier à la Cour, porte Robe de crépon rouge, Bonnet de drap d'or bordé & fourré d'hermine. *Ed. 10 Janv. 1719. T. II. p. 233.* Huissiers doivent subir examen & donner Caution. *Ed. 31 Août 1698. T. I. p. 40.* Réglement des Huissiers pour leur Service & Fonctions, homologué. *A. Cour 30 Avril 1701. T. I. p. 277.* Doivent obéir sur le champ aux ordres de M. le Procureur-Général. *A. Cour 20 Fév. 1711. T. I. p. 712.* Doivent fixer le jour précis de l'échéance des Assignations. *A. Ch. 31 Mai 1755. T. IX. p. 198.* Huissier hors du Ressort ne peut mettre à exécution les *Pareatis* de la Cour. *A. Cour 30 Janv. 1756. T. IX. p. 237.* Huissiers doivent écrire en un Régistre de Papier commun, coté & paraphé, divisé en deux colonnes, sur l'une les Commissions, le

jour même qu'ils les reçoivent : fur l'autre, la date du jour qu''ils
les ont exécutées, la diftance des lieux, le montant des Frais répartis fur chacune, la date des Paiemens faits en leurs mains, de la
quotité, de la Remife aux Parties, le relevé de leurs Droits. Ils
communiqueront lefdits Régiftres aux Juges, Avocats, Procureurs
& Parties, s'ils en font requis; le tout *gratis*. Doivent porter eux-
mêmes les fignifications. Recors doivent être pris fur les lieux où
l'Huiffier exploite, ou au lieu voifin. *A. Cour* 10 *Août* 1764. *T.*
X. p. 344. Doivent annoter leurs Droits au bas des Exploits. *A.*
Cour 31 *Décemb.* 1698. *T. I. p.* 109.

HYPOLITE. (SAINT) Création d'une Prévôté Bailliagere. *Ed.* 7 *Janv.*
1727. *T. III. p.* 110.

HYPOTHEQUE. Créancier Hypotéquaire, non Marchand, ne peut être
traduit aux Juges-Confuls dans le cas de faillite d'un Marchand. *Ed.*
28 *Novemb.* 1715. *T. II. p.* 80. Les Actes publics, comme
Contrats, Jugemens, Arrêts, &c. faits en Pays d'Evêché, portent
Hypotheque en Lorraine, & réciproquement. *Traité de Paris* 11
Janv. 1718. *T. II. p.* 167. Hypotheque fur les Offices. V. *HÉRÉDITÉ.*
Domaines aliénés ne font fufceptibles d'Hypotheque. V. *DÉCRET.*
L'Office de Commiffaire aux Saifies réelles & Receveur-Général
des Confignations étant déclaré Domanial, n'eft pas fufceptible
d'Hypotheque. *Ed. Fév.* 1757. *T. IX. p.* 334.

I

ILLUMINATION. LEs Rues doivent être illuminées dans le cas d'Incendie.
Ord. Pol. Mai 1699. *T. I. p.* 166. *Ord. Pol.* 10 *Janv.* 1704. *T. I. p.* 407.

IMPOSITION pour l'Habillement des Arquebufiers. *A. C.* 12 *Décemb.*
1720. *T. III. p.* 453. V. *SUBVENTION, VINGTIEMES, CARTES,*
CUIRS, BLEDS.

IMPOT fur les Toiles. V. *HAUT-CONDUIT.*

IMPRIMÉS, ⎰ Défenfes de rien imprimer contre la Religion, les bonnes
IMPRIMEURS. ⎱ Mœurs & l'Etat; la Minute doit être vifée par le Lieutenant-Général du Bailliage, qui, pour tout Droit, doit avoir un
Exemplaire; l'Univerfité de Pont-à-Mouffon & la Ville de Nancy
exceptés. *A. Cour* 7 *Juin* 1719. *T. II. p.* 160. Un Imprimeur ne peut
tenir que deux Apprentifs; celui qui ne peut avoir de Compagnons
n'aura qu'un Apprentif, & néanmoins un fecond à la derniere année
du premier. L'Apprentiffage eft de quatre ans fans modération, à
l'effet de quoi les Traités feront régiftrés chez l'ancien Maitre. Aucun
Livre

Livre ne peut être expoſé en Vente, s'il n'en à été remis un Exemplaire en la Bibliotheque du Souverain. *A. C.* 20 *Juin* 1730. *T. V. p.* 63. *Décret* 28 *Juin* 1732. *T. V. p.* 177. Les Privileges accordés pour l'Impreſſion, feront régiſtrés dans trois mois au Régiſtre du Corps. *A. C.* 8 *Mai* 1731. *T. V. p.* 146. Imprimés féditieux condamnés. *A. Cour* 29 *Juil.* 1742. *T. VII. p.* 26. *A. Cour* 23 *Août* 1755. *T. IX. p.* 210. *A. Cour* 13 *Mai* 1761. *T. X. p.* 144.

INCENDIE. Balayage des Cheminées de trois mois à autres, même celles des Gens de Guerre. Sergens de Ville tenus de conduire les Officiers de l'Hôtel de Ville où eſt le Feu. Fonctions des Manouvriers. Bourgeois doivent prêter leurs Seaux, avoir des Cordes en état à leurs Puits, jetter l'eau dans les rues. Fonctions des Gens de Métiers. *Ord. Pol.* 10 *Janv.* 1704. *T. I. p.* 407. Fours dans les Chambres, Greniers, Ecuries, Granges, doivent être démolis, ainſi que les Atres & Foyers, dangereux de cauſer Incendie. Fours doivent être conſtruits ſur terre ou ſur les voûtes des caves, ſuivant les Regles de l'Art, & les Gorges ou Cheminées ſûres. Maniere de conſtruire les Foyers ; Matieres combuſtibles doivent être éloignées des Chambres-à-Feu ; Ouvriers travaillans au Bois doivent avoir Magaſin de Dépôt en place, hors de riſque ; les Murs de Foyers doivent être en Moilons ou Briques. *Ord.* 1 *Juil.* 1719. *T. II. p.* 275. Maniere de conſtruire les Pignons & Murs mitoyens. *Ord. Pol.* 27 *Mars* 1721. *T. II. p.* 450. *Ord.* 14 *Nov.* 1721. *T. II. p.* 519. Cinq francs d'Amende contre ceux qui fréquentent les Ecuries, Granges, &c. avec clarté ſans Lanterne ; ordre à tout le monde de ſe fournir de Lanternes. *Ord.* 14 *Nov.* 1721. *T. II. p.* 519. Deux Viſites par an par les Prévôts, dans leurs Offices, pour l'exécution des Ordonnances ſur les Incendies, & ſurveiller le Maire ; prononcer les Amendes ſur le champ ſans forme de Procès & ſans Appel ni oppoſition tant contre les Particuliers, que contre le Maire négligent ; ſur un ſimple Procès-verbal en Papier blanc ; tous autres Juges ſont incompétens, ſauf leurs plaintes au Prince, s'il échet. Le Maire doit être accompagné de deux Habitans pour ſes Viſites ; peut faire abattre les Fours & Cheminées mal conſtruites ; prononcer les Amendes de cinq francs pour les Contraventions, ſans Appel ni Oppoſition, ſans autre formalité qu'un ſimple Procès-verbal d'audition de Témoins, dreſſé ſommairement, lequel ſera remis au Prévôt, lors de ſa Viſite, avec les deniers des Amendes. Défenſes de ſécher le Chanvre, le Lin, &c. ſur les courbes des Cheminées, de tiller devant ou dedans les Maiſons ou d'y répandre les pailles. Ordre de boucher d'une brique

N

d'un côté, les témoins des murs mitoyens. Défenfes de percer
les murs intérieurement pour y placer les Bois ; défenfes de les
faire paffer fur les Foyers. Lanternes pour peigner les Chanvres. Four
& Halliers communaux, loin des Maifons, pour fécher & tiller le
Chanvre. Le Prévôt tenu d'envoyer, au Confeil, l'Etat fommaire
de fes Opérations, pour y être difpofé du produit des amendes
& à pourvoir à la récompenfe des Maires & frais des Prévôts ; les
Incendiés, faute de Lanternes, ou par le tillage du Chanvre, n'auront aucun fecours d'Aumône ; précautions avec lefquelles le Prince
accordera les Graces aux Incendiés. Les Quêtes fe feront par l'In-
cendié en perfonne, s'il n'a une permiffion contraire, à l'effet de quoi
il préfentera aux Officiers des lieux fon fignalement foufcrit des Officiers du lieu de fa Réfidence. Les permiffions de quêter feront ref-
traintes dans le Bailliage où l'Incendie eft arrivée. L'Ordonnance,
publiée quatre fois l'an, à l'iffue de la Meffe, dont Procès-verbal fera
dreffé & contrôlé *gratis*, à la diligence du Maire, à peine de vingt
francs d'amende lors de la tournée du Prévôt. *Décl. 22 Nov.
1728. T. III. p. 307.* Les Prévôts font déchargés des Fonctions
fufdites; hors des Terres des Domaines non aliénés, elles appartiennent au principal Officier des Hautes-Juftices; les Maires rapportent
& comptent des amendes aux Plaids-Annaux. *Décl. 14 Août 1730.
T. V. p. 97.*

INCONNUS. Défenfes aux Revendeurs, Bourgeois, &c. d'acheter Meu-
bles, Effets & Hardes des Inconnus, des Soldats ou de leurs
Femmes. *Ord. Pol. 2 Mai 1699. T. I. p. 163.* D'acheter Vaiffelle,
Couverts, Bijoux, &c. même fur Billets, à moins qu'ils ne foient
avoués de Gens domicilés & connus. *A. Cour 11 Août 1765. T.
X. p. 408.*

INDEMNITÉ accordée aux Communautés pour fournitures de Rations de
Foins. *A. C. 30 Mai 1759. T. X. p. 10. A. C. 20 Juillet 1761.
T. X. p. 155.*

INDULGENCE. Punition contre les porteurs de fauffes Indulgences. *A.
Cour 7 Juin 1719. T. II. p. 260.*

INDULT. concernant la difpofition des Bénéfices Confiftoriaux, & autres
y mentionnés, accordé aux Rois Très-Chrétien & de Pologne, Ducs
de Lorraine. *Lett. Pat. Octobre 1740. T. VI. p. 246.*

INFÉRIEUR. V. CARTEL.

INFORMATION. Le Commiffaire doit annoter, en marge de chaque dépofition, le quantieme, le Témoin oui, eft récollé & confronté ; &
en marge des Récolemens & Confrontations le quantieme eft le

Témoin récolé dans le cahier de l'Information ; doit écrire à la marge de chaque Dépofition fi ce Témoin a ajouté au Récolement ; s'il eft reproché. *A. Cour* 1 *Juin* 1713. *T. II. p.* 3. *A. Cour* 7 *Mars* 1716. *T. II. p.* 87. *A. Cour* 3 *Mars* 1722. *T. II. p.* 531.

INJURES. V. *CARTEL*, *DUEL*.

INOCULATION (DE LA PETITE VÉROLE) ne doit fe pratiquer dans les Villes & Fauxbourgs. Défenfes aux perfonnes Inoculées de fréquenter , avant fix femaines de guérifon , d'autres perfonnes que celles néceffaires à leur foulagement. *A. Cour* 23 *Juillet* 1765. *T. X. p.* 399.

INSCRIPTION DE FAUX. Forme des Infcriptions de Faux contre les Procès-verbaux des Employés ; elle doit être dénoncée trois jours après l'échéance des Affignations, à peine de déchéance ; le Pourfuivant doit configner cinquante francs, & figner fon infcription de Faux le jour de la déclaration, auffi à peine d'être déchu. Trois jours après, les moyens feront mis au Greffe. Le Juge pourra proroger le délai de trois jours de plus ; après quoi la déchéance eft acquife. Les moyens admis , il faut procéder comme il eft dit au Titre XII. de l'Ordonnance de 1707. Le Juge ne doit accorder de plus long délai, à peine de nullité. En matiere de reprife, pour Tabac trouvé en fraude , il n'y aura aucune Procédure par Récolement , Confrontation, Interrogatoire ; fi le Fermier ne le requiert par Requête. Les Caufes feront jugées à l'Audience ; excepté celles en Infcription de Faux pour les rébellions , tranfports de Tabac avec attroupemens & armes , rupture de Cachets de la Ferme , qui pourront être inftruites par écrit. *Ord.* 14 *Juillet* 1720. *T. II. p.* 380. Procès-verbaux des Employés, font foi en Jugement jufqu'à Infcription de Faux, fans égard aux informations antérieures à l'Infcription. *A. C.* 31 *Mai* 1749. *T. VIII. p.* 44. Les trois jours de délai , pour annoncer l'Infcription de Faux, ont lieu lors même qu'il y a anticipation fur l'Affignation, ou que le Fermier eft prévenu par des demandes en nullité ou toutes autres demandes. L'Infcription de Faux doit être foufcrite le jour de la déclaration. *A. C.* 1 *Aout* 1749. *T. VIII. p.* 67. Par un nouveau Réglement la déclaration doit être faite le jour de l'échéance, à l'Audience ou par écrit ; favoir , le quatrieme, dans le délai de trois jours d'affignation, celui d'Exploit compris ; & le neuvieme, dans le délai de huitaine. La Quittance de l'amende doit être en même tems fignifiée. L'amende eft de cent livres cours de France à la Chambre,

& de foixante livres aux Tribunaux inférieurs. L'Infcription fera
fignée au Greffe le jour qu'elle fera annoncée ; elle contiendra les
noms, qualités & demeures des Témoins à produire, & n'en feront
reçus d'autres. L'Infcription fera fignifiée au Fermier le jour de fa date ;
les moyens feront fournis dans vingt-quatre heures. Le Juge ne
procédera à l'audition des Témoins, qu'un jour après la fignification
du Jugement qui aura admis les moyens ; l'apppel du Jugement, qui
admet les moyens, n'eft fufpenfif. Il n'y a que la voie de l'Infcription de faux contre les Procès-verbaux des Employés. Ils font difpenfés de fe préfenter pour en foutenir la valeur, en repréfenter les
originaux, & déclarer qu'ils s'en fervent, pourvu qu'ils foient affirmés, & qu'un double foit remis au Greffe. Les formes fufdites ont lieu,
quand bien même l'Infcription feroit formée avant l'Affignation. Ceux
qui feront décrétés fur les Procès-verbaux, auront leéture du Procès-
verbal, lors de l'Interrogatoire, s'il ne leur eft fignifié ; & feront
leur déclaration trois jours après ; s'ils ont eu copie du Procès-
verbal, la déclaration doit être faite vingt-quatre heures après l'Interrogatoire. Les délais font fatals ; le Juge ne peut les proroger ;
la Procédure eft de rigueur ; le Juge ne peut la mitiger. *Décl.* 10.
Juin 1754. *T. IX. p.* 153.

INSINUATION. (Ecclésiastique.) V. *Greffier.* Toutes provifions de
Bénéfice, Inftitution, Création de Penfion, Procuration *ad refignan-*
dum, Fondations de Bénéfice, prife de Poffeffion, doivent être
infinuées au Greffe des Infinuations Eccléfiaftiques, à peine de
faifie du Temporel. Tarif des Droits. *Ed.* 24 *Mars* 1699. *T. I. p.*
148. L'Office donné en Commiffion. *Lett. Pat.* 6 *Juin* 1698. *T. I.*
p. 150.

(Des Donations.) Les oppofitions, aux Infinuations de Donations,
n'empêchent & ne retardent ladite Infinuation. *A. C.* 18 *Décembre*
1754. *T. IX. p.* 172. Infinuation d'Immeubles entre vifs, mutuelles,
réciproques, onéreufes, même en faveur de Mariage & toutes autres ;
toutes Subftitutions Fideicommiffaires, Ventes, Ceffions, Délaiffe-
mens de propriété d'Immeubles, Inftitutions contraétuelles d'Héritiers,
Dons entre vifs d'univerfalité de Meubles, d'ufufruit d'Immeubles,
Penfions, Rentes viageres ou Sommes affeétées fur Immeubles, doivent, à peine de nullité, être publiées à l'Audience, le jour de la
Plaidoirie du Siege, tant du lieu du domicile des Donateurs, Subfti-
tuans, Cédans, Délaiffans, que de la fituation des Biens ; & être infinués
& régiftrés aux Greffes. Si les Biens font unis par féodalité, les
Publications & Infinuations fe font en la Jurifdiétion du principal

Manoir ; les Biens Nobles aux Bailliages, ceux de Roture ès Prévôtés & Sieges inférieurs. Faute des Formalités dans le lieu de la situation des Biens, les Actes ne feront opposés, même par des Mineurs (sauf leur recours) aux Créanciers ni Héritiers des Donateurs, Insinuans, &c. La nullité ne sera pas opposée par les Donateurs, Cédans, &c. ni par ceux qui auroient dû faire faire les Insinuations, ni par l'Institué contre le Substitué, ni par le Substitué au premier degré contre celui du second, & successivement ; sauf leurs recours contre les négligens, le cas d'aliénation arrivé. L'Insinuation se fait dans quatre mois date des Actes entre vifs ; même après, pourvu que les Contractans vivent encore. Les Actes ne feront opposés aux Créanciers, aux tiers Détenteurs antérieurs à l'Acte, ni intermédiaires de la date à l'Insinuation. Les Actes à cause de mort doivent être insinués dans quatre mois, à compter du décès des Donateurs, &c. Dons à cause de mort qui ne contiennent Substitution, ceux à cause de nôces faits par ascendans sans rétention d'usufruits, ne doivent être insinués. *Ed.* 13 *Décembre* 1718. *T. II. p.* 230.

INSMING. Prévôté supprimée & réunie à Saralbe. *Ed.* 31 *Juillet* 1710. *T. II. p.* 378.

INSOLVABILITÉ. V. *Amendes d'Eaux et Forets.*

INSULTE. V. *Duel, Cartel.*

INTERLOCUTOIRES ne doivent être expédiés par Extraits. *A. C.* 8 *Février* 1754. *T. IX. p.* 109.

INTERPRÈTE (JURÉ) de la langue Germanique. Sa création pour la Cour, Chambre des Comptes & Trésor des Chartres. *Ed.* 10 *Mai* 1703. *T. I. p.* 382.

INTERROGATOIRE. On doit y demander aux Accusés s'ils prennent droit par les Charges ; ce qui leur sera expliqué. Les Témoins doivent être Récolés ; & ceux, faisant charge, confrontés. Les Accusés doivent être interpellés de fournir des reproches, si aucuns ils ont. *A. Cour* 8 *Mars* 1756. *T. IX. p.* 146. Cet Arrêt est annullé en ce qu'il est rendu incompétemment contre la Maréchaussée. *A. C.* 10 *Avril* 1756. *T. IX. p.* 266.

INTIMATION. V. *Appel.*

INVENTAIRES. V. *Actes Publics.* En succession collatérales, font de la compétence des Juges ordinaires. En directes, s'il y a Mineur, elles font de celle du Juge Tutélaire, dans les Coutumes où les Gens du Prince ont la Justice Tutélaire. *A. Cour* 20 *Août* 1703. *T. I. p.* 389. Des Minutes des Notaires, font de la Jurisdiction du Bailliage. Se font en présence du Garde - Notes & des Veuves &

Héritiers à frais communs. Le Procès-verbal doit être fait double, l'un remis au Greffe, l'autre joint aux Minutes. Le Commiffaire doit fe contenter de parapher en chiffres chaque Acte de la même année, excepté le premier & dernier qui doivent l'être en toutes lettres. Le Greffier cotera l'endoffement de chaque année d'une lettre alphabétique, fans que cet Inventaire contienne la moindre énonciation du contenu des Actes. La Taxe des Juges & Greffier fera modérée. *Ord.* 25 *Juillet* 1710. *T. I. p. 707.* V. *GARDE-NOTES.* L'Inventaire des Effets des Chanoines de la Primatiale eft de la Jurifdiction du Bailliage. *A. Cour* 23 *Juin* 1710, *T. I. p.* 696. De même celui des Chanoines de Bourmont. *A. C.* 29 *Juillet* 1727. *T. III. p.* 248. Le Scélé doit être appofé lorfque le Défunt laiffe des Mineurs; quand bien même le Survivant auroit, par la Coutume, fon Contrat de mariage ou autrement, tout le Mobilier. *Décl.* 29 *Juin* 1743. *T. VII. p.* 21. Chez les Pauvres, le Juge, dans le lieu du fiege, doit dreffer Procès-verbal de la notoriété de la pauvreté, & le faire foufcrire des Voifins; & hors du Siege, c'eft le premier Officier de Juftice qui verbalife; l'Acte eft remis au Greffe, & fe fait gratuitement, excepté le papier; le Juge doit taxer chaque Vacation pour chaque Officier, à la fin de chaque Séance, & l'annoter en marge de la derniere page. Ne doit fe faire affifter d'Huiffier, ni fe faire défrayer fur la Succeffion. *A. Cour* 9 *Août* 1738. *T. VI. p.* 122. *A. Cour* 6 *Septembre* 1760. *T. X. p.* 87.

ISSUE-FORAINE. V. *HAUT-CONDUIT.*

J

JAUGE. LEs Droits de Jaugeage & Tauxage confiftoient en un Droit de deux Gros par Virli de Vin du crû des Perfonnes Nobles, vendu en détail, & dix des Roturiers. *Ord.* 15 *Janvier* 1702. *T. I. p.* 334. Réglement pour l'Exercice du Droit de Jaugeage à Luneville. *A. Ch.* 27 *Avril* 1750. *T. VIII. p.* 162. Le Droit eft exclufif; il appartient au Roi, dans les Hautes-Juftices de fon Domaine, de nommer les Jaugeurs; ils font tenus de prêter ferment. Les Fermiers des Octrois n'ont pas l'Exercice de ce Droit. *A. C.* 10 *Mars* 1753. *T. IX. p.* 33. Le Droit eft fixé à deux Sous par Piece. *A. C.* 9 *Février* 1754. *T. IX. p.* 123.

JÉSUITES quittant la Compagnie avant l'âge de trente-fix ans complets, peuvent rentrer en leurs anciennes Poffeffions, & recueillir les Succeffions échues précédemment, & célles qui écheoiront, mais n'ont droit aux Fruits pour le paffé. Forme des Régiftres des Actes d'Entrée en Religion & d'Émiffions de Vœux. *Décl.* 22 *Août* 1726. *T. III. p.* 184. La Mere, Gardienne-Noble d'un Jéfuite, jouit des Fruits, jufqu'à ce que fon Fils ait vingt-cinq ans; alors les Héritiers préfomptifs entrent en jouiffance; mais ne font Propriétaires que lorfque le Religieux a atteint trente-fix ans. *Décr. C.* 26 *Mai* 1733. *T. V. p.* 217.

JEUX. Défenfes à toutes Perfonnes des deux fexes de jouer aux Dez, au Jeu dit le Hocca, la Baffette, le Lanfquenet, la Dupe & autres femblables de hazard, à peine de trois mille francs d'amende & confifcation de la Maifon où on a joué. Défenfes de tenir Académie de Jeu dans les maifons publiques & particulieres. Défenfes de jouer, aux Foires & ailleurs le Jeu de Blanque, à peine de cent francs d'amende & de confifcation des Marchandifes, Métiers ou Outils. Action pour dette de Jeu interdite. *Ed.* 15 *Mars* 1719. *T. II. p.* 248. Ordre aux Officiers Municipaux & ceux des Hautes-Juftices, de tenir la main à l'exécution de cet Edit. *A. Cour* 16 *Mars* 1764. *T. X. p.* 283.

JOUAILLERS. Défenfes d'acheter des Bijoux ou Effets précieux de gens inconnus. V. *INCONNUS.*

JOYEUX AVÉNEMENT. V. *AVÉNEMENT.*

JUGES-CONSULS établis d'abord pour les Foires de S. Nicolas, à l'effet d'y rendre la Juftice, pendant la tenue defdites Foires, entre Marchand & Marchand, fans Appel, jufqu'à certaine fomme; & leurs Jugemens exécutés par toute la Lorraine. Recoynoiffance de dette pardevant eux, portoit exécution parée & par corps, excepté au tems des Foires, auxquelles les Débiteurs ne doivent manquer de venir, à peine d'être privés du Privilege. Les Créanciers peuvent faire ajourner les Abfens pour la Foire fuivante, à peine de prifon en cas de défaut, jufqu'au Paiement entier; à moins qu'ils ne vérifient de défaftre qui les aient réduits à l'impoffibilité de fatisfaire. Sils ne vérifient leur défaftre, ils font condamnés à l'amende & intérêts des Créanciers. Le Débiteur fuyard fera répété même hors des Etats. *Ord.* 24 *Mars* 1597. *T. I. p.* 552. Débiteurs, Marchands & Trafiquans ès Foires font foumis à la Jurifdiction des Juges-Confuls pour les Termes de Paiement; y feront pourfuivis par leurs Sergens, fans *Vifa* ni *Pareatis.* L'Oppofition réfervée auxdits Juges-Confuls. *Ord.* 3 *Janvier* 1604. *T. I. p.* 558. Dettes reconnues pardevant eux, font hypothéquaires. *Ord.* 23 *Juillet* 1612. *T. I. p.* 560. Exercent la Jurifdiction au Marquifat de Nommeny jufqu'à la fomme de quinze cens frans. *Ord.* 31 *Décembre* 1615. *T. I. p.* 561. Jugent fouverainement jufqu'à deux cens écus d'or. *Ord.* 1 *Juillet* 1616. *T. I. p.* 562. Le Prince nomme en 1715. cinq Juges-Confuls. Peuvent juger au nombre de trois. Jugent fommairement & *gratis* des différends entre Marchands, pour leur Commerce. Tous autres peuvent actionner un Marchand pardevant les Confuls pour Billets, Lettres de Change, Commerce, &c. fans qu'après ils puiffent décliner la Jurifdiction. Connoiffent des Banqueroutes, Faillites, Atermoiemens, même lorfque les Particuliers ont intérêt ; excepté fi ces Particuliers font Créanciers hypothéquaires. Décident defdits Atermoiemens par expédiens & tempéramens équitables. Les Juges ordinaires doivent leur renvoyer toutes affaires de Commerce. Tous Huiffiers requis peuvent exploiter fous le Reffort de la Cour fans *Vifa* ni *Pareatis*, nonobftant & fans préjudice à l'Appel qui fe porte à la Cour. Ont droit d'établir un Greffier qui tient Régiftre des Jugemens, expédie les Sentences Interlocutoires en papier timbré, & les Interlocutoires en parchemin ; perçoit les mêmes Droits que ceux des Bailliages. Les Maitres & Officiers élus du Corps forment la Juftice Confulaire par commiffion pour trois ans ; après lefquelles, les Ordres pris du Prince, le Maitre fortant nomme trois Marchands, un defquels eft choifi Maitre par le Corps. Le nouveau Maitre nomme & préfente au Prince quatre Marchands pour juger avec lui, lorfque le Souverain les a agréés & qu'ils ont prêté Serment à la Cour. Nul ne s'établit Marchand, fans prêter Serment à la Juftice Confulaire. Les Juges-Confuls peuvent établir des Lieutenans dans les autres Villes pour vifiter les Poids, &c. lefquels enverront les Procès-verbaux aux Juges-Confuls pour y être ftatué. On appellera aux Comptes huit ou dix Notables, autres que les Officiers en Charge & les fortans. *Ed.* 18 *Novembre* 1715. *T. II. p.* 80. Cet Edit eft régiftré, à charge que les Particuliers ne fe pourvoiront aux Confuls qu'en vertu des Billets caufés pour Commerce ; & que l'Etabliffement des Lieutenans n'excluera pas le Droit des Officiers de Police, de vifiter les Poids & Mefures. *A. Cour* 1 *Avril* 1716. *T. II. p.* 83. La Jurifdiction Confulaire eft défendue aux Marchands de Pont-à-Mouffon, ainfi que leur prétendue Maitrife & Affociation aux Marchands de Nancy ; fauf à eux à exercer la Police dans le Corps. *A. Cour* 15 *Mai* 1717. *T. II. p.* 118.

(DOMANIAUX.) V. COUR, CHAMBRE, AVOCATS, BAILLIAGE.

(DES

(DES COURS ET BAILLIAGE) doivent être Avocats. *Ed. 6 Janvier 1699. T. I. p.* 111. Juges & Procureurs Fiscaux ou Postulans, doivent être résidans dans les Etats. *A. Cour.* 17 *Août* 1730. *T. V. p.* 96. Doivent se faire recevoir à la Cour, s'ils y ressortissent immédiatement. *A. Cour* 1 *Février* 1754. *T. IX. p.* 106. V. *ADJUDICATAIRE, CABARET.*

JUGEMENT. Ceux en dernier ressort. V. *BAILLIAGE, REQUETE DU PALAIS.*

Les Epices doivent être annotées sur les Minutes, Grosses & Expéditions des Jugemens, ainsi que les Droits des Greffiers. *A. Cour* 31 *Décembre* 1698. *T. I. p.* 109. Prévôts ne doivent juger seuls; que pour absence des Officiers, dont doit être fait mention aux Jugemens, dans les matieres du ressort de la Chambre. *A. Ch.* 8 *Août* 1722. *T. II. p.* 565. Copies d'Obligation ou Constitution ne sont reçues en Jugement, sinon pour donner Action contre les Notaires, à l'effet d'en produire la Minute; en cas de perte desdites Minutes, les Copies ont la même valeur en prenant l'autorisation du Prince. *Ord.* 25 *Juin* 1632. *T. V. p.* 263. *A. C.* 20 *Avr.* 1734. *T. V. p.* 259. *Ord.* 10 *Janvier* 1633. *T. V. p.* 265. Fixation du nombre des Juges pour les Jugemens Criminels. V. *DÉCRETS.* Jugemens ne doivent être rendus sur Exploits non contrôlés. *Ed.* 22 *Juin* 1705. *T. I. p.* 483. Jugement Criminel doit détailler les crimes dont les Accusés sont jugés être convaincus. *A. Cour* 7 *Avril* 1716. *T. II. p.* 87. *A. C.* 3 *Mars* 1722. *T. II. p.* 531.

JUIFS. Répit de trois ans accordé à leurs Débiteurs, en donnant Caution, & payant l'intérêt à cinq pour cent. *Ord.* 13 *Août* 1698. *T. I. p.* 37. Ce Répit est révoqué. *Ord.* 20 *Janvier* 1699. *T. I. p.* 119. Prêt aux Enfans de Famille. V. *ENFANT DE FAMILLE.* Défense aux Juifs de Nancy & autres, de faire aucun exercice public de leur Religion. *A. Cour* 17 *Septembre* 1717. *T. II. p.* 133. Défenses aux Juifs étrangers & aux Régnicoles, hors de leur résidence, d'entrer dans aucune Maison, sans avoir averti l'Officier de Justice de son entrée, & du tems qu'il y restera; l'Officier de Justice le fera accompagner, pour être témoin de ses actions, par un Habitant de probité, qui signera les Actes que le Juif aura passés, à peine de nullité; sans qu'il puisse être apporté de retard à son Commerce licite; & sera l'Habitant exempt de Corvées. Les Juifs réfractaires sont amendables de cinq cens francs, outre la confiscation de leurs effets. *Ed.* 13 *Août* 1720. *T. II. p.* 390. Tous

O

ceux établis depuis 1680, font expulfés. Tous les Enfans mariés,
demeurans avec leur Pere ou Frere ainé, ne font point Famille.
Ceux qui vivent féparément doivent vuider les Etats. *Ord. 11
Avril 1721. T. II. p. 461. A. C. 9 Août 1721. T. II. p. 488.*
Permiffion à un nombre fixe de Familles de continuer de réfider
dans les Etats, aux Lieux où ils font établis; d'y exercer leur Religion fans bruit ni fcandale ; le Prince leur nomme un Chef de
Synagoge ; le commerce leur eft permis conformément aux Loix
du Pays. Défenfes de les molefter. Etat des familles admifes, &
des lieux de leur réfidence. *Décl. 20 Octobre 1721. T. II. p. 508.*
Juifs établis dans les Etats doivent occuper des demeures à l'écart,
dans les lieux à eux indiqués par les Officiers de leur réfidence ;
leurs Maifons doivent tenir l'une à l'autre, fans que les Catholiques
puiffent loger intermédiairement. Si ceux-ci ne conviennent pas du
prix, elles font eftimées par Experts nommés defdits Officiers.
A. C. 11 Juin 1726. T. III. p. 168. Billets ou Actes, fous feings
privés avec les Juifs font nuls, excepté les Lettres de Change,
Billets à Ordres, & autres qui ont lieu au Commerce & qui font
paffés de bonne foi. Tous autres Actes doivent être paffés par un
Notaire, qui doit faire mention de la numération de deniers, à
peine de nullité. Le Dol, la Surprife, l'Ufure, la cumulation d'Intérêts avec le Capital, font punis de la perte de la Créance & du
paiement du double au Débiteur, & par Corps, fans que le Juge
puiffe modérer la peine. *Ed. 30 Décembre 1728. T. III. p. 311.*
Subvention particuliere pour les Juifs par abonnement, outre les
débits de Ville. Forme de la Répartition. Défenfes aux Officiers
des Lieux de recevoir d'autres Juifs que ceux admis par les Réglemens précédens. *A. C. 28 Juillet 1733. T. V. p. 234.* Nouvelle
fixation du nombre des Familles en Lorraine ; une Famille s'entend des Enfans & Petits-Enfans, & leur Auteur, dans une même
Maifon ; le Prince tolere les Enfans, qui, avec fa Permiffion, ont
acheté d'autres Maifons ; les y maintient, ainfi que dans les défi-
gnations faites de rues particulieres dans quelques endroits. Le Roi
nomme des Syndics. Une Famille éteinte ne fera remplacée que
du confentement de Sa Majefté. Sufpenfion de l'exécution de l'Ordonnance du 30 Décembre 1728, concernant les Actes qui fe paffent
avec eux. *A. C. 26 Janvier 1753. T. IX. p. 9.* Juifs étrangers
font réputés Vagabonds, s'ils n'ont certificats des Officiers de leur
Domicile, de leur vie & mœurs, des raifons de leur voyage
& de leur féjour dans les Etats. *A. Cour 23 Juin 1760. T. X. p.*

71. Régiſtrement de l'Arrêt du 26 Janvier 1753. Etat des Familles reçues. *A. Cour* 22 *Avril* 1762. *T. X. p.* 179.

JURISDICTION. Tous Juges ſont compétens pour la capture des Faux-Sauniers, & doivent les renvoyer aux Juges ordinaires. *Od.* 22 *Juin* 1711. *T. I. p.* 744. Nullité d'une Intimation ſur appel comme d'abus au Parlement de Metz, donnée à un Lorrain. *A. Cour* 26 *Janvier* 1717. *T. II. p.* 108. Réglement de Juriſdiction pour les Lieux contenus au Traité de Paris. *Ed.* 12 *Juillet* 1718. *T. II. p.* 199. Les contraventions à l'Edit du 25 Juin 1721, pour prévenir la communication des maladies contagieuſes, ſe jugent par le plus prochain Siege du lieu de la capture, ſouverainement, ſommairement, ſans frais, ſans uſer de papier timbré, & par trois Juges. La prévention réſervée à la Maréchauſſée, même contre les domiciliés. *Ed.* 25 *Juin* 1721. *T. II. p.* 475. La Juriſdiction pour l'exécution de la déclaration qui pourvoit au ſoulagement des Sujets dont les Récoltes auront été grêlées, eſt donnée à des Commiſſaires pour la Lorraine & Barrois non mouvant, & aux Juges Royaux ordinaires dans le Barrois mouvant. *Décl.* 3 *Septembre* 1735. *T. V. p.* 306. V. *Cour, Chambre, Bailliage, Juges-Consuls, Eaux et Forets; Domaine, Hôtel de Ville, Maréchaussée, Bureau des Pauvres, Décret, Remiremont.*

L

LACHETÉ. V. *Cartel, Duel.*

LANTERNES publiques établies à Nancy, pour être allumées depuis le 24 Octobre de chaque année juſqu'au 24 Mars. Ordre pour l'Entrepriſe & l'Allumage. *Décl.* 30 *Août* 1715. *T. II. p.* 75.

LAY-S. CHRISTOPHE. Union du Prieuré de Lay-S. Chriſtophe à la Miſſion de Nancy. *Lett. Pat.* 26 *Juil.* 1747. *T. VII. p.* 159.

S. LÉOPOLD. Abbaye de l'Ordre de S. Benoit, érigée à Nancy. *Lett. Pat.* 10 *Décemb.* 1701. *T. III. p.* 388.

LIBELLE. V. *Imprimeur.* Condamnation d'un Libelle intitulé : *Lettre au Marquis S . . . envoyé du Grand-Duc en France. A. Cour* 18 *Mars* 1741. *T. VI. p.* 265. D'un autre intitulé : *Lettre à M. Bequet, &c. A. de Commiſſion* 15 *Mars* 1746. *T. VII. p.* 80.

LICITATION. Procureur tenu de prendre des Préſentations pour Licitations & Ventes volontaires. *A. Ch.* 27 *Mai* 1724. *T. III. p.* 30.

LIEUTENANS (Généraux des Bailliages.) V. *Bailliage et l'Ordonnance de 1707.* Ils ont dix ſous à toutes feuilles d'Audience, au lieu des Droits de Décret & Commiſſion. Celui qui préſide à leur place a moitié. Abonnement avec les Prévôts. *A. C.* 15 *Décemb.* 1747. *T. VII. p.* 183. Ce Droit eſt attribué au cours de France. *Décl.* 25 *Janv.* 1752. *T. VIII. p.* 333. *A. Cour* 18 *Juil.* 1754. *T. IX. p.* 156. V. *PLAIDS-ANNAUX.*

(GÉNÉRAUX DE POLICE) étoient nommés & choiſis par les Officiers de l'Hôtel de Ville de Nancy. Ils ſont Juges des Faits de Police; les Officiers de l'Hôtel de Ville ſont Juges d'Appel. Les Jugemens du Lieutenant-Général de Police s'exécutent par proviſion. Il eſt aidé de deux Conſeillers, dont les Jugemens ſe portent auſſi par Appel à la Compagnie. *Ord. de l'Hôt. de Ville* 7 *Nov.* 1699. *T. I. p.* 204. Le Lieutenant-Général de Police de Nancy a Juriſdiction pour la ſûreté de la Ville & nettoiement des rues, pour les façades des Bâtimens à conſtruire, les Fontaines & Ruiſſeaux, les Pavés, les Magaſins de Bled, les Boucheries, la Viſite des Halles, Boulangeries, Foires & Marchés, Hôtelleries, Auberges, Maiſons garnies, Cafés, Tabacs & autres lieux publics. L'inſpection ſur les Matrônes, les Opérateurs, &c. Il peut renfermer, même punir du Pilori, les Mendians valides, Vagabons, Filles libertines, ſans aveu ni domicile. Il a droit d'étalonner les Poids & Meſures. Il a l'exécution des Edits, Ordonnances & Jugemens de l'Hôtel de Ville ſur les Faits de Police. Ses Déciſions ſont exécutées, nonobſtant Appel ou Oppoſition, ſans y préjudicier; l'Appel s'en porte à la Chambre de Ville & delà au Conſeil. La Taxe des Denrées ſe fait en Aſſemblée de Chambre. Le Lieutenant-Général a droit d'aſſiſter à toutes Aſſemblées pour y propoſer & avoir voix délibérative. *Ord.* 14 *Sept.* 1714. *T. III. p.* 445. Il a la punition des Sergens de Ville, à charge d'en référer à la Compagnie, dans vingt-quatre heures, pour y être ſtatué. Il ne doit employer la Maréchauſſée ou Gens de Guerre que dans les cas de violence. Il doit être exact aux Aſſemblées & Cérémonies, & faire exactement ſes Viſites. Fixation des jours d'Audience de Police. Il n'appartient qu'à la Compagnie de régler les Levées de deniers, les Logemens & Fournitures, de donner des Paſſe-ports, de Procurer élargiſſemens des Priſonniers condamnés par la Chambre. A elle ſeule appartient de donner aux Opérateurs, Comédiens, &c. permiſſion d'exercer à Nancy; l'inſpection ſeulement réſervée au Lieutenant-Général. L'exécution des Ordres de Police ne peut être confiée qu'aux Commiſſaires de Quartier, Sergens & Archers de Ville. Forme pour le paiement des amendes, les ordres ſupérieurs ſur la Police ſont adreffés au Lieutenant-Général, qui doit les communiquer à la Compagnie; elle ftatue fur ce qui concerne les Fontaines & Pavés, fauf feulement l'infpection au Lieutenant-Général ; il doit avoir à fa folde & à fes ordres fix hommes de confiance pour les Affaires fecretes feulement ; la Compagnie connoit des Bâtimens à faire ou à détruire. Les Conceffions de Fontaines doivent être régiftrées au Greffe de l'Hôtel de Ville. Le Lieutenant-Général doit affifter, au moins une fois la Semaine, aux Affemblées, pour y faire fes Rapports fur la Police. Le Réglement du 10 Septembre 1714 fera exécuté en ce qui n'y eft dérogé. *A. C. 5 Mai 1729. T. V. p. 7.* Le Lieutenant-Général doit communiquer les ordres du Souverain à fa Compagnie ; à moins qu'il ne lui foit enjoint, par les ordres mêmes, de les tenir fecrets & les exécuter lui feul. *Décl. 2 Sept. 1730. T. V. p. 99.*

Suppreffion & Création d'un Lieutenant de Police à Luneville. *Ed. 12 Mars 1709. T. I. p. 651.* Réglement de fes Fonctions. *A. C. 1 Mars 1749. T. VIII. p. 26.* Création d'Office de Lieutenant de Police dans plufieurs Villes ; les levées des Grains pour les Magafins des Villes doivent être faites à leurs diligences. Ils ont droit de vifiter les Halles, Foires, Marchés, Hôtelleries, Cafés & tous lieux publics. Les incidens fur ces vifites feront relatés dans des Procès-verbaux & rapportés à la Compagnie ; elle a la conoiffance des autres Faits de Police ; le Lieutenant-Général en a l'exécution; il a fix pour cent des Gages de fa Finance, à prendre fur les Octrois; il paie l'Annuel au Prince; il a rang après le Chef de Police ; il veille à la fûreté de la Ville & connoit du Port d'Armes dans la Ville; il a l'infpection fur le nettoiement des rues, &c. *Ed. 30 Octob. 1723. T. II. p. 670.*

(DE CHASSE.) V. *CHASSE.*

(DE ROI.) Création d'un Lieutenant - de - Roi pour le Département de Lorraine, d'un pour le Barrois, d'un pour la Lorraine-Allemande, pour fuppléer les Gouverneurs. *Ed. 30 Janv. 1745. T. VII. p. 64.*

(PARTICULIER.) Création d'un Lieutenant-Particulier au Bailliage de S. Diez. *Ed. 27 Juin 1732. T. V. p. 176.*

LIGNY. Suppreffion & Création des Offices de cette Prévôté. *Ed. 2 Fév. 1721. T. II. p. 447.*

LIQUIDATION. V. *DETTES D'ETAT.*

LITIGIEUX (DROITS.) Juges, Procureurs & Avocats-Généraux, Subftituts & Greffiers, ne peuvent acquérir aucuns Droits litigieux, à quel titre que ce foit, médiatement ni immédiatement, à peine de nullité des Actes & d'Amende. *Ord. 8 Mars* 1723. *T. II. p.* 590.

LIVRES. Défenses d'en introduire dans les Etats de pernicieux, & contre la Religion & les bonnes Mœurs. *A. Cour* 22 *Fév.* 1718. *T. II. p.* 159. Défenses d'en imprimer. *A. Cour* 7 *Juin* 1719. *T. II. p.* 260. *A Cour* 2 *Sept.* 1739. *T. VI. p.* 198.

LIVRÉE. V. *DEUIL.*

LIVREURS-JURÉS. Leur paiement fixé à douze deniers par Refal, moitié par le Vendeur & moitié par l'Acheteur. *Ord. Pol.* 29 *Octob.* 1703, *T. I. p.* 392. Il leur est défendu de rien donner à l'Acheteur au delà de la juste livraifon. *Ord. Pol.* 24 *Décemb.* 1708. *T. I. p.* 645. Leur Droit a depuis été fixé à trois liards par Refal, tant dans les Greniers des Bourgeois qu'aux Halles; & au double, lorsqu'ils fe chargent de recevoir les deniers & les faire bons. *Ord. Pol.* 2 *Nov.* 1737. *T. VI. p.* 74. La derniere fixation de leur Droit est d'un fol dans les Greniers, & fix liards aux Halles, avec défenfe de rien accepter de ce qui leur feroit offert au delà : ils doivent avoir un Bureau où le Public puiffe s'inftruire de leurs noms & demeures: ils doivent fe rendre fur le champ où ils font appellés; ils ne peuvent fe charger des Droits de Copelle, ni acheter les Grains reftés après la livraifon. Défenfes à leurs Femmes & Enfans de fréquenter les Halles. *A. C.* 19 *Mai* 1764. *T. X. p.* 304.

LIXHEIM. Création d'une Prévôté & Gruerie. *Ed.* 26 *Mai* 1707. *T. I. p.* 598.

LOGEMENT. V. *POLICE MILITAIRE, BARRIERE.*

LORRAINS déclarés Régnicoles François, & réciproquement. V. *BÉNÉFICE.*

LOUVETIER. *V. CHASSE, COMMUNAUTÉ.*

LUNEVILLE. V. *HÔTEL DE VILLE, LIEUTENANT-GÉNÉRAL, FONDATION, DOMAINE, BATIMENT.* Création d'un Gouverneur du Château. *Ed. Juin* 1743. *T. VII. p.* 20.

LUXE. V. *DEUIL.*

LUXEMBOURG. Traités avec les Ducs de Luxembourg. *A. Cour* 18 *Janv.* 1719. *T. II. p.* 241.

M

MAGASINS. V. *BLEDS, FOINS.* La Ville de Nancy tenue de fournir des Magafins publics, pour le dépôt qu'il eft libre à un chacun d'y faire, de telle quantité de Bled qu'il voudra. L'entretien & déchet, les loyers des Greniers, font à la charge de la Ville. Le prix du Bled fera remis à chaque Particulier qui en aura dépofé, fur le pied qu'il

aura été vendu dans le tems de calamité ; on pourra néanmoins en
retirer le tiers en efpece. La Ville eft refponfable de tous événe-
mens, même de la violence ; & payera dans ces cas l'intérêt du
prix, jufqu'à ce qu'elle aura rembourfé le fond. *Ord.* 22 *Fév.* 1717.
T. II. p. 109. Diftribution des Grains amaffés par le Prince dans
les Magafins des Villes des Etats, pour prévenir la communication
avec l'Etranger, dans le tems de la maladie contagieufe. Les Voitures faites par corvées ; entretien & confervation des Magafins ; les
Gages des Commis font à la charge des Villes. L'Adminiftration eft
réfervée à la Compagnie du Commerce qui a fait les Fonds. Elle
retire le prix fur les Ventes & fubfidiairement fur le prix des Fermes
des Villes. *Décl.* 6 *Fév.* 1721. *T. II. p.* 442. Taxation du prix des
Voitures payables par les Communautés. *A. C.* 6 *Août* 1721. *T. II.*
p. 487. Magafins particuliers prohibés. Traités annullés, excepté
ceux des Boulangers. Défenfes d'aller au devant des Bleds deftinés
aux Marchés. Ordre aux Sujets aifés de s'approvifionner pour vingt
mois, de quoi Vifite fera faite. Les Cultivateurs & Décimateurs,
tenus de dépofer des Grains dans les Magafins publics, chacun à
proportion de fa culture, de quoi fera fait un Rôle par les Affeyeurs.
La fourniture fera faite huit jours après le Rôle, pour être conduite aux Magafins, moyennant décharge. La Taxe des Décimateurs
& Seigneurs fe fait fur les Baux qu'ils font tenus de repréfenter
aux Prévôts, ou Lieutenans-Généraux des Bailliages. Le cas de
Vente arrivant, le prix fera remis au Maire pour être diftribué à
ceux qui auront contribué aux Magafins. S'il n'eft pas néceffaire de
les vendre, ou les rendra en efpece. Les difficultés fe jugent fans
forme de Procès par les Juges Royaux ordinaires. Les Concordats
avec les Etats voifins, fur le Commerce des Grains, feront exécutés.
Ord. 12 *Décemb.* 1725. *T. III. p.* 133. Ordre de rendre les Grains
en efpece, le déchet déduit ; & de renouveller les Magafins en Décembre de l'année 1726 & en la même forme qu'auparavant. La
Défenfe du Commerce en Grains eft levée. *Décl.* 31 *Juil.* 1726.
T. III. p. 178. La cotifation des Barrifiens eft modérée à moitié.
Décl. 11 *Nov.* 1726. *T. III. p.* 198. Nouveaux Magafins en 1727.
Décl. 8 *Août* 1727. *T. III. p.* 250. Continuation des Magafins.
Décl. 19 *Août* 1731. *T. V. p.* 160. *Décl.* 17 *Août* 1732. *T. V.*
p. 185.

MAIN-MORTE. (Établissement ou Acquet de Gens de Main-
morte.) Etabliffement nouveau de Gens de Main-morte, Eccléfiaftiques ou Laïcs, ne peut être fait fans Lettres Patentes du Roi,

à peine de nullité, nonobstant toute prescription. Pour les obtenir, on doit communiquer l'objet à S. M. si c'est par Acte entre vifs : il ne fera plus rien changé au projet, s'il a été agréé. S. M. se fera informer de la nature, nécessité & circonstances de l'Etablissement : fera joint aux Lettres l'état fixe des Biens, sans pouvoir y en ajouter qu'avec la permission du Roi, même pour les anciens Etablissemens avant l'Enrégistrement. Il fera fait information *de commodo & incommodo*, en la forme prescrite, à la diligence des Gens du Roi. Les présomptifs Héritiers des Fondateurs desdits Etablissemens entreront en possession anticipée des Biens donnés; & à leur défaut, les Seigneurs dominans desdits Biens; subsidiairement ils feront confisqués, & le prix appliqué en aumônes ou ouvrages publics. Les Etablissemens depuis 1636, non confirmés par Lettres enrégistrées, font annullées, ainsi que les dispositions relatives : S. M. se réserve cependant d'en accorder, en tout cas d'appliquer les Biens ailleurs. Ne font comprises sous la désignation d'Etablissement, les Fondations qui ne tiennent à aucun nouveau Corps, & qui n'ont pour objets que des Messes, Aumônes, Œuvres pies, &c. pour lesquelles il suffit de l'homologation à la Cour dans son ressort, & aux Bailliages de Bar & la Marche pour le Barrois; ces Tribunaux veillent à l'administration des Biens & aux Comptes à rendre : les Actions se portent à la Cour, à Bar & à la Marche, suivant le ressort. *Ed. Septembre 1759. T. X. p. 18.*

(ACQUETS DE BIENS,) à quel titre ce soit, interdits à l'avenir aux Gens de Main-morte, même sous noms empruntés, sans Lettres Patentes duement enrégistrées, nonobstant toutes clauses & permissions antérieures. Les dispositions testamentaires à leur profit annullées. Peuvent néanmoins acquérir ou recevoir, même par testament, des Rentes sur S. M. sur le Clergé, Pays d'Etat, Villes & Communautés, sans Lettres Patentes. Les Fondations qui ne forment Etablissemens, ne peuvent être faites par Actes à cause de mort, que d'effets sur S. M. Pays d'Etat, &c. Elles ne peuvent être faites entre vifs sans Lettres Patentes régistrées. Elles ne feront accordées pour Acquisition, qu'après que S. M. se sera fait rendre compte de la nature des Biens à acquérir. Elles feront régistrées après information *de commodo & incommodo*; sans lesquelles formalités les Notaires ne passeront aucuns Actes relatifs, & ne fera délivré aucunes Quittances d'amortissement. Gens de Main-morte ne peuvent exercer le Retrait féodal. Les Biens qui leur font dévolus comme Seigneurs, sortiront de leurs mains dans l'an, à peine de commise. Les Héritiers présomptifs des Fondateurs

ou

M A I 11;

ou Donateurs éntreront en la poffeffion anticipée des Biens donnés à l'avenir , fous les formalités voulues ; à leur défaut les Seigneurs dominans defdits Biens ; fubfidiairement ils feront confifqués , & le prix appliqué en aumônes ou ouvrages publics. Les acquifitions & les difpofitions exécutées avant l'Edit, même celles faites par les Teftateurs décédés avant la publication , ne font pas annullées. Toutes actions & demandes autorifées par l'Edit , fe portent à la Cour dans fon reffort , & aux Bailliages de Bar & la Marche pour le leur. *Ed. Septembre* 1759. *T. X. p.* 18. Les Notaires doivent repréfenter dans trois mois aux Lieutenans-Généraux tous les Actes portans Rentes, Echanges , Donations & Tranfports faits à Gens de Main-morte , pour vérifier s'ils ont fatisfait à l'Edit. *A. Cour* 15 *Juin* 1764. *T. X. p.* 333.

(DROIT.) Les Biens des Eccléfiaftiques décédés font exempts de Main-morte. *A. Cour* 11 *Décembre* 1701. *T. I. p.* 317. Droit de Main-morte perfonnel & celui de pourfuite , font abolis dans les Etats ; tous les Sujets y font déclarés de condition franche & libre , & peuvent difpofer de leurs Biens. Le Droit eft converti en une redevance d'un bichet de feigle & autant d'avoine , payable à chaque S. Martin ; même par les Enfans de famille réfidans avec leurs Peres & Meres & faifant commerce ; le Droit eft rachetable de quatre francs par an , payables au Maire , qui jouira pour ce de la Franchife dudit Droit : fans préjudice aux Droits de fort-fuyance & fort-mariage. *Ed.* 20 *Aoft* 1711. *T. I. p.* 754. Il eft furfis à l'exécution de cet Edit. *Ord.* 5 *Septembre* 1713. *T. II. p.* 9. La converfion du Droit eft d'un imal de bled ou de feigle & autant d'avoine, ou deux francs ; les Veuves , Filles ou Garçons doivent moitié. *Décl.* 16 *Mai* 1719. *T. II. p.* 156. Main-mortables ont le choix de payer l'arrérage en argent. *Décl.* 31 *Décembre* 1719. *T. II. p.* 306.

MAJORITÉ. La Majorité du Prince fucceffeur eft fixée à quatorze ans *Ed.* 14 *Juillet* 1719. *T. II. p.* 178. Majorité des Sujets. V. *ENFANS DE FAMILLE.*

MAIRES Royaux établis par la France , font continués par provifion. *Ord.* 15 *Février* 1698. *T. I. p.* 7. Les Maires créés avant 1670. font à finance. *Ed.* 31 *Aoft* 1698. *T. I. p.* 40. Dans les Villages du Domaine ils font à la nomination du Lieutenant-Général , fi les Baillis n'étoient pas en poffeffion avant 1707 de les nommer ; auquel cas les Lieutenans - Généraux ne les nomment qu'à leur abfence. Les Maires ont l'exécution des Ordonnances pour la Police champêtre, la vifite des chenilles , les anticipations fur les terrains de Commu-

P

nauté & les non-clôtures. Les amendes font taxées fur leurs Procès-verbaux avec celles des méfus. Ils ont la convocation des Affemblées de Communauté pour l'élection des Bangards, &c. L'indiction de Récolte fe fait fur rapport d'Experts nommés par les Habitans, qui ont auffi l'établiffement de pauliers. *A. C.* 10 *Mars* 1753. *T. IX. p.* 37.

MAISON. V. *INCENDIES.* Franchifes accordées aux Propriétaires de Mai-fons incendiées à Ste. Marie-aux-Mines, à charge de les rétablir ; & permiffion aux Locataires de quêter. Réglement fur les Reconftructions & Réparations. *A. C.* 15 *Novembre* 1726. *T. III. p.* 200. Réglement pour la régularité des Façades. *Ord. Pol.* 15 *Avril* 1706. *T. I. p.* 511. *A. C.* 17 *Avril* 1706. *T. I. p.* 514. Ordre de conftruire des Maifonsdans les Cours & Jardins aboutiffans fur les Rues de Nancy, fuivant l'allignement des Rues & des Places. *Ord.* 2 *Janvier* 1710. *T. I. p.* 689. Façade de la Place du Marché de Nancy. *A. C.* 30 *Décembre* 1751. *T. VIII. p.* 331. Nouveau Réglement. *A. C.* 4 *Juillet* 1764. *T. X. p.* 337. Conftructions & Entretien des Maifons de Cure. V. *CURÉS.*

(DE FORCE.) V. *BUREAU DES PAUVRES.*

(ROYALE.) Sur les querelles & combats qui arrivent. V. *CARTEL, DUEL.* Défenfes d'y exploiter fans permiffion du Grand - Maitre. *Ed.* 31 *Janvier* 1701. *T. I. p.* 259. Ni mettre à exécution les cotes de Deniers de Paroiffe contre les Commenfaux, fans permiffion des Grands Officiers de la Couronne, chacun en droit foi. *Ord.* 15 *Janvier* 1701. *T. I. p.* 332. Les Exploits au Tribunal des Requêtes du Palais, ne doivent fe faire dans l'Hôtel du Prince, lorfqu'il y eft en perfonne, que de la permiffion du Grand-Maitre. *Décl.* 18 *Mai* 1711. *T. I. p.* 735.

MAITRE (DES REQUETES.) Réglement pour leur Département. *Régl.* 31 *Aoft* 1698. *T. I. p.* 62.

(DES HAUTES-ŒUVRES.) Ceux qui jouiffent du Droit de Riflerie, font tenus de faire régiftrer à la Chambre leurs Commiffions ou Baux. *A. Ch.* 4 *Avril* 1761. *T. X. p.* 116.

(GRAND-MAITRE DES EAUX ET FORETS.) V. *EAUX ET FORETS.* Ses Fonctions. V. *BOIS, COMMUNAUTÉS, DOMAINE.*

MAITRISES. V. *BOIS, COMMUNAUTÉ, EAUX ET FORETS, DOMAINE.*

(CORPS DE) V. *ARTS ET MÉTIERS.*

MALADES allités doivent fe confeffer le troifieme jour de la maladie. Ordre aux Médecins, Chirurgiens, Apothicaires qui voient le dan-ger, d'avertir le malade ; & après le troifieme avertiffement, fans

fruit ; de leur retirer leurs fecours. *Ord.* 14 *Février* 173z. *T. V.*
p. 167.

MALADIES (CONTAGIEUSES.) Pour les prévenir en 1710, défenfes
furent faites d'avoir relation avec les Habitans de Marfeille & Pays
voifins infectés, de quelle maniere ce puiffe être. Aux Voyageurs
d'entrer au Pays fans un Certificat contenant qu'ils fortent de lieux
où l'on jouit d'une bonne fanté ; faute de quoi, renvoyés des Etats
par les Officiers de lieux : Défenfes d'introduire des marchandifes
des lieux infectés, fous peine de mort ; à cet effet les Voituriers
feront munis des Certificats fufdits ; faute de quoi le Voyageur, avec
fa marchandife & l'équipage, eft tenu de vuider les Etats. Tous
Contrevenans par voie clandeftine feront punis de mort, les marchandifes confifquées & brûlées, s'il échet. Lettres de Provence
parfumées ; les Lorrains tenus de fe munir de Certificats pour aller
dans les Pays non infectés. *Ord.* 9 *Septembre* 1720. *T. II. p.* 4ᵒ4.
Ordre de paffer par les barrieres. V. *BARRIERES.* Pôteaux mis
fur les chemins interdits, portant défenfes d'y paffer. Peine corporelle & expulfion contre les Mendians étrangers, Vagabonds &
Gens fans aveu ; & celle de mort, s'ils entrent dans les Etats. Ordre
aux Gens de Juftice & Habitans de les arrêter, & les conduire
aux Juges Royaux les plus prochains, à peine de punition. Les
Pauvres nationaux tenus de garder leur domicile. Sufpenfion des
peines. Colporteurs & Savoyards établis au Pays, interdits de porter
leurs marchandifes de lieu en lieu ; & ceux qui y font fans domicile, tenus de fortir des Etats ou y former un établiffement ;
ce qu'ils déclareront aux Officiers des lieux. Défenfes aux Comédiens, Batteleurs, &c. d'entrer au Pays. Tous Etrangers produiront un Certificat aux Barrieres, rafraichi dans chaque Ville de
leur paffage, portant leur fignalement, le lieu dont ils fortent ;
qu'il n'eft pas infecté, non plus que le lieu du chargement de leurs
marchandifes, s'ils en conduifent. Les Gardes annoteront cette
exhibition au bas ; & feront en outre les Certificats vifés par l'Officier fupérieur du lieu. Si les Voituriers viennent de lieux fufpects,
les marchandifes, chevaux, &c. feront brûlés. Défenfes aux Sujets
de loger les Gens venans de Pays étrangers, qu'avec Certificats,
qu'ils feront vifer à l'inftant. Les Sujets voulant voyager, font tenus
de prendre femblables Certificats, qui ne feront vifés qu'en grande
connoiffance de caufe & *gratis.* Seront imprimés & fcellés du fceau
de chaque Ville. Permis de tirer fur ceux qui entreprendront de
paffer les barrieres, fans repréfenter de Certificat. Les Contrevenans

feront jugés fouverainement par les plus prochains Juges Royaux de la capture, au nombre de trois Gradués. La Maréchauffée a la prévention. *Ord. 6 Novembre 1710. T. II. p. 411.* Nouvelle Ordonnance femblable. Permiffion de fréquenter les Foires du Pays avec les Certificats fufdits. Le commerce eft libre, excepté avec les Pays indiqués. *Ed. 15 Juin 1721. T. II. p. 476.* Défenfes aux Négocians de faire venir des marchandifes des Pays indiqués, à peine de mort ; & feront les marchandifes, &c. brûlées. *Ed. 1 Octobre 1721. T. II. p. 507.* Commerce des beftiaux & marchandifes venant de Hongrie & Pays limitrophes, interdits en 1739. Tous Commerçans ou autres Particuliers, venans d'autres Pays de l'Allemagne, exhiberont de Certificats de fanté aux Commandans des Villes, & à leur défaut aux Officiers des Villes, pour être vifés. Les Officiers qui ont fait la derniere campagne en Hongrie, tenus de préfenter un Certificat portant qu'ils ont fait la quarantaine. *Ord. 17 Janvier. 1739. T. VI. p. 175.* V. *FONDATION DU ROI.*

MALTE mife en regle des Bois de l'Ordre, laquelle, en cas de négligence, fe fera à fes frais par ordre du Confeil. Quart de réferve à appofer. Divifion en vingt-cinq coupes. Baliveaux réfervés. Le furplus des Arbres mis en coupe avec le Taillis par indemnité. Récolement par les Officiers de l'Ordre, &, en cas de négligence, par les Officiers Royaux. Etabliffemens des Gardes. Bois de bâtimens doivent être demandés au Chapitre Provincial, & être employés en nature ou en argent. Ils feront marqués par les Députés du Chapitre. Les Branches & Cimeaux feront vendus, pour le prix être employé aux bâtimens. Maniere de faire cette marque. Forme des Procès-verbaux. Maniere de fe pourvoir en cas que la Forêt ne contienne pas affez d'Arbres de bâtimens. Dépôt de Procès-verbaux aux Greffes des Grueries, & aux Archives du grand Prieuré. Les délivrances feront faites par les Officiers de la Commanderie. *A. C. 13 Octobre 1744. T. VII. p. 56.* Vente extraordinaire permife par le Confeil. Réferve & ordre du Récolement à faire chaque année. Juftification de l'emploi du prix. L'Ordre eft difpenfé des formalités pour les ventes, pour cette fois feulement. *A. C. 3 Septembre 1746. T. VII. p. 106.* Exemptions de Vingtieme & Don gratuit, même pour les Bénéficiers non croifés, de tous leurs biens & penfions de Famille, même pour les Chevaliers & Novices. *A. C. 12 Juin 1756. T. IX. p. 281.*

MANDEMENS de l'Evêque de Toul contre les Maladies contagieufes. *A. Cour 14 Octobre 1710. T. II. p. 411.* Sur la mort du Prince

Royal. *A. Cour 9 Juin 1723. T. II. p.* 637. De l'Evêque de Metz. *Idem. T. II. p.* 638. De l'Evêque de Toul fur le rétabliſſement du Prince Charles. *A. Cour 27 Septembre 1730. T. V. p.* 102. Sur le le mariage du Duc François, depuis Empereur. *A. Cour 18 Févr. 1736. T. V. p.* 322. Sur la mort de la Reine de Pologne, Du-cheſſe de Lorraine. *A. Cour 13 Avril 1747. T. VII. p.* 132. De l'Evêque de Verdun. *A. Cour 2 Mai 1747. T. VII. p.* 134. De l'Evêque de Toul pour la naiſſance du Duc de Bourgogne. *A. Cour 9 Octobre 1751. T. VIII. p.* 309. Pour celle du Duc d'Aquitaine. *A. Cour 29 Septembre 1753. T. IX. p.* 80. Pour celle du Duc de Berri. *A. Cour 7 Septembre 1754. T. IX. p.* 166. Pour le Jubilé. *A. Cour 29 Mars 1759. T. X. p.* 6. Pour la proſpérité des Armes du Roi. *A. Cour 14 Juin 1760. T. X. p.* 69. Pour la Bataille remportée fous le commandement du Maréchal de Broglie. *A. Cour 5 Mai 1761. T. X. p.* 141. Pour la Paix. *A. Cour 9 Juillet 1763. T. X. p.* 241. A la mort de M. le Dauphin. *A. Cour 15 Janvier 1766. T. X. p.* 417. Pour la Victoire d'Hamelen. *A. Cour 30 Août 1757. T. IX. p.* 367. Pour la Naiſſance du Duc d'Artois. *A. Cour 5 Novembre 1757. T. IX. p.* 377.

(BILLET.) V. *DETTES.*

MANOUVRIERS. Taxe pour la conduite & encavage des Vins. *Ord. Pol. 19 Octobre 1703. T. I. p.* 391. Pour le même objet, & les Porteurs de Sacs. *Ord. Pol. 1 Novembre 1737. T. VI. p.* 74.

MANUFACTURES. Privilege excluſif, pour vingt ans, de fabriquer à Nancy des Serges d'Aumale, Feuquier, Grandville, &c. Serges de Londres pluchées, &c. Franchiſes des Droits d'entrée des matieres premieres, & de toutes impoſitions. *A. C. 30 Mai 1719. T. II. p.* 258. Pri-vilege excluſif pour la fabrique des Draps, avec pareilles franchi-ſes que ci-deſſus. *Ord. 12 Novembre 1720. T. II. p.* 416. L'Edit du 12 Décembre 1698, qui établit une Manufacture excluſive de Chapeaux fins, eſt confirmé. Ordre aux Marchands, qui en tien-nent d'étrangers, de s'en défaire dans trois mois, à charge que l'Entrepreneur leur en vendra fur le pied du Tarif. Tarif des Cha-peaux. *A. C. 10 Décembre 1702. T. III. p.* 404. Fabrique de Bas d'Eſtame. V. *BAS.* Réglement pour la fabrication des Etoffes aux Manufactures de Nancy. *A. C. 5 Juillet 1749. T. VIII. p.* 59. Défenſes aux Ouvriers des Manufactures & Fabriques de quitter, pour aller travailler ailleurs, ſans congé par écrit du Maitre; ſauf, s'ils ont de bons motifs, à demander un Billet de congé au Juge, après néanmoins avoir achevé l'ouvrage & acquitté les avances.

Défenfes aux Compagnons & Ouvriers de s'affembler fous aucuns prétextes & de cabaler pour gêner les Maîtres fur le choix des Ouvriers. Défenfes aux Maitres de prendre , fans congé , des Ouvriers qui auroient travaillé dans les Etats. *A. C.* 11 *Mai* 1764. *T. X. p.* 313.

ARCHANDS (DE FER BLANC.) V. *FER.* Ne doivent tenir Boutique ouverte les Dimanches & Fêtes. *Ord. Pol.* 1 *Mai* 1699. *T. I. p.* 164. Il leur eft permis de porter en Campagne des Epées ou Piftolets. *Ord.* 14 *Février* 1700. *T. I. p.* 227. Statuts du Corps des Marchands. Etabliffement des Foires à S. Nicolas. Etabliffement de la Juftice Confulaire. *Ord.* 4 *Mars* 1707. *& autres. T. I. p.* 545. *& fuivantes , jufqu'à la* 567°. V. *JUGES-CONSULS , COMMERCE , HAUT-CONDUIT.* Don fait au Corps des Marchands , par le Roi de Pologne , de cent mille livres pour faire le fond d'une Bourfe pour prêter au Négocians. *A. C.* 30 *Mai* 1749. *T. VIII. p.* 32.

ARCHANDISES. Les Sujets ne doivent prêter leurs noms pour introduire au Pays des Marchandifes étrangeres. Les Marchands Lorrains n'en doivent faire entrer qu'après s'être munis de Paffe-ports du Prince , & avoir déclaré précifément ce qu'ils voudront faire entrer , & ce fur leurs Lettres de Facture , dont ils laifferont copie ; fans lefquels Paffe-ports les Commis ne les laifferont entrer. *Ord.* 19 *Mai* 1704. *T. I. p.* 434. Menues Marchandifes. V. *CAFOUSE , COMMERCE , HAUT-CONDUIT , MALADIES.*

ARCHÉS. Défenfes aux Traiteurs, Rôtiffeurs, &c. d'acheter au Marché, ou dans les rues, avant dix heures en Eté, & onze en Hiver. Aux Rôtiffeurs d'y vendre ou acheter; aux Forains de porter dans les Maifons avant trois heures d'expofition au Marché. Fixation des jours de Marché des deux Villes. Défenfes de vendre ailleurs. *Ord. Pol.* 13 *Juin* 1711. *T. I. p.* 775. Emplacement pour le Marché aux Beftiaux. Fixation des jours & heures du Marché pour cette partie. *Ord. Pol.* 21 *Juillet* 1764. *T. X. p.* 290. Augmentation de l'Emplacement. *A. C.* 1 *Janvier* 1766. *T. X. p.* 415.

ARCS DE RAISINS. V. *DISTILLATEUR.*

ARÉCHAUSSÉE. Son établiffement en Lorraine. *Décl.* 25 *Décemb.* 1699. *T. I. p.* 210. Augmentation. La Procédure s'inftruifoit par un Confeiller du Bailliage le plus prochain de la capture , en préfence de l'Exempt ou Brigadier. *Décl.* 1 *Avril* 1701. *T. I. p.* 352. Archers impofés à la Subvention fur le pied qu'ils l'étoient à leur entrée. *Décl.* 10 *Aoft* 1706. *T. I. p.* 519. Injonction à la Maréchauffée de faire des Courfes au premier bruit de vols publics de grands chemins, dont ils drefferont Procès verbaux. Ordre aux Communautés de les avertir. *A. Cour* 10 *Novembre* 1710. *T. I. p.* 709. Le Prévôt des Maréchaux a la prévention pour le crime de Duel, s'il fait le premier la capture. *Ed. Mai* 1699. *T. I. p.* 168. Fixation du nombre d'Officiers & Archers. Ils doivent conduire les Vagabonds & Mendians étrangers au plus prochain Siege Royal, pour leur être fait le Procès par les Juges ordinaires. La Maréchauffée connoit des Vols & Affaffinats fur le grand chemin, même contre les Domiciliés, par prévention lorfqu'elle a fait la capture; elle connoît de même de ceux commis par les Vagabonds, Bohémiens & Gens fans aveu. Dérogation à cet égard à l'Article V. Titre de la compétence de l'Ordonnance Criminelle de 1707. Les Chevaux & armes des Voleurs & Affaffins que les Archers auront pris, leur appartiennent. Les Grands-Prévôts, Lieutenans, Affeffeurs & Procureurs du Prince font par lui nommés; le Greffier & les Brigadiers, par les Maréchaux; les Archers, par le Prévôt, de l'agrément des Maréchaux. Archers ne réfideront à la Campagne, & ne feront Domeftiques du Prévôt. *Ord.* 8 *Mai* 1717. *T. II. p.* 113. Défenfes aux Archers d'emprifonner perfonne, hors les cas portés par les Ordonnances, fans permiffion de Juge, & de conduire ailleurs que dans les Prifons de la Conciergerie. *A. Cour* 13 *Août* 1717. *T. II. p.* 131. Défenfes de juger d'autres Domiciliés que ceux déja repris de Juftice & bannis. Voleurs ou Affaffins de grands chemins. Les Officiers doivent déclarer aux Accufés qu'ils entendent les juger prévôtalement; la Compétence doit être jugée au Bailliage plus prochain de la capture par fept Gradués, les Accufés ouis préalablement en leur préfence; ce qui fera exprimé au jugement de Compétence, ainfi que le motif du Jugement. Continueront la procédure, & fera le Jugement rendu au Bailliage du lieu du délit, auffi par fept Gradués; à leur défaut, par des Juges à la nomination du Chef de la Compagnie ou du Prévôt. Les Récufations doivent être propofées par ceux des Juges qui fe connoiffent Récufables. *A. Cour* 2 *Juillet* 1718. *T. II. p.* 196. Jugement de Maréchauffée feront intitulés des nom & qualité du Prévôt, & écrits par fon Greffier, ou à fon abfence, par celui du Siege. Maréchauffée doit prendre des Maires un Certificat de fes tournées, pour être envoyé au Confeil. Arrêtera, outre les Vagabonds, tous les Voleurs qui lui feront indiqués. Les Archers, qui faifoient la capture, avoient trois cens livres de récompenfe pour chaque Voleur condamné à peines afflictives; la fomme étoit partageable entre ceux qui avoient fait ladite Capture. Si c'étoit un Archer feul, la fomme lui étoit due fans partage. Si le Voleur avoit été indiqué, le tiers étoit à l'Indicateur. Les Archers doivent arrêter les Déferteurs, & les conduire aux Prifons plus prochaines. *Ed. 28 Décembre 1723. T. II. p. 687.* Officiers & Archers doivent obéir aux ordres des Lieutenans-Généraux, Procureurs du Roi, Prévôt, Subftituts, ayant Jurifdiction, fans attendre d'autres ordres ; avec défenfes aux Officiers de Maréchauffée de maltraiter les Archers pour leur obéiffance auxdits ordres ; à charge aufli que les Archers avertiront leurfdits Officiers des Ordres qu'ils ont reçus, fauf ceux que le Commandant de la Troupe a droit de leur donner. *A. Cour 18 Août 1724. T. III. p. 53.* Défenfes aux Juges d'infpecter les Archers, de permettre de faifir leurs Gages, fi on n'a exhibé d'un *Pareatis* des Maréchaux. *A. C. 1 Mai 1726. T. III. p. 155.* La Maréchauffée doit fe conformer aux Ordonnances, au regard des Domiciliés. *A. Cour 14 Février 1728. T. III. p. 266.* Excepté le cas de Vol ou Affaffinats fur le grand chemin & Banniffement précédemment jugé, les Archers ne doivent arrêter un Domicilié, que lorfqu'il y a clameur publique ou flagrant délit, pour faits graves & qualifiés. Maréchauffée tenue de remettre les dénonciations à elle faites, au Subftitut du Domicile ou du crime commis. Défenfes de rien recevoir ni exiger pour la capture & autre procédure. *A. Cour 26 Novembre 1728. T. III. p. 313.* Nouvelles défenfes de juger les Domiciliés, hors les cas de Droit. Ordre de faire juger la Compétence au plus prochain Bailliage du lieu de la capture. *A. Cour 9 Novembre 1728. T. III. p. 318.* Suppreffion des Officiers & Archers de Maréchauffée. Création d'une nouvelle aux mêmes conditions que la premiere. Archers efcorteront le Tréfor, de Brigade à autre, s'ils font appellés. Précaution pour la validité du Certificat de courfe. *Ed. Avril 1730. T. V. p. 50.* Suppreffion & création. Même Jurifdiction. *Ed. 25 Octobre 1738. T. VI. p. 140.* Réglement pour le fervice de la Maréchauffée. Ses Appointemens & Habillemens. Le Prévôt doit faire quatre tournées par an, & faire certifier fes Revues à M. l'Intendant. Si M. l'Intendant eft préfent, le Prévôt prend fes ordres pour la revue ; s'il eft abfent, elle fe fait en préfence de fon Subdélégué. Le Prévôt peut permettre les Détachemens ordinaires, à charge d'en rendre compte à M. l'Intendant. Revue à faire par les Lieutenans. Les Certificats de tournées feront repréfentés à M. l'Intendant. Le Prévôt ne doit féjourner plus de vingt-quatre heures dans un même

lieu,

lieu, s'il n'en prouve la néceffité à M. l'Intendant par Certificat
de l'Officier des lieux. Doit réfider dans les Villes. Si les Officiers
ou Cavaliers lâchent un Déferteur, le Procès leur fera fait. Ils iront
à la recherche des Soldats qui s'écartent de la Troupe dans les mar-
ches ; les rendront à la Troupe ou les emprifonneront, & en donneront avis à M. l'Intendant. Réglement pour l'entretien des Chevaux. Si lors des Revues un Archer a un Cheval emprunté, le Prévôt fera interdit. La Jurifdiction fur la Maréchauffée eft à M. l'Intendant. Le Greffier tenu d'avoir un Régiftre contenant les captures, &c. Le Prévôt & les Lieutenans prêteront ferment à la
Cour & à la Chambre, après l'avoir prêté ès mains de M. l'Intendant. Ne font foumis en aucun cas à la Jurifdiction des Cours, fauf
les plaintes à M. l'Intendant, pour en rendre compte au Roi. Ne
pourront les Archers fortir de la Ville de l'ordre de MM. les Premiers Préfidens & Procureurs-Généraux, fans avoir celui du Prévôt. Mais en Ville ils doivent agir fans fes ordres, même fur celui
d'un Huiffier ou autre chargé d'exécution d'Ordre, dans le cas d'un
flagrant délit. Les Officiers de Maréchauffée ne répondent pas à
MM. le Préfidens & Procureurs-Généraux à titre de Jurifdiciables.
Doivent néanmoins fe trouver aux Rentrées fur les ordres de MM.
les Préfidens. *Ord. 30 Décembre 1738. T. VI. p. 167.* Il eft permis aux Archers de France de faire leurs Courfes en Lorraine.
Ord. 17 Septembre 1739. T. VI. p. 202. Archers doivent dreffer
Procès-verbal des effets des Accufés lors de la capture, ou faire
mention qu'ils n'en avoient point. Défenfes d'intimider les Accufés
& les menacer. *A. Cour 28 Décembre 1746. T. VII. p. 121.* L'information faite, la Procedure doit être portée au Bailliage, & non
à la Cour, pour être jugée. *A. C. 17 Mai 1748. T. VII. p. 196.*
Muets volontaires doivent être interpellés de figner le refus de
répondre, de quoi fera fait mention dans les interrogatoires. On
doit faire vifiter les Prifonniers pour crime, dans les vingt-quatre
heures de la capture, par un Chirurgien ; faire juger leur Compétence au plus prochain Bailliage de la capture, pour tous crimes,
avant de juger définitivement. *A. C. 25. Janvier. 1754. T. IX. p.*
97. La Jurifdiction fur le Prévôt-Général, Officiers ou Archers
n'appartient pas à la Cour. *A. C. 16 Janvier 1756. T. IX. p. 235.*
Elle eft incompétente pour faire des injonctions aux Officiers de
Maréchauffée, & régler leur Procédure. *A. C. 10 Avril 1756. T.*
IX. p. 266. A. C. 17 Avril 1756. T. IX. p. 269. A. C. 16 Mars
1758. T. IX. p. 403. V. POSTE AUX CHEVAUX.

Q

MARÉCHAUX. Leur Jurifdiction. V. *Duel*, *Cartel*.

MARÉVILLE. V. *Fondation*.

MARIAGE. V. *Enfans de Famille*.

MARIÉS (Nouveaux) exempts d'impofitions pendant un an. *Ord.* 2 *Avr.* 1698. *T. IX. p.* 16.

MARINE. V. *Bois*, *Eaux et Forets*.

MARQUE. V. *Fer*. Effai & Marque des menus ouvrages en Or. *A. Ch.* 13 *Septembre* 1702. *T. I. p.* 370.

MARSAL. V. *Prévôt*.

MASURE. Les Propriétaires de Mafures tenus de les rétablir dans deux ans, finon permis à tous Sujets d'y bâtir, en en payant le prix convenu ou eftimé par Experts nommés par le Juge. *Ord.* 24 *Janvier* 1704. *T. I. p.* 415. Délai de trois ans dans les Villes, de fix dans les Villages, pour le rétabliffement des Mafures; finon, après une Sommation ou Déclaration au Greffe, il eft permis à tous Sujets d'y bâtir, fans payer la place. *Ord.* 12 *Janvier* 1715. *T. II. p.* 46.

MATRICULE. V. *Avocat*.

MATRONES ne peuvent diftribuer des Drogues pour remedes. *Ord.* 28 *Mars* 1708. *T. I. p.* 618. Doivent être choifies à la pluralité des voix. *A. Cour* 22 *Juin* 1708. *T. I. p.* 618. V. *Accouchement*, *Entrans*.

MÉDECINE. V. *Malades*. Les Réglemens pour la Faculté de Médecine font les mêmes que ceux de la Faculté de Droit, pour l'ordre & la diftribution des Infcriptions des Ecoliers, Examen & Actes publics. On ne peut exercer la Médecine, fans être Docteur & en avoir fait régiftrer les Lettres en la Faculté, exceptés ceux qui auroient des fecrets pour les Maladies & qui s'en ferviroient feulement pour les Pauvres. Les Profeffeurs examinent les Apothicaires & Chirurgiens. Remedes compofés ne doivent fe donner fans l'avis du Médecin. Les Chirurgiens ne doivent traiter les Maladies & réitérer les faignées fans appeller le Médecin. Les Chirurgiens & Apothicaires font fous la direction des Médecins. Soins des Profeffeurs fur l'Ecole de Botanique. V. *Droit*, *Université*. *Ed.* 6 *Janv.* 1699. *T. I. p.* 111. Retenue au Profeffeur pour abfence fans caufe. Si elle doit durer plus de trois jours, quoiqu'approuvée du Doyen, il fe fera fuppléer. Les Chaires au Concours font au Jugement des Profeffeurs, & trois Docteurs ou trois Licenciés à leur défaut. Le Prince confirme le choix. L'Ecolier doit juftifier, par bonne atteftation, d'une étude de deux ans de Philofophie dans une Univerfité ou College approuvé; de quoi les Profeffeurs ne peuvent le difpenfer, fauf la pourfuite extraordinaire pour fauffeté des atteftations. Ne peuvent difpenfer de l'exécution des Statuts & Réglemens. Etude des Plantes s'enfeigne deux fois l'année, & par tour; les Profeffeurs, Médecins & Chirurgiens confultent le Samedi à dix heures pour les Pauvres, & affiftent aux opérations de Chirurgie. L'Etudiant dans les Univerfités étrangeres & bien connues fubira examen, & foutiendra Actes publics à Pont-à-Mouffon, pour y obtenir des Degrés. Le Degré de Licence fuffit pour exercer la Médecine. Les Gradués dans d'autres Univerfités n'exerceront, qu'après être aggrégés à la Faculté de Pont-à-Mouffon, & après examen & Acte public, en payant cent livres. S'ils ont exercé dix ans, ils ne payeront que cinquante livres, & feront difpenfés d'examen & Actes publics. Médecine interdite aux Clercs & Réguliers. Les Aggrégés auront rang par-tout du jour de leurs Degrés. *Ord.* 18 *Mars* 1708. *T. I. p.* 628. Etabliffement d'un College de Médecine à Nancy, compofé des Médecins de la Ville, qui juftifieront qu'ils font Maitresès-Arts, ou ont étudié deux ans en Philofophie, & font Docteurs Médecins dans une Univerfité reconnue & approuvée. Affemblée du College, fes objets. La Médecine à Nancy eft interdite à tous autres qu'à ceux du College, excepté aux Médecins étrangers que les Malades appelleront. Le College a quatre Officiers; favoir, un Préfident, deux Confeillers, un Secretaire perpétuel, formans avec le Doyen le Confeil du College. Le Roi nomme les Officiers pour cette fois. Statuts du College de Médecine. *Lett. Pat.* 15 *Mai* 1752. *T. VIII. p.* 367. La Faculté de Médecine de Pont-à-Mouffon eft aggrégée au College de Médecine de Nancy. Les Médecins du College ont féance à la Faculté après les Profeffeurs. Le Doyen a la feconde place au College, & le Préfident a la feconde à la Faculté. Correfpondance réciproque de toutes Affaires des deux Compagnies, & de tous Actes & Thefes publics. La Faculté fera invitée par un Profeffeur d'affifter aux Aggrégations, & réciproquement le College aux Licences & Doctorats en la Faculté. *A. C.* 4 *Mai* 1753. *T. IX. p.* 50. Les Stipendiés dans les Villes de Lorraine feront préfentés par le College de Nancy, aux Officiers Municipaux de chaque Ville, après un Concours, fuivant le Réglement fait par le College à ce fujet. *Ord.* 27 *Avril* 1757. *T. IX. p.* 343. Ouverture des Corps morts. V. *Mort*, *Pharmacie*, *Hôpitaux*, *Chirurgiens*.

MENDIANS. V. *Vagabonds*, *Bureau des Pauvres*, *Maladies contagieuses*, *Maréchauffée*.

MERCIERS. V. *MARCHANDS , JUGES-CONSULS.*

MESSAGERIES. Réglement pour les Meſſageries Royales de Champagne, Lorraine , Généralité de Metz & Alſace. Voituriers ne peuvent, ſans permiſſion du Fermier des Meſſageries, charger au deſſous du poids de cinquante livres dans les lieux où il y a Entrepôt & Chargement de la Meſſagerie. Les Chevaux , Harnois , &c. peuvent être arrêtés pour ſûreté des peines de la Contravention. Voituriers tenus de déclarer au Fermier les lieux où ils conduiront quelques perſonnes, ailleurs qu'aux lieux de l'Entrepôt , en ſuivant la route de la Meſſagerie. *A. Ch.* 12 *Aoûſt* 1719. *T. II. p.* 290. **V.** *CAR-ROSSES.*

MESURES. Le Prévôt a droit d'ajuſter les Meſures , régler les Poids & Balances, quand bon lui ſemble. *A. Cour* 19 *Juil.* 1701. *T. I. p.* 295. (DE GRAINS.) **V.** *LIVREURS.*

MESUS (CHAMPETRES.) **V.** *AMENDES DE MESUS CHAMPETRES.*

MÉTIERS. V. *ARTS ET MÉTIERS.*

METZ. Il eſt convenu que la Ville de Metz ſupprimera pour toujours les Droits par elle impoſés ſur les Vins venans de Lorraine ; que l'Entrée & Débit feront libres , ainſi que du crû & concrû , pour lequel , depuis la S. Martin juſqu'aux Vendanges, il n'eſt dû qu'un gros Meſſin par pieces de huit à neuf hottes ; il y a récipro-cité pour ceux du Pays Meſſin en Lorraine, en ſatisfaiſant aux an-ciens Péages de Lorraine. Les Vivres & Denrées , venant de Lorraine , & traverſant par le Pays Meſſin , ſont francs de tous Droits, en prenant des Acquits-à-Caution, qui ſeront certifiés par un Echevin ; ſi leſdits Vivres & Denrées paſſent enſuite hors du Pays Meſſin pour l'Etranger , l'Echevin en recevra la Déclaration & le Droit, pour le remettre au Bureau Lorrain. Fixation des Droits pour le tranſport des Sels. Les Actes faits par les Sujets pardevant Notaires de l'une ou l'autre Province , portent hypotheque dans les deux Pays réciproquement. *Traité* 17 *Fév.* 1701. *T. I. p.* 268. **V.** *HAUT-CONDUIT , EVECHÉS, BLED, BOIS.* Les Villes & lieux cédés par le Traité de 1661 jouiſſent des Privileges accordés aux Meſſins par les Concordats. *A. C.* 28 *Fév.* 1725. *T. III. p.* 101.

MEUBLES. Bail de Meubles, même authentique, paſſé au Vendeur deſdits Meubles, ne ſuffit pas pour en fonder la révendication par l'Ache-teur , s'ils ſont ſaiſis & exécutés par un tiers. *A. Cour* 15 *Fév.* 1765. *T. X. p.* 378.

MIHIEL. (S.) V. *BAILLIAGE, HÔPITAUX.*

MILICE. Réglement pour la Milice Bourgeoiſe. *Ord. Pol.* 13 *Sept.* 1701.

T. I. p. 300. *Ord. Pol.* 18 *Avril* 1716. *T. III. p.* 153. *Ord.* 8 *Mai* 1761. *T. X. p.* 187. Capitaines de Milice Bourgeoife de Nancy affranchis des Impofitions. *Décret de S. A. R.* 18 *Juil.* 1730. *T. V. p.* 65. Levée de trois mille fix cens hommes pour le fervice de France. *Ord.* 21 *Octob.* 1741. *T. VI. p.* 296. Réglement pour le Tirage des Milices & ceux qui en font exempts. *Ord. de M. l'Intendant* 28 *Octob.* 1741. *T. VI. p.* 300. Levée de mille huit cens hommes. *Ord.* 25 *Janv.* 1743. *T. VII. p.* 1. Les Milices de Lorraine forment fix Bataillons. *Ord.* 18 *Nov.* 1748. *T. VII. p.* 257. Réglement pour les Congés & Remplacemens. *Ord.* 31 *Janv.* 1750. *T. VIII. p.* 110. Affemblée des fix Bataillons. *Ord.* 5 *Fév.* 1754. *T. IX. p.* 107. *Ord.* 22 *Janv.* 1755. *T. IX. p.* 183. Réglement pour les Franchifes. *Ord. de M. l'Intendant* 26 *Janv.* 1755. *T. IX. p.* 191. Fixation du nombre d'hommes par Bataillon. Remplacement. *Ord.* 14 *Janv.* 1757. *T. IX. p.* 314. *Ord.* 29 *Janv.* 1758. *T. IX. p.* 385. *Ord.* 7 *Octob.* 1758. *T. IX. p.* 414. Suppreffion des Milices Bourgeoifes des Villes de Lorraine, excepté Nancy. *Ord.* 12 *Octob.* 1761. *T. X. p.* 201.

MINES. Réglement pour le travail des Mines. *Ord.* 24 *Avril* 1700. *T. I. p.* 235. Pour la Direction & Police de celles de la Croix. *A. C.* 27. *Fév.* 1721. *T. II. p.* 446. Défenfes d'ouvrir des Mines fans permiffion du Prince. *A. C.* 8 *Octob.* 1746. *T. VII. p.* 119.

MINEURS. Les voies de nullité pour vente de biens de Mineurs ont lieu pendant trente ans, nonobftant le terme de dix ans pour ufer du bénéfice de reftitution. *A. Cour* 29 *Novembre* 1708. *T. I. p.* 641. V. *ENFANS DE FAMILLE.*

MINIMES. V. *FONDATIONS DU ROI.*

MIRECOURT. Réglement pour les Droits de Cafoufe appartenans au Domaine en la Ville de Mirecourt. *A. C.* 28 *Mai* 1757. *T. IX. p.* 352.

MISSION. V. *FONDATIONS DU ROI. LAY-S. CHRISTOPHE.*

MITOYEMENT. V. *ADJUDICATIONS.*

MODÉRATION. Arrêts en Modération ou Décharge, ne doivent être reçus pour comptant par les Receveurs des Finances, s'ils ne font émanés du Confeil. *A. C.* 1 *Juin* 1742. *T. VI. p.* 323.

MOISSONS. Défenfes de voiturer les Grains aux Moiffons pendant la nuit, à peine d'amendes, & de confifcation des chevaux, chars, &c. *A. Cour* 20 *Juillet* 1699. *T. I. p.* 190.

MONNOIE. V. *COMMERCE.* Efpeces décriées fe portent au Change de la Monnoie. *A. C.* 8 *Septembre* 1724. *T. III. p.* 66. Réglement

pour la fabrication des Monnoies & tout ce qui concerne l'Hôtel.
A. Ch. Cour des Monoies 8 Juin 1734. T. VII. p. 3 du Suppliment.
L'entrée des Pieces de mitraille interdite dans les Etats. *A. Ch.
Cour des Monnoies 17 Avril 1750. T. VIII. p. 154.* Autre. *2 Mars
1761. T. X. p. 118.* Auguftes de Saxe d'or décriés. *A. C. 7 Juin
1759. T. X. p. 13.* Défenfes d'introduire d'autre Monnoie que
celle de France. *A. Ch. Cour des Monnoies 4 Octobre 1760. T. X.
p. 91.*

MONT-FERRAT. S. A R. qualifié Duc de Mont-Ferrat, Prince d'Arches
& Charleville, comme Héritier de Charles-Ferdinand de Mantoue.
A. Ch. 13 Août 1708. T. I. p. 644.

MORTALITÉ (DE BESTIAUX.) V. COMMERCE.

MORTS. Défenfes d'enfevelir les Morts en toutes Saifons, que douze heures
après qu'on les aura vûs expirer. Doivent demeurer pendant ce tems
à vifage découvert ; excepté au cas de maladie contagieufe, où le
Médecin certifieroit qu'il y a du danger de retarder la fépulture.
Ord. 14 Janvier 1725. T. III. p. 75. Médecins peuvent faire ouvrir
fans frais les corps morts, de mort extraordinaire. *Ord. 28 Mars
1708. T. I. p. 628.*

MOSELLE. V. CHEMINS.

MOULINS. Taxe des Porteurs de facs & Voituriers du Moulin de Nancy
pour le Bourgeois & pour le Boulanger, à raifon du chargement &
déchargement, port au grenier, conduite & reconduite. *Ord. Pol.
24 Décembre 1708. T. I. p. 645.* Dans les deux derniers mois de
l'année, on ne doit envoyer au Moulin de Nancy que la fixieme
partie de fa provifion ; on peut conduire fon grain ailleurs après
vingt-quatre heures de dépôt. Nouvelle Taxe des Voituriers. Défenfes de cribler les Grains dans les Moulins. Réglement pour la
conduite defdits Moulins. *A. Ch. 22 Décembre 1717. T. II. p. 153.*
Les Boulangers ont des tournans particuliers, où perfonne ne peut
moudre, quand ils les occupent. *A. Ch. 23 Novembre 1714. T. II.
p. 41.* Le Meûnier de Nancy doit moudre, en pure perte à fon
compte, un demi-bichet de Grain après l'empâtement des meules ;
tiendra un Régiftre de l'entrée & fortie des Grains ; Valets des
Moulins n'y doivent fréquenter avec des corbeilles. Défenfes de
prendre aucune denrée ni argent du Maitre du Grain au delà du
Droit. Défenfes de cribler les Grains aux Moulins ; Réglement
pour la conduite defdits Moulins. *A. Ch. 7 Décembre 1718. T. II.
p. 215.* Les Réglemens précédens font renouvellés. *A. Ch. 4 Décembre 1728. T. III. p. 315.* Meûnier de Nancy tenu d'avoir Ba-

lances & Poids pour peser les Grains & ensuite les Farines en
provenant ; de tenir un Régistre paraphé à la Chambre , pour y
annoter le poids. Réglement renouvellé. *A. Ch.* 26 *Juillet* 1737.
T. VI. p. 45. Les Grains doivent être moulus dans l'ordre qu'ils
sont présentés , sauf la préférence à ceux qui ont titre. Doivent
être moulus en présence des Maitres ou leurs Préposés ; ils pourront
amasser , sans le secours du Meûnier, leurs farines ou sons. La Mou-
ture sera prise en présence du Maitre ou Préposé, & rien au delà.
A. Ch. 5 *Mars* 1738. *T. VI. p.* 109. Les Moulans pour le Public
expulsés des Moulins , s'ils n'ont charge par écrit des Propriétaires
de Grains. Défenses , en ce cas, à leurs Femmes ou Enfans d'y
fréquenter. Le Meûnier doit avoir des Domestiques en suffisance ,
dont il sera garant , & ne recevoir aux Moulins que les Propriétaires ,
leur Famille ou leurs Préposés. *A. Ch.* 11 *Juin* 1751. *T. VIII. p.* 150.
Renouvellement des Réglemens. Le Meûnier doit prendre la Mou-
ture au sac ; on ne doit pas conduire les Grains & Farines des
Non-bannaux, ni les moudre qu'après les Bannaux. Les Boulangers
ont leur Moulin & leurs Voitures particulieres. Il ne doit y avoir
de coffres dans les Moulins. Défenses d'y pratiquer de nouvelles
issues. Commission à trois Boulangers sermentés de veiller à l'obser-
vation des Réglemens , & de verbaliser. Pareille Commission au
Meûnier. Les Plaintes doivent être adressées sans frais à un Conseiller de la Chambre. *A. Ch.* 23 *Février* 1753. *T. IX. p.* 28.
Les Bannaux à Frouard ne doivent passer sur les vannes & digues,
ni y faire passer leurs Bestiaux. Défenses à toutes Personnes d'introduire des Farines, Pain, Pâte , Gâtelage où il y a Bannalité.
Le Meûnier peut établir des Gardes pour les Reprises, qui ne se
feront qu'après Serment prêté à la Chambre. *A. Ch.* 24 *Avril* 1751.
T. VIII. p. 141. Meûniers de la Seille & de la Nied doivent lever
leurs ventilleries trois jours, lorsqu'il y a risque de perdre les soins
& regains. *A. Cour* 26 *Juillet* 1734. *T. V. p.* 281. *A. Cour* 11 *Juin*
1735. *T. V. p.* 305. Défenses aux Meûniers de tenir les eaux au
delà de leurs lits, depuis le premier de Mars jusqu'au premier
d'Octobre ; Ordre à cet effet de lever leurs ventilleries quand il
écherra ; sinon, sont garans du dommage, seront même punis corporellement. Gens de Justice requis doivent visiter les ventilleries.
A. Cour 11 *Avril* 1736. *T. V. p.* 326.

MURS. Imposition pour la construction des Murs de la Ville - Neuve.
Ord. 30 *Juillet* 1701. *T. III. p.* 385.

MUTATION. Censitaires & Aliénataires du Domaine doivent fournir à chaque Mutation uné Déclaration des Biens afcenfés. *Ed.* 9 *Novembre* 1728. *T. III. p.* 304.

N

NAISSANCE. LEs égards qui lui font dûs. V. *CARTEL.*

NANCY. Droit de menue Vente. V. *ENTRÉE.*

NAVETTE. Dime & Terrage de Navette fe paient à la maifon. *A. Cour* 27 *Février* 1706. *T. I. p.* 508.

NETTOIEMENT. V. *CHENILLES , NETTOIEMENT DES RUES DE NANCY. Ord. Pol. Mai* 1699. *T. I. p.* 166.

NIDS. V. *CHASSE.*

NIED. Riviere. V. *MOULIN.*

NOBLESSE. Les Officiers des Compagnies Souveraines font Gens Nobles. V. *CHAMBRE DES COMPTES ET CHAMBRE DES REQUETES.* Gens poffédans Fiefs font tenus de faire leurs Reprifes & juftifier leur Nobleffe , pour les poffêder. *A. Ch.* 28 *Janvier* 1699. *T. I. p.* 134. Les Nobles qui juftifieront par Titres authentiques, réitérés chaque dix ans, que depuis cent ans, ou pendant quatre générations, ils ont conflamment joui de la Nobleffe , feront réputés Nobles , fans avoir befoin de Lettres Déclaratoires. Ceux qui en ont ufurpé la qualité, doivent être punis fuivant les Ordonnances. *Ed.* 14 *Févr.* 1700. *T. I. p.* 213. Les Lettres doivent être entérinées à la Chambre des Comptes de Lorraine & enrégiftrées à la Cour. Les Queftions fur le fait de Nobleffe réfervées au Prince. *Ed.* 31 *Janvier* 1701. *T. I. p.* 259. La Nobleffe n'eft incompatible avec les Charges de Receveurs dans les Prévôtés créées par Edit du 1 Septembre 1705. *Ed.* 1 *Septembre* 1705. *T. I. p.* 491. Lettres de Nobleffe accordées à Gens réfidans dans le Barrois , font entérinées à la Chambre des Comptes de Bar. Toutes autres, même celles des Etrangers , en celle Lorraine. *Décr. de S. A. R.* 28 *Juillet* 1707. *T. I. p.* 567. Enfans Majeurs d'un Pere Roturier & d'une Mere Noble , fous la Coutume de Bar , doivent , dans quarante jours du décès de leur Pere , s'ils font préfens, accepter les Noms, Nobleffe & Armes de leur Mere, & abandonner au Prince le tiers de la Succeffion du Pere , après inventaire fait avec les Gens du Prince: s'ils font abfens, le délai eft de trois mois; s'ils font Mineurs, il eft de fix mois , finon déchûs de plein droit. On ne doit prononcer fur la Reprife de Nobleffe, qu'après l'inventaire fait. Le Procureur-Général doit informer de la continuation de Roture & du Recélé. Si pendant le délai ils ont fait actes de Roturiers , ils doivent

demander

demander d'être réhabilités & renoncer à toute la fucceſſion. En cas de Recélé ils font déchus de tout droit à la Nobleſſe. Le Jugement doit faire mention de la confiſtance des Biens, du partage du tiers du Prince ; & ſi les Enfans ont continué, ou non, la Roture. La Nobleſſe Maternelle doit être prouvée par Titres authentiques, comme Lettres de Nobleſſe, Contrats de Mariage, Tranfactions, Partages, Extraits Baptiſtaires & autres ſolemnels, fans dérogation par les Ancêtres. Faute des Lettres originaires, les Actes authentiques doivent être ſuivis de dix ans en dix ans pendant cent ans. La Nobleſſe doit être prouvée, non celle des Aïeux, mais celle de la Mere ; leſdits Nobles ne jouiront qu'après Lettres de Confirmation du Prince, nonobſtant le Jugement qui les auroit admis. *Décl.* 16 *Mai* 1707. *T. III. p.* 418. Nobleſſe acquiſe depuis le premier Août 1624, eſt confirmée moyennant Finance. *Ed.* 5 *Juillet* 1710. *T. III. p.* 433. Lettres de Nobleſſe, Repriſe de Nobleſſe Maternelle, Confirmation, Réhabilitation depuis 1697, doivent être produites au Greffe du Conſeil, à peine de Suſpenſion des Privileges, pendant le mois qui ſuit le délai ; & après ce mois ils font déchus de Nobleſſe, ſi dans le mois ſuivant ils n'ont ſatisfait. Si les Nobles à Finance du Duc Léopold ne font confirmés par le Duc François, ils feront déchus, & rembourſés de ce qui eſt entré dans les coffres du Prince. *Ord.* 19 *Décembre* 1730. *T. V. p.* 115. Prorogation du délai. *A. C.* 27 *Février* 1731. *T. V. p.* 111. Faute de Confirmation, la Déchéance eſt prononcée, avec Défenſes de poſſéder Fiefs & Seigneuries, ſauf à l'Ennobli à retirer ſa finance. Biens Nobles, obvenus par quelque Titre que ce ſoit à Roturiers, doivent ſortir de leurs mains dans l'an, à peine d'être confiſqués. *Décl.* 18 *Mai* 1731. *T. V. p.* 151.

NOCES. L'Edit appellé des ſecondes Nôces interdît le Survivant, ayant Enfans ou Petits-Enfans du premier Lit, d'avantager le Mari ou l'Epouſe en ſecondes Nôces, au delà de la portion de l'Enfant du premier Lit le moins prenant dans ſa Succeſſion ; à quoi l'excédent eſt réduit. Les propriétés obvenues au Survivant par avantage de ſon premier Mariage font converties en ſimple uſufruit, s'il paſſe à de ſecondes Nôces, à moins que les Enfans ne prédécedent le Survivant avantagé, à qui alors la propriété doit retourner ; le tout ſans déroger aux Coutumes qui reſtreignent davantage la liberté de ceux qui ſe remarient. *Ord.* 22 *Sept.* 1711. *T. I. p.* 761. Cette Loi n'a pas lieu pour les donations faites aux Enfans communs. *A. Cour* 23 *Juin* 1714. *T. II. p.* 32. V. *CHARIVARIS.* Laboureurs, Habi-

R

tans de Campagne & Bourgeois ne peuvent affembler plus de douze
perfonnes aux Nôces & pendant plus d'un jour. Les Manœuvres &
Artifans plus de huit perfonnes. *Ed.* 28 *Mai* 1723. *T. II. p.*
624.

NONOBSTANT. (Contrats de) Défenfes aux Notaires de recevoir
deux Actes féparés, dont l'un foit deftructif de l'autre, le change
ou le modifie. Ordre de ne faire de toutes les Claufes qu'un feul
Contrat, & d'y exprimer le crédit, fauf à le faire quittancer à mefure des paiemens. *Ord.* 8 *Mars* 1723. *T. II. p.* 601.

NORROY (le Veneur.) Mairie fupprimée & unie à la Prévôté de
Briey. *Ed.* 3 *Janv.* 1724. *T. III. p.* 1.

NOTAIRES. Ceux établis par S. M. T. C. autorifés à exercer par provifion. *Ord.* 22 *Fév.* 1698. *T. I. p.* 9. Défenfes d'exercer fans
provifions régiftrées. *A. Ch.* 2 *Juil.* 1699. *T. I. p.* 189. V. Contrôle des Actes des Notaires, Inventaires. Défenfes aux
Juges & Officiers de Juftice, Greffiers, &c. de recevoir aucuns
Contrats réels ou obligatoires, même par Jugement volontaire,
finon fur Procès pendant au Siege. Ordre de paffer lefdits Actes
pardevant les Notaires de S. A. pour être enfuite groffoyés &
fcellés du Sceau du Prince. *A. Cour* 6 *Mai* 1715. *T. II. p.* 51.
V. Enfans de Famille, Hérédité Annuelle. Défenfes
aux Notaires de paffer de nuit d'autres Actes que des Teftamens,
& d'en paffer aux Cabarets. *A. Cour* 24 *Mai* 1719. *T. II. p.* 256.
Défenfes aux Notaires de paffer des Actes pour leurs Parens,
Alliés, ou ceux de leurs Femmes vivantes; ou en ayant Enfans, jufqu'aux Enfans des Coufins iffus de Germains inclufivement, même s'ils font Beau-pere, Gendre ou Beau-Frere, quand
leurs Femmes feroient mortes fans Enfans d'entr'eux. Défenfes
d'employer pour Témoins aux Contrats des Parens du Notaire ou
des Parties jufqu'au degré de Coufin iffu de Germain inclufivement, à peine de nullité. *Décl.* 27 *Juin* 1727. *T. III. p.* 241.
La peine de nullité eft convertie en une amende de mille francs
contre le Notaire. *Décl.* 22 *Juillet* 1727. *T. III. p.* 245. Dans
les Coutumes qui exigent le miniftere de deux Notaires, ils
doivent tous deux affifter à la paffation de l'Acte, le figner enfemble, & ne font les Contrats, autrement faits, authentiques.
A. Cour 23 *Février* 1733. *T. V. p.* 203. Défenfes d'exprimer
aux Contrats que les fommes ont été délivrées en préfence des
Notaires, lorfque les paiemens fe feront faits par la libération
d'autre Dette ou Contrat; ce qu'ils exprimeront par la date des

Créances, la nature de la Dette, le nom du Notaire des premiers Actes & la fomme précife qui aura été comptée. Défenfes de faire figner les Actes, fi les Témoins n'ont été préfens, au moins à la lecture & fignature des Parties; de délivrer des groffes fans y annoter leurs Droits, ainfi qu'à la Minute; de faire écrire les Contrats par autres, s'ils ne le dictent eux-mêmes. *A. Cour* 2 *Sept.* 1738. *T. VI. p.* 125. Le Juge Tutélaire ne peut ordonner ni recevoir aucuns partages fous feing privé, ni le Greffier les recevoir dans fon Greffe. Ils doivent être paffés chez un Notaire. *A. C.* 13 *Août* 1740. *T. VI. p.* 234. Il en eft de même de tous autres Juges. *A. Ch.* 28 *Juillet* 1741. *T. VI. p.* 285. Tous Actes qu'ils notifient aux Parties doivent être contrôlés comme les Exploits. *Ed.* 22 *Juin* 1705. *T. I. p.* 483. Doivent interpeller les Parties de déclarer la nature, &c. des Actes qu'ils emploient en paiement, finon ne doivent paffer outre. On ne doit paffer Acte entre Parties, dont une ou plufieurs n'entendent la Langue Françoife, s'il n'y a un Interprète connu qui figne le Contrat. *A. Cour* 17 *Février* 1747. *T. VII. p.* 130. En Coutume de S. Mihiel les deux Notaires doivent être préfens au Contrat & aux Changemens qui s'y font. Les Minutes ne doivent fortir de l'Etude que par Ordonnance du Juge. Défenfes à un Notaire de rayer fon Nom des Contrats, fauf les voies de Droit. *A. Cour* 25 *Juillet* 1748. *T. VII. p.* 218. Tenus de délivrer aux Receveurs-Généraux des Domaines & Bois des Extraits des Contrats réels dans la Mouvance & Directe du Domaine engagé ou non. *Ed. Sept.* 1749. *T. VIII. p.* 94. Les Minutes des Notaires & Gardes-Notes fupprimés par Edit de 1751, & qui n'ont pas repris leur Emploi, doivent être remifes au plus ancien. L'ancienneté eft comptée de la premiere réception. S'il n'y a pas de Notaire, le Bailliage en commettra pour délivrer les groffes & expéditions. Inventaire des Minutes des Notaires fupprimés, doivent fe faire par les Bailliages & le Subftitut du Procureur-Général. *Lett. Circ. de M. le Procureur-Général* 26 *Octob.* 1751. *T. VIII. p.* 310. Ne doivent paffer d'Actes qu'entre perfonnes qui leur foient connues, à moins que la connoiffance ne leur foit certifiée être celle énoncée au Contrat; de quoi ils feront mention. *A. Cour* 16 *Mai* 1754. *T. IX. p.* 141. Défenfes de paffer aucun des Actes prohibés aux gens de Main-morte, fi on ne reprefente au Notaire la permiffion du Roi, de quoi fera fait mention. *Ed. Sept.* 1759. *T. X. p.* 18. L'Arrêt de Réglement du 17 Février 1747 eft renouvellé. Notaires doivent paffer les Actes en leurs Etudes ou chez les Parties (à moins de néceffité abfolue)

& dans leur Diſtrict. *A. Cour* 15 *Décemb.* 1761. *T. X. p.* 167. V. ACTES, NONOBSTANT, CONTRÔLE.

OVALES. V. PORTIONS CONGRUES.

OURRITURE (DES CRIMINELS) en voyage étoit mife en Adjudication au rabais. *Ord.* 24 *Janv.* 1699. *T. I. p.* 131. V. PRISONS.

O

OBLATS. PENSION des Oblats fixée à cinquante écus de France pour les Maiſons Religieuſes qui ont au delà de mille livres de rente, & vingt-cinq pour les autres. *Décl.* 18 *Août* 1749. *T. VIII. p.* 76.

OBLIGATIONS. V. CABARETS.

OCTROIS (A NANCY) d'un franc par Reſal fur les Grains qui font portés au Moulin, & d'un gros par chaque Miche de dix-huit livres. De deux francs par Mefure d'Eau-de-Vie; deux gros par Pot fur les Liqueurs; un franc fur les Vins; fix gros fur les Bieres & Cidres, avec Juriſdiction aux Officiers de l'Hôtel de Ville. *Ed.* 6 *Août* 1715. *T. II. p.* 69. Octrois particuliers accordés à chaque Ville des Etats, autres que Nancy. Les comptes fe rendent à la Chambre des Comptes de Lorraine. La Juriſdiction eſt aux Hôtels de Ville, & l'Appel aux Bailliages. *Décl.* 3 *Décembre* 1717. *T. II. p.* 149. Octrois fur les Eaux-de-Vie vendues en gros fupprimés, pour être impoſés fur les Eaux-de-Vie vendues en détail. Le Droit d'Encavage ne fe paie qu'une fois en la même Ville; les Officiers ne prennent rien fur les Octrois. Le Receveur eſt comptable des Francs-Vins. Aucun n'eſt exempt des Octrois. L'Octroi fur les Grains n'eſt dû que par le Bourgeois & non par le Forain, quoique bannal. *Ord.* 26 *Janv.* 1718. *T. II. p.* 156. Réglement fur les Octrois des Villes, les Franchiſes, les Droits des Officiers de Ville. *Décl.* 10 *Juin* 1718. *T. II. p.* 164. Nouveau Réglement. Les Octrois fur les Vins à Mirecourt, Epinal, Remiremont & Châté, fupprimés & remplacés par celui de fix gros d'entrée fur les Vins, & deux francs fur le débit & détail. Le Droit à Boulay réduit à moitié de celui d'Encavage & Débit. A Remberviller fix gros par Reſal de Grains. *Décl.* 11 *Juin* 1719. *T. II. p.* 264. Suppreſſion des anciens Octrois de Nancy, remplacés par de nouveaux. *Ed.* 29 *Janv.* 1721. *T. II. p.* 435. Prorogation d'Octroi aux Villes pour fix ans. *Ord.* 23 *Décemb.* 1723. *T. II. p.* 686. S. A. R. s'attribue moitié des Octrois pendant fix ans, excepté à Nancy, où cette réſerve ne tombe que fur les Grains, Vins & Beſtiaux, & la Ville de Bar fur les Mou-

tures, Entrées & Boissons. *Décl.* 8 *Mars* 1725. *T. III. p.* 107.
Le Prince réduit cette moitié à tout ce qui se trouve de superflu au
delà des dépenses nécessaires. Les Adjudications des Biens de Ville
se font comme de Biens du Domaine & en la même forme. Maniere
de liquider le superflu des Villes. *Décl.* 28 *Fév.* 1727. *T. III. p.*
118. Prorogation des Octrois des Villes jusqu'en 1740. *Décl.* 2
Janv. 1730. *T. V. p.* 41. Pendant la réparation des Moulins le
Droit de deux francs par Resal est diminué de six gros. *Ord. de*
l'Hôt. de Ville 28 *Janv.* 1735. *T. V. p.* 188. Réglement sur l'Octroi des Vins & Boissons, &c. *Ord. de l'Hôt. Ville* 24 *Décemb.*
1738. *T. VI. p.* 164. Tous Vins visités avant l'Encavage ne doit
que cinq sous par Piece au Gourmet. *A. C.* 16 *Juillet* 1740. *T. VI.*
p. 227. Prorogation des Octrois des Villes. *Décl.* 10 *Décemb.*
1740. *T. VI. p.* 258. *Décl.* 9 *Avril* 1749. *T. VIII. p.* 31. Tous
Marchands, Bourgeois & Forains, vendans Bétail à deux lieues de
Nancy, doivent donner une Déclaration. *A. C.* 25 *Janv.* 1755.
T. IX. p. 184. L'Octroi n'est dû que pour les Bestiaux vendus
aux Bouchers pour la consommation de Nancy, à deux lieues de la
Ville. *A. C.* 16 *Avril* 1755. *T. IX. p.* 187. Prorogation des Oc-
trois pour Nancy. Suppression de celui de trente sous par Virlis.
A. C. 13 *Juillet* 1762. *T. X. p.* 198. Réglement sur l'Octroi des
Bieres & Eaux-de-Vie à Nancy. *Regl. Hôt. Ville* 23 *Octob.* 1762.
T. X. p. 205. Anciens Octrois de Nancy supprimés, Concession de
nouveaux ; savoir, de trois livres par Bœuf ou Vache, quinze sous
par Veau, dix sous par Porc, six sous par Mouton, trois sous par
Mesure de Vin encavé, excepté celui du crû du Bourgeois dans
ses Caves. *A. C.* 7 *Décemb.* 1762. *T. X. p.* 208. Réglement pour
la perception de ces deux Droits. *A. C.* 17 *Mars* 1763. *T. X. p.*
214. Réglement pour la perception de la Gabelle sur le débit des
Vins, Bieres & Eaux-de-Vie. *A. C.* 26 *Mai* 1763. *T. X. p.* 227.

OFFENSÉ, ⎱
OFFENSEUR. ⎰ V. *CARTEL, DUEL.*

OFFICES. V. *RÉCIPROCITÉ, BÉNÉFICES.*

(CRÉATION) d'un Substitut à la Cour. *A. C.* 16 *Février* 1698. *T.*
I. p. 10. Création des Bailliages, Prévôtés, Grueries, Recettes.
Ed. 31 *Août* 1698. *T. I. p.* 40. De nouveaux Offices. *Ed.* 20
Janvier 1699. *T. I. p.* 121. De la Maréchaussée. *Ed.* 25 *Dé-*
cembre 1699. *T. I. p.* 210. De Commissaires à la liquidation des
Dettes d'Etat. *Ed.* 15 *Fév.* 1700. *T. I. p.* 230. De deux Substi-
tuts à la Cour. *Ed.* 20 *Fév.* 1700. *T. I. p.* 241. De Distillateur

d'Eau-de-Vie. *Ed.* 11 *Août* 1700. *T. I. p.* 242. De Subſtituts à la Cour. *Ed.* 10 *Sept.* 1701. *T. I. p.* 299. Création de nouveaux Offices. *Ed.* 20 *Avril* 1702. *T. I. p.* 358. D'un ſecond Avocat-Général. *Ed.* 24 *Juil.* 1704. *T. I. p.* 458. Des Procureurs. *Ed.* 1 *Nov.* 1704. *T. I. p.* 459. De Receveurs dans les Prévôtés. *Ed.* 1 *Sept.* 1705. *T. I. p.* 492. Des Officiers de Bouzonville, Kirche & Berus. 10 *Décemb.* 1705. *T. I. p.* 504. De Conſeillers & autres Officiers permanens des Hôtels de Ville. *Ed. Fev.* 1707. *T. I. p.* 533. D'une Prévôté à Lixheim. *Ed.* 16 *Mai* 1707. *T. I. p.* 598. D'un Lieutenant-Général de Police à Luneville. *Ed.* 12 *Mars* 1709. *T. I. p.* 651. De la Chambre des Requêtes du Palais. *Ed.* 6 *Juillet* 1710. *T. I. p.* 701. De Tabellions & Gardes-Notes. *Ed.* 21 *Mars* 1711. *T. I. p.* 715. Suppreſſion de l'Avocat-Général aux Requêtes du Palais; Création d'un Procureur-Général & de Procureurs poſtulans. *Décl.* 28 *Mai* 1711. *T. I. p.* 735. Suppreſſion des Requêtes du Palais, l'exercice eſt attribué à la Cour. *Ed.* 16 *Nov.* 1713. *T. II. p.* 16. Création du Conſeil des Finances. *Ed.* 5 *Mai* 1714. *T. II. p.* 26. Office de Greffier à la Cour, diviſé en deux parties. *Ed.* 11 *Août* 1714. *T. II. p.* 39. Réglement concernant les Juges-Conſuls. *Ed.* 28 *Nov.* 1715. *T. II. p.* 80. Création de Tréſoriers & Receveurs-Généraux des Finances. *Ed.* 19 *Août* 1718. *T. II. p.* 205. Procureurs ſupprimés; Greffe des Préſentations. *Ed.* 11 *Décemb.* 1718. *T. II. p.* 218. Création d'un Changeur. *Décl.* 25 *Janv.* 1719. *T. II. p.* 241. Création d'Hôtels de Ville. *Décl.* 4 *Avril* 1720. *T. II. p.* 329. Des Greffiers. *Décl.* 4 *Avril* 1720. *T. II. p.* 333. Les Prévôtés de Remoncourt, Valfroicourt, réunies au Bailliage des Voſges. *Ed.* 30 *Avril* 1720. *T. II. p.* 341. Création de deux Préſidens à la Cour. *Ed.* 10 *Mai* 1720. *T. II. p.* 343. D'un ſixieme Grand-Maitre des Eaux & Forêts. *Ed.* 1 *Juin* 1720. *T. II. p.* 349. D'un ſecond Préſident à la Chambre. *Ed.* 1 *Juin* 1720. *T. II. p.* 348. De Conſeiller Chevalier d'honneur à la Cour. *Ed.* 2 *Juin* 1720. *T. II. p.* 360. Prévôté d'Inſming ſupprimée & réunie à Saralbe. *Ed.* 13 *Juillet* 1720. *T. II. p.* 378. Création d'une Prévôté à Ligny. *Ed.* 2 *Fév.* 1721. *T. II. p.* 447. Suppreſſion de la Prévôté d'Amance, réunie à Château-Salin, excepté la Gruerie. *Ed.* 13 *Août* 1721. *T. II. p.* 489. Création du Premier Préſident de la Cour. *Ed.* 26 *Sept.* 1721. *T. II. p.* 505. D'un Conſeiller d'Epée au Bailliage de Nancy. *Ed.* 8 *Mai* 1722. *T. II. p.* 553. D'un Receveur des Conſignations. *Ed.* 8 *Mars* 1723. *T. II. p.* 592. D'un Conſeiller d'Epée à Epinal. *Ed.* 24 *Avril*

1723. *T. II. p.* 618. De Procureurs-Syndics des Villes. *Ed.* 10 *Mai* 1723. *T. II. p.* 619. De Greffiers & Receveurs des Consignations. *Ed.* 10 *Mai* 1723. *T. II. p.* 611. Des Offices des Hôtels de Ville. *A. C.* 24 *Août* 1723. *T. II. p.* 653. Des Tabellions & Gardes-Notes. *Ed. Octob.* 1723. *T. II. p.* 667. De Contrôleur, Assesseur à l'Hôtel de Ville de Nancy. *Ed.* 24 *Nov.* 1723. *T. II. p.* 676. De Tréforier de l'Hôtel de Ville de Nancy. *Ed. Décemb.* 1723. *T. II. p.* 684. La Mairie de Norroy est unie à la Prevôté de Briey. *Ed.* 31 *Janv.* 1724. *T. III. p.* 4. Le Bailliage de Bar établi sans Finance. *A. C.* 12 *Mars* 1725. *T. III. p.* 109. Création d'un Conseiller Tréforier des Finances, entrant au Conseil. *Ed.* 15 *Mars* 1725. *T. III. p.* 110. Office d'Assesseur à Ancerville, divisé de celui de Garde-Marteau. *Décl.* 4 *Mai* 1725. *T. III. p.* 116. Grueries de Mandre & Bouconville, transférées à Boucq. *Ed.* 6 *Sept.* 1725. *T. III. p.* 123. Création d'un Conseiller d'Epée en chaque Bailliage, & d'un Conseiller pour la Noblesse en chaque Hôtel de Ville. *Ed.* 7 *Janv.* 1727. *T. III. p.* 213. Des Grands-Gruyers. *Ed.* 3 *Avril* 1727. *T. III. p.* 227. Office des Curateurs en Titre, défunis de ceux de Commissaires aux Saifies réelles. *Décl.* 22 *Juillet* 1727. *T. III. p.* 246. Création d'une Prévôté Bailliagere à Faulquemont. *Lett. Pat.* 11 *Janv.* 1728. *T. III. p.* 261. De Conseiller-Prélat à la Cour. *Lett. Pat.* 10 *Mai* 1728. *T. III. p.* 279. De deux Tréforiers des Parties éafuelles. *Ed. Fév.* 1729. *T. III. p.* 351. Rétablissement de l'Hôtel de Ville de Nancy. *Ord.* 1 *Sept.* 1698. *T. III. p.* 364. Substituts dans les Mairies du Barrois mouvant, supprimés. *Ed.* 10 *Avril* 1717. *T. III. p.* 449. Suppression des Expectatives. *Décl.* 12 *Juil.* 1729. *T. V. p.* 10. Rétablissement des Prévôtés de Pont-S. Vincent, Mandre, l'Avant-Garde, Condé, Norroy-le-Sec, Châtenoy & la Gruerie de Morlay. *Ed. Juillet* 1729. *T. V. p.* 16. Suppression des Titres de Conseillers-Secretaires, entrans au Conseil; Secretaires du Cabinet, Commandemens & Finances. *Ed.* 16 *Sept.* 1729. *T. V. p.* 27. Création d'un Conseil des Finances. 10 *Décemb.* 1729. *T. V. p.* 35. Prévôté de Preny transférée à Pagny. *Décl.* 28 *Mai* 1731. *T. V. p.* 154. Création d'un Lieutenant-Particulier à S. Diez. *Ed.* 27 *Juin* 1732. *T. V. p.* 176. D'un Chancelier Garde des Sceaux. *Ed.* 18 *Janv.* 1737. *T. VI. p.* 27. D'un Conseil d'Etat. *Ed.* 25 *Mai* 1737. *T. VI. p.* 30. D'un Conseil des Finances. *Ed.* 1 *Juin.* 1737. *T. VI. p.* 33. De Receveurs & Contrôleurs-Généraux des Finances. *Ed.* 25 *Sept.* 1737. *T. VI. p.* 64. De Procureurs. *Ed.* 2 *Décemb.*

1737. *T. VI. p.* 81. Augmentation de fix Procureurs à la Cour & fuppreffion de ceux de la Chambre. *Ed.* 25 *Janv.* 1738. *T. VI. p.* 102. Création d'une Maréchauffée & fuppreffion de l'ancienne. *Ed.* 25 *Octob.* 1738. *T. VI. p.* 140. De Receveurs-Particuliers des Finances & fuppreffion des anciens. *Ed.* 4 *Novembre* 1741. *T. VI. p.* 304. Rang des Confeillers-Prélats. *Ed.* 29 *Novembre* 1742. *T. VI. p.* 348. Création d'un Gouverneur du Château de Luneville. *Ed. Juin* 1743. *T. VII. p.* 20. De trois Lieutenans de Roi. *Ed.* 30 *Janvier* 1745. *T. VII. p.* 64. Prévôté d'Amance rétablie. *Ed.* 17 *Janvier* 1746. *T. VII. p.* 73. Création des Maitrifes des Eaux & Forêts. *Ed. Décembre* 1747. *T. VII. p.* 177. Etabliffement d'une Chambre des Confultations. *Décl.* 20 *Juillet* 1750. *T. VIII. p.* 176. Suppreffion & création des Bailliages, Prévôtés, Notaires, Greffiers & Procureurs, Commiffaire aux Saifies réelles & Receveur des Confignations. *Ed. Juin* 1751. *T. VIII. p.* 254. D'un Grand-Maitre des Eaux & Forêts. *Ed. Mai* 1756. *T. IX. p.* 271. De l'Hôtel de Ville de Saralbe. *Ed.* 19 *Novembre* 1759. *T. X. p.* 36. D'un Corps Municipal à Plombieres. *Ed.* 28 *Février* 1763. *T. X. p.* 111. Etabliffement de Capitainerie de Chaffe à Nancy, Luneville & Commercy. *Ed.* 30 *Janvier* 1764. *T. X. p.* 270. V. *HÉRÉDITÉ, ANNUEL.*

OFFICIERS (DE JUSTICE) tenus de repréfenter leurs Commiffions, s'ils n'ont financé. *Ord.* 2 *Janvier* 1699. *T. I. p.* 110. Peuvent porter Epées & Piftolets en voyage. *Ord.* 14 *Février* 1700. *T. I. p.* 227. Sont cotifés au Bureau des Pauvres. *A. C.* 20 *Février* 1699. *T. I. p.* 137. Leurs Provifions doivent être timbrées. *Ord.* 20 *Février* 1699. *T. I. p.* 138. V. *CABARETS.* Les Bailliages ont le pas fur toutes autres Jurifdictions de reffort. Les Confeillers d'Epée l'ont après le Doyen. Les Procureurs du Prince fuivent le dernier Confeiller du Siege ou prennent fa gauche, après lui le Greffier & l'Huiffier-Audiencier. Après le Bailliage fuit la Prévôté, enfuite la Gruerie; les Avocats, les Procureurs, les Officiers de l'Hôtel de Ville, les Juges Confuls. La Maréchauffée fe partage, moitié à la tête du premier Corps, & l'autre moitié après les Procureurs. Tous tenus d'être aux affemblées en habit de leur Etat. A l'Eglife il y aura des bans pour les Corps, excepté les Avocats & Procureurs qui fe placeront où ils pourront. Le Chef du premier Siege réglera provifionnellement les difficultés, fauf les droits d'un chacun. Il eft défendu de rien faire qui caufe du fcandale. Le principal Officier de Ville préfent allumera le Feu de joie aux réjouiffances.

Ed.

Ed. 14 *Avril* 1728. *T. III. p.* 273. Officiers doivent réfider au Chef-lieu du Siege. *A. C.* 15 *Mai* 1733. *T. V. p.* 216. Officiers de Hautes-Juftices reffortiffent nuement à la Cour, doivent s'y faire recevoir. *A. Cour* 1 *Février* 1754. *T. IX. p.* 106.

(MILITAIRE) V. *SOLDATS.*

OPPOSITION (AU SCEAU) V. *HÉRÉDITÉ.* Les oppofitions aux Arrêts du Confeil fe forment dans deux mois, de la fignification à Partie. *Ed.* 20 *Août* 1716. *T. II. p.* 103. V. *SCEAU DES CONTRATS.*

OR. V. *ARGENT, ORFÉVRES.*

ORDES-FOSSES ne doivent être conftruites ni vuidées, fans la permiffion des Officiers de Ville. *Ord. Pol. Mai* 1699. *T. I. p.* 166.

ORNEMENT. V. *DIXMES.*

ORPHELINES. Leur établiffement à Nancy. *Lett. Pat.* 20 *Janvier* 1715. *T. III. p.* 447.

ORFÉVRES. V. OR, *ARGENT, ARTS ET MÉTIERS.* Le Maître du Corps doit prêter ferment ès mains de M. le Premier Préfident de la Chambre. *A. Ch.* 9 *Juillet* 1701. *T. I. p.* 193. Réglement pour le Titre de l'Or & de l'Argent, le Travail, l'Effai, &c. *A. Ch.* 19 *Août* 1701. *T. I. p.* 367. *A. Ch.* 1 *Février* 1709. *T. VII. p.* 26. *Supplément.* Ampliation & explication des Réglemens qui les concernent. *A. Ch.* 1 *Février* 1709. *T. I. p.* 646. Réglement renouvellé. *A. Ch.* 26 *Janvier* 1722. *T. III. p.* 460. V. *INCONNUS.*

OUVRIERS. Prorogation pour fix ans aux Ouvriers étrangers de la permiffion de s'établir en Lorraine fans fe faire recevoir Maîtres. *Décl.* 12 *Juin* 1703. *T. I. p.* 383. Autre Prorogation pour tout le tems que le Prince ne révoquera pas la permiffion. *Ord.* 5 *Septembre* 1709. *T. I. p.* 676. Les Chirurgiens, Apothicaires & Orfévres font exceptés du Privilege de ne pas fe faire recevoir Maîtres. *Ord.* 25 *Juillet* 1710. *T. I. p.* 707.

P

PAGES. V. *CARTEL.*

PAILLES. V. *FOINS, BLED, DIXMES.*

PAIN. Cuite & façon du Pain réglée en 1709. *Ord.* 23 *Mai* 1709. *T. I. p.* 663. *Ord. Pol.* 16 *Novembre* 1733. *T. V. p.* 242. *Ord. Pol.* 24 *Décembre* 1735. *T. V. p.* 316.

PAPÉTERIE. Défenfes d'enlever les Guenilles dans le Bailliage d'Allemagne pour les fortir des Etats, excepté pour les lieux où il y a réciprocité de Commerce. *Décr. C.* 23 *Février* 1734. *T. V. p.* 253.

Défehfes d'en faire des amas dans les Etats à quatre lieues des Frontieres. *A. C.* 11 *Aofit* 1756. *T. IX. p.* 299.

PAPIERS. V. *ACTES PUBLICS.*

. (TIMBRÉS) V. *TIMBRE.*

PARCOURS. Les Chemins pour le Parcours ne doivent être interceptés par les réferves des Prairies pour Regain. *Ord.* 11 *Juin* 1623. *T. II. p.* 639. En Coutume de S. Mihiel le Parcours dans les Prairies ceffe depuis le 25 Mars jufqu'après la Fenaifon. *Décl.* 4 *Mars* 1729. *T. III. p.* 360. De même en Coutume d'Evêché. *Décl.* 4 *Avril* 1764. *T. X. p.* 301.

PAREATIS. Jugemens, Citations, Mandemens de Juges étrangers, ne peuvent être mis à exécution fans *Pareatis* de la Cour. *A. Cour* 20 *Juin* 1699. *T. I. p.* 183. Même une Citation pardevant un Juge Eccléfiaftique. Défenfes aux Sujets d'y comparoitre. *A. Cour* 17 *Novembre* 1700. *T. I. p.* 258. *A. Cour* 11 *Janvier* 1703. *T. I. p.* 375. Juges des Seigneurs ne peuvent accorder *Pareatis* pour traduire les Sujets pardevant des Juges étrangers. Défenfes aux Parties de comparoitre. *A. Cour* 27 *Aofit* 1708. *T. I. p.* 639. Les *Pareatis* des Juges Lorrains ne peuvent être mis à exécution que par des Huiffiers ou Sergens Lorrains. *A. Cour* 30 *Janvier* 1756. *T. IX. p.* 237. Les Affignations fur Décrèts des Juges-Confuls fe donnent fous le reffort de la Cour fans *Vifa* ni *Pareatis. Ed.* 28 *Novembre* 1715. *T. II. p.* 80. Réglement pour les Affignations aux Evêcheois, même dans le cas de délit dans les Bois. *Traité de Paris* 21 *Janvier* 1718. *T. II. p.* 167. Les Décrets des Juges François, en matiere criminelle, fe mettent à exécution en Lorraine fans *Pareatis*, en prenant le *Vifa* du premier Juge au bas de l'Exploit, & réciproquement en France. *Ordre de M. le Procureur-Général* 23 *Avril.* 1741. *T. VI. p.* 310. Les Jugemens des Tribunaux François s'exécutent en Lorraine en matiere de difcuffion de Biens fitués en Lorraine, faite en France, en prenant *Pareatis.* Le François, même l'Evêcheois, ne peuvent être traduits en Lorraine fans *Pareatis* & Affignation à Perfonne. *Décl.* 27 *Juin* 1746. *T. VII. p.* 93.

PARENT. V. *NOTAIRE, DUEL, CARTEL.*

PAREY. La Juftice eft mi-partie au Domaine & à la Cathédralle de Verdun. Les Juges fe nomment par les deux Seigneurs. *A. Cour* 30 *Mai* 1712. *T. I. p.* 771.

PARIS. V. *TRAITÉ, HAUT-CONDUIT, ACQUIT-A-CAUTION, PAREATIS, EAUX ET FORÊTS.*

PAROLE. V. *CARTEL, DUEL.*

PAROISSES. Deniers de Paroisses se paient par tous les Habitans Nobles, Privilégiés ou non. *Ord.* 15 *Janvier* 1701. *T. I. p.* 332.

PARQUET. V. *Avocat-Général.*

PARTAGE (DE BIENS DE SUCCESSION) doivent être déposés chez un Notaire ; le Juge Tutélaire ne peut les accepter qu'en bonne forme, ni le Greffier en délivrer des Expéditions. *A. C.* 13 *Août* 1740. *T. VI. p.* 234.

(DE SOUVERAINETÉ.) Traité du 25 Mars 1704, pour le partage des Terres de surséance avec le Comté de Bourgogne. *A. Cour* 20 *Mars* 1705. *T. I. p.* 465. Autre pour les Terres de la Prévôté de Foug & Gondrecourt avec celles de la domination du Roi T. C. dans les Prévôtés de Vaucouleurs, Grand & Andelot. *Trait.* 2 *Octobre* 1704. 21 *Mai* 1705. *T. I. p.* 474.

PARTIES. Les Parties qui sont en qualité dans les mêmes Actes de Procédures, pour le même intérêt, doivent donner pouvoir à l'une d'elles pour agir & faire les démarches & voyages. *A. Cour* 9 *Janv.* 1756. *T. IX. p.* 233.

(CASUELLES) Réglement pour la vente des Offices au Bureau des Parties casuelles. *Ord.* 1 *Mai* 1701. *T. I. p.* 279.

PASSAGE. V. *Entrée.*

PATENTE. V. *Duc.*

PATISSERIE. Défenses d'en faire pendant la disette de 1709. *Ord. Pol.* 27 *Juin* 1709. *T. I. p.* 670.

PATURE. (VAINE-PATURE.) Permission en 1720, d'envoyer vain-pâturer les Chevaux & Bêtes à cornes dans tous les Bois, même les Taillis au dessus de six ans, pour cette année seulement, & jusqu'au 30 Juin. *Ord.* 12 *Mars* 1720. *T. II. p.* 317. Autre en 1723, jusqu'au premier Septembre ; même dans les Taillis au dessus de cinq ans de recrute. Tous Traités ou Baux, concernant la Vaine-pâture, sont cassés. *Ord.* 2 *Juin* 1723. *T. II. p.* 634. Autre en 1731, jusqu'au premier Juillet 1732. *A. C.* 19 *Juin* 1731. *T. V. p.* 157. Autre jusqu'à la fin de Juin 1735. *A. C.* 6 *Juillet* 1734. *T. V. p.* 276. V. *Parcours.*

PAULETTE. V. *Hérédité, Offices, Annuel.*

PAUVRES. V. *Bureau des Pauvres, Avocat, Fondations, Inventaires.*

PAVÉ. Réglement sur la qualité des pierres pour les Pavés de Nancy ; le Prix. Défenses de jetter des cailloux ou repoux sur les Pavés de Nancy. *Ord. Pol.* 16 *Novembre* 1711. *T. I. p.* 765.

PÉAGE. Droit d'Entrée sur les Vins étrangers qui ne sont pas crûs dans les Etats; il eſt de ſix francs par meſure. Le crû & concrû des Sujets venant des Terres d'Evêché, en ſont exempts, en en donnant la Déclaration au premier Bureau d'Entrée. Le Droit eſt modéré à moitié pour certaines Villes limitrophes & les Offices en dépendans. Le Vin qui entrera, ſera déclaré, & le Droit payé trois mois après, s'il n'eſt juſtifié que depuis l'Entrée il eſt ſorti des Etats. Les Vins qui paſſent débout, ne doivent pas le Droit d'Entrée, mais le Droit ordinaire, en prenant un Acquit-à-Caution *gratis*, & déclarant quel ſera le Bureau de Sortie ; à charge de renvoyer l'Acquit déchargé dans le délai de trois ſemaines; faute de Caution les Droits ſeront conſignés juſqu'au rapport de l'Acquit. *Ord.* 8 *Novembre* 1699. *T. I. p.* 205. Le Pays Meſſin en eſt affranchi, à charge de réciprocité. V. *METZ.*

Péage de huit Gros par Char, moitié par Charrette de Sel ſortant de Dieuze & Château-Salins, pour être employé à l'entretien des chauſſées qui y conduiſent. *Ord.* 16 *Juillet* 1711. *T. I. p.* 752.

PEAUX. Défenſes d'amaſſer les Peaux en poil dans les Etats, au delà de trois lieues près des frontieres limitrophes de l'Etranger. Défenſes de les charger & conduire. Les Tanneurs & Mégiſſiers qui en leveront pour eux dans leſdites trois lieues, en feront la Déclaration aux Greffes de chaque endroit, & y prendront un Certificat. *A. C.* 16 *Janvier* 1751. *T. VIII. p.* 219. V. *CUIRS.*

PEINTURE. Etabliſſement d'une Académie de Peinture à Nancy ; ſes Statuts. *Lett. Pat.* 8 *Février* 1701. *T. I. p.* 337.

PÉNITENS. Leurs Réglemens homologués. *A. Cour* 11 *Mai* 1730. *T. V. p.* 150.

PENSIONS. V. *INSINUATIONS ECCLÉSIASTIQUES, GAGES, DETTES.* Priſonniers peuvent être reçus à Penſion par le Geolier, en convenant du prix modérément, de gré à gré. *A. Cour* 11 *Mai* 1699. *T. I. p.* 176.

PEINE. V. *TABAC, SEL.*

PÉPINIERE. Etabliſſement de la Pépiniere Royale derriere le Quartier-Neuf de Ste. Catherine, ſous l'inſpection de M. l'Intendant. *A. C.* 16 *Octobre* 1765. *T. X. p.* 410.

PERMISSION aux Communautés pour la Vente de leurs Bois. V. *COMMUNAUTÉS.*

PERRUQUIER. La Profeſſion érigée en Maîtriſe, moyennant Finance. *Ed.* 14 *Juillet* 1710. *T. I. p.* 705.

PESCHE. V. *EAUX ET FORÊTS, CHARTREUX, CHANVRES.* Défenſes de détourner les Rivieres, les barrer ou coupe. par rabaiſſées ou autrement : de vendre des Truites ou Ombres qui n'aient, entre tête & queue, six pouces en Vosges, & neuf en Barrois. Le tems défendu pour la Pêche de la Truite est prorogé jusqu'au premier de Février. Les Hauts-Justiciers & autres ayant Pêche, doivent faire ajuster leurs filets en Gruerie. Les Officiers de Gruerie peuvent visiter, quand bon leur semble, les Rivieres, Ruisseaux & Pêcheries dans les Hautes-Justices; & en cas de Contravention, saisir les filets pour être brûlés à la porte de l'Auditoire. Peuvent visiter les huches, charpagnes, &c. Etablissement d'un Garde-Pêche en chaque Gruerie. *Décl.* 23 *Juin* 1708. *T. I. p.* 637. Défenses de jetter des scieures dans les Ruisseaux; Ordre de les brûler ou de les transporter en lieux d'où elles ne puissent y tomber. Défenses de faire rouïr le chanvre dans les Rivieres ou Ruisseaux poissonneux. *Décl.* 31 *Janvier* 1724. *T. III. p.* 6. Réglement concernant les Gardes-Perles de la Riviere de Vologne. Répétition du contenu aux Ordonnances de 1708 & 1724. *Ed. Janvier* 1729. *T. III. p.* 336. V. CHASSE.

PHARMACIE. Les seuls Marchands Droguistes peuvent vendre & débiter l'arsenic, à charge de n'en vendre qu'aux Médecins, Apothicaires, Chirurgiens, Orfevres, Teinturiers, Maréchaux & Artisans qui l'emploient; à charge que les Acheteurs souscriront sur le Régistre du Droguiste la Déclaration de la quantité qu'ils achetent. Défense d'en vendre aux inconnus, qu'avec un Certificat de leur Curé, ou du Juge, ou du Notaire, ou d'une Personne publique, contenant le nom, demeure & profession de l'Acheteur; & sera le Certificat gardé par le Droguiste. Gens tenans l'arsenic, doivent l'enfermer à la clef. Les remedes où il en entre, doivent être composés en présence du Maitre; défenses d'en délivrer en substance. *A. Cour* 9 *Mars* 1701. *T. I. p.* 287. *A. Cour* 24 *Octobre* 1727. *T. III. p.* 257. Addition à l'Edit de 1699 (qui n'est pas au Recueil,) elle consiste en une défense aux Chirurgiens des lieux où il y a Apothicaire, d'exercer la Pharmacie, sinon aux maladies vénériennes & secretes; & réciproquement aux Apothicaires, la Chirurgie. Défenses aux Médecins de préparer les remedes ailleurs que chez l'Apothicaire; excepté les remedes dont il a seul le secret. Défenses aux Marchands & Droguistes de débiter des médicamens vénéneux à autres qu'aux Apothicaires, qui les tiendront sous clef, & n'en distribueront point qu'ils ne sachent l'usage que l'Acheteur veut en faire. Ils écriront sur leur Régistre, en présence de Témoins, les noms & demeures des Acheteurs. Défenses aux Char-

latans dé vendre des Remedes, à peine de prifon, fur la plainte
des Médecins & Apothicaires, qui pour ce ne font obligés d'être
Parties, ni de faire aucuns frais. Défenfes à toutes Perfonnes fécu-
lieres & régulieres, d'exercer la Pharmacie où il y a Apothicaires,
excepté aux Maifons Religieufes pour leur ufage. Le Prince fe
réferve d'accorder aux Monafteres des Privileges & Permiffions de
tenir Pharmacie publique. Pourront les Religieufes des Hôpitaux
donner les Remedes *gratis* aux pauvres Malades, en Ville ou à
l'Hôpital. Leur Pharmacie fera vifitée, une fois l'an, par un Médecin & un Apothicaire. Apothicaires font reçus en la Maitrife de
Nancy, ou en celles de Bar ou de Pont-à-Mouffon pour la Lorraine;
ceux du Barrois mouvant & non mouvant auront les mêmes Privileges
& les mêmes Statuts que ceux de Nancy. Doivent être immatriculés
au Régiftre de la Faculté de Médecine, fe conformer au Difpenfaire, faire les compofitions fingulieres en préfence de Médecins;
ceux-ci ont Droit de vifiter leurs Drogues & rebuter les vieilles.
Les Apothicaires ne doivent traiter les Malades qu'avec avis des
Médecins, & ne faire aucunes médecines fur ordonnances de Chirurgiens, Charlatans ou autres non gradués; ils doivent fe tenir fous
la direction des Médecins; de quoi les Juges décideront fommairement, fauf l'Appel. *Ord.* 28 *Mars* 1708. *T. I. p.* 618. Difpenfaire
des Drogues peut être changé, à la réquifition du Procureur-Sindic de l'Hôtel de Ville, par les Officiers, & non autrement. Le
Difpenfaire fera dépofé dans les Greffes des Hôtels de Ville où il y
Apothicaires; fera expofé dans leurs Boutiques. Les Vifites des
Drogues fe feront par le Chef & un Confeiller des Hôtels de
Ville. Les Apothicaires n'acheteront que des Maitres les Drogues
compofées. Forme & Détail de leurs Mémoires. Permiffion donnée
à un Frere Jéfuite d'exercer la Pharmacie avec certaines modifica-
tions. Nouveau Difpenfaire. *A. C.* 10 *Juillet* 1730. *T. V. p.* 69.
Partie des Difpofitions des Ordonnances précédentes eft renouvellée.
A. Cour 3 *Août* 1751. *T. VIII. p.* 300.

PIECES (SUR LE BUREAU.) Il n'eft dû aux Juges qu'un fecond Droit
d'Audience; il n'en eft point dû aux Parties publiques. *A. Cour*
19 *Avril* 1735. *T. V. p.* 193. Les Pieces doivent être dépofées
à l'inftant de la prononciation, fans en fignifier le dépôt. Les Sentences doivent être prononcées à l'Audience fuivante, fans Avenir.
On pourra donner Avenir, fi la Sentence n'a pas été prononcée à
l'Audience fuivante; défenfes de donner Requête en fubrogation
de Rapporteur, il fera nommé, s'il échet, par le Chef ou le plus

ancien Juge, fans formé de procédure. *A. Cour 9 Août 1753. T. IX. p. 65.*

PIGEONS. Défenfes d'en élever pendant le tems de la difette de 1709. *Ord. Pol. 27 Juin 1709. T. I. p. 670.*

PIPÉES. V. *Chasse.*

PISTOLETS. V. *Armes.*

PLACES. Plan de la Place Neuve ornée de la Statue de LOUIS XV. Plan des Rues qui y aboutiffent, & de la communication des deux Villes depuis la Place Royale. *A. C. 24 Mars 1752. T. VIII. p. 360.*

PLAIDOIRIE. V. *Cause.*

PLAIDS-ANNAUX. V. *Communauté, Maire.* Les Bailliages doivent fixer des jours pour la Taxe des Amendes de Mefus dans les Juftices Domaniales; ces jours ne pourront plus varier pour les années fuivantes. La Taxe fe fait au lieu du Siege, fur les réquifitions des Gens du Roi. Le Rôle fera préalablement lû en affemblée de Communauté; fauf aux Délinquans à venir propofer au Commiffaire leurs moyens contre les rapports. Les frais de Taxe fe prennent fur le produit des amendes. Le Rôle taxé doit être dépofé au Greffe, où le Fermier des amendes prendra l'expédition par extrait. Les Officiers des Bailliages ne tiendront plus les Plaids-Annaux fur les lieux. Lès Lieutenans-Généraux créent les Maire, Lieutenant, Greffier & Sergent, lefquels prêtent Serment en fes mains; la Création des Officiers appartient néanmoins aux Baillis qui font en poffeffion de les nommer. Défenfes aux Juges de modérer les amendes, & les appliquer ailleurs qu'au profit du Fermier. *A. C. 10 Mars 1753. T. IX. p. 37.*

PLAISIRS. V. *Chasse.*

POIDS ET BALANCES. V. *Pont-a-Mousson.*

POINT D'HONNEUR. V. *Cartel, Duel.*

POISON. V. *Pharmacie.*

POISSONNIERS doivent fournir le Marché, s'ils ont du Poiffon dans leurs huches; il leur eft défendu d'en porter dans les Maifons Religieufes, chez les Aubergiftes, &c. Taxe du Poiffon. *Ord. Pol. 19 Décembre 1711. T. I. p. 785.*

POMMES (DE TERRE.) V. *Dixme.*

PONT-A-MOUSSON. Réglement des Droits de Tonlieu, Hallage, &c. *A. C. 11 Août 1728, & autres, T. III. p. 287. jufqu'à la 304ᵉ.*

POMPE FUNEBRE. Proteftations faites par la Chambre des Comptes fur l'énoncé en la Relation de la Pompe funebre du Duc Léopold, concernant le rang qu'elle a occupé à l'Eglife. *A. Ch.* 19 *Août* 1729. *T. V. p.* 25.

PONTS ET CHAUSSÉES. Les Prévôts avoient l'autorité pour la fûreté des Chemins. Ordre de faire par corvées des tranchées de trente toifes de chaque côté. Nouveaux Chemins, avec tranchées, pour conduire d'une Ville à l'autre. Réparation des Chemins, chacun fur fon Ban, avec l'affiftance des voifins qui fréquentent lefdits Chemins. *Ord.* 12 *Mars* 1699. *T. I. p.* 140. Les ouvrages fe font à corvées ; ils étoient répartis entre les Habitans fur le pied de la Subvention. La taille & maçonnerie pour les Ponts s'adjugent au rabais ; les Voitures fe font par les Communautés. Les ouvrages nouveaux tiennent lieu de cinq jours de corvée annuelle. Les Eccléfiaftiques, Nobles & Commenfaux font exempts de corvées. Les Ingénieurs ne doivent fuivre de finuofités, lorfqu'il eft avantageux que le Chemin fe dirige fur une ligne droite. Les pilots fe prennent dans les Bois communaux avant ceux du Souverain & des Vaffaux. Les Chauffées doivent avoir foixante pieds de large ; défenfes de les labourer. Il doit y avoir des Piqueurs de quatre en quatre lieues ; les Charpentiers, Maçons & Piqueurs peuvent feuls traiter à prix d'argent de leur part de corvées ; les Sujets qui ne travaillent pas ordinairement à la terre, peuvent fe faire fuppléer. Les Ingénieurs peuvent fe faire accompagner d'Archers. *Ord.* 19 *Mars* 1714. *T. III. p.* 20. Ordre de procurer l'indemnité aux Particuliers dont on a employé les héritages en Chauffées, en leur cédant l'équivalent dans les anciens Chemins, & fubfidiairement dans les ufuaires, pâquis & terres inutiles aux Communautés ; fans toucher aux pâquis néceffaires, ni aux bois ou terrains ouverts pour la facilité de l'entrée des Villages. *Ord.* 6 *Septembre* 1725. *T. III. p.* 124. Pôteaux pour indiquer l'entretien de chaque Communauté. Le bombage des Chauffées doit être d'un pied au milieu, réduit à deux pouces fur les extrèmités, & les foffés de trois pieds de profondeur. L'entretien fe faifoit en Mai. On devoit obéir aux Maires pour les travaux de Communauté, les Laboureurs doivent recevoir fes ordres pour les Voitures. Les Pauvres, Mendians & Invalides, font exempts des travaux à la prudence des Maire & Officiers, en affemblée de Communauté. La Jurifdiction étoit à un Surintendant Commiffaire - Voyer. *Ord.* 4 *Mars* 1727. *T. III. p.* 211. L'entretien des Chauffées doit à préfent fe faire au dix des mois de Mai & d'Octobre de chaque année, fauf les réparations urgentes dans d'autres tems. Les matieres à mettre fur place,

feront

feront diftribuées par toifes cubes, & pofées le long des bornes de dix toifes en dix toifes. Les pierres doivent être caffées. La répartition entre les Laboureurs fe fait par bêtes tirantes. Les amendes contre les Maire & Officiers ne fe répartiffent pas en communauté ; les Officiers des Villes qui contreviennent aux Ordres, perdent la moitié de leurs gages pour la premiere fois, & le tout pour récidive. La Jurifdiction eft à M. l'Intendant. *A. C.* 7 *Décembre* 1737. *T. VI. p.* 88. Ordre de faire des tranchées dans les Bois, à vingt-cinq toifes de diftance de chaque côté des Chauffées. *A. C.* 9 *Janvier* 1740. *T. VI. p.* 212. Les matériaux doivent être pris ailleurs qu'en lieux fermés de haies ou clôtures équivalentes. Les indications feront faites & foufcrites des Ingénieurs ; fi les matériaux doivent être pris dans les Bois de S. M. les Officiers de Maitrife en feront l'indication fans frais. Les Propriétaires dans les terreins de qui on on aura pris les matériaux, en feront dédommagés fur l'eftimation de l'Ingénieur, fi mieux ils n'aiment, de trois Experts. Tout ce qui concerne les Ponts & Chauffées eft franc de Droits de Péage, &c. *A. C.* 25 *Octobre* 1755. *T. IX. p.* 225. La Jurifdiction étoit autrefois à la Chambre des Comptes pour les Chauffées à la charge du Domaine ; celle à la charge des Sujets dans les terres des Vaffaux étoit aux Juges ordinaires. *Lett. Cach.* 25 *Février* 1716. *T. II. p.* 86. Jugement de Commiffaires contre les Contrevenans aux Ordonnances fur le fait de Ponts & Chauffées. *Jugem.* 6 *Mars,* 4 *Avril,* 22 *Mai* 1754. *T. IX. p.* 128 *& fuiv.*

PORCS. V. *GLANDÉE.*

PORT D'ARMES. V. *ARMES.*

PORTION. V. *Bois, COMMUNAUTÉ, AFFOUAGE.*

POSSESSION. (PRISE DE) V. *BÉNÉFICES, INSINUATIONS ECCLÉSIASTIQUES, RETRAIT, NOBLESSE.* Prife de Poffeffion par le Roi Staniflas des Duchés de Lorraine & de Bar. *Lett. Pat.* 18 *Janvier* 1737. *T. VI. p.* 1 *& fuiv.* Par le Roi T. C. *Lett. Pat. Février* 1766. *T. X. p.* 426.

POSSESSOIRE. V. *BÉNÉFICE, COUR, BAILLIAGE.*

POSTES (AUX LETTRES.) Défenfes à autres qu'aux Prépofés du Fermier, de fe charger de Lettres ou Paquets, de Lettres ouvertes ou cachetées ; excepté de Lettres de Voiture. *A. C.* 10 *Mai* 1701. *T. I. p.* 289. Défenfes de renfermer dans les Lettres de l'argent ou chofes précieufes, fauf à en charger le Fermier fur fon Régiftre après les lui avoir montrées ; le Droit de Port eft du fou pour livre : le Fermier en demeure chargé, fauf le cas du vol juftifié

T

par Procès-verbal des Juges plus prochains du vol. *Décl.* 1 *Février* 1704. *T. I. p.* 416. Défenfes à autres qu'aux Prépofés de porter , fur les routes où il y a Poftes ou Meffageries , aucunes Lettres & paquets de Lettres. Le Fermier jouit de toutes Franchifes , même fes Commis , s'ils ont un Brevet du Prince pour cet effet ; Tarif des Ports de Lettres. *A. Ch.* 14 *Novembre* 1730. *T. V. p.* 106. Bail des Poftes & Meffageries. *A. C.* 10 *Avril* 1756. *T. IX. p.* 267. Etabliffement de trois Ordinaires par femaine fur la Route de Nancy à Remiremont & Plombieres. *A. C.* 2 *Mars* 1763. *T. X. p.* 213.

(Aux Chevaux.) Prix fixé à trente fols par Cheval. *Ord.* 7 *Janv.* 1720. *T. II. p.* 311. Nouvelle fixation. Les Maitres de Poftes fon exempts du travail aux Ponts & Chauffées. *Ord.* 10 *Avril* 1728. *T. III. p.* 271. Nouvelle fixation du prix. Etat des Poftes de chaque route. *Ord.* 20 *Décembre* 1732. *T. V. p.* 198. Autre fixation des prix. *Ord.* 23 *Juin* 1741. *T. VI. p.* 324. Pofte de S. Nicolas transférée à Dombafle. *A. C.* 7 *Septembre* 1753. *T. IX. p.* 77. Nouvelle fixation des prix. Défenfes de charger des Malles ou Coffres au devant des Chaifes. *Ord.* 22 *Février* 1754. *T. IX. p.* 126. Les Domeftiques, allant en avant , font tenus de s'arrêter à la premiere Pofte jufqu'à l'arrivée du Maitre. Défenfes de frapper les Chevaux & faire violence aux Maitres de Poftes, foit pour le paiement, foit en exigeant la conduite pour la traverfe au delà des diftances , ou à deffein de paffer la premiere Pofte fans relayer. La Maréchauffée doit main-forte dans les cas de violence. Elle doit arrêter les Poftillons qui courent au retour ; les emprifonner , & reconduire les Chevaux à la Pofte ; le Prévôt ou les Officiers doivent faire juftice fur les juftes plaintes des Poftillons. *Ord.* 22 *Mai* 1754. *T. IX. p.* 148. Fixation du prix. Pofte fimple de Nancy à Velaine. Réglement pour la quantité de Chevaux , fuivant les voitures & les charges. Renouvellement de l'Ordonnance précédente. *Ord.* 15 *Decembre* 1756. *T. IX. p.* 304. Deux Poftes de S. Avold à Fouligny. *Ord.* 15 *Mars* 1758. *T. IX. p.* 403.

POTASSE. Défenfe de faire du Salin & Potaffe , d'en tenir Magafin à une diftance moindre de quatre lieues des frontieres des Pays limitrophes , le Royaume de France excepté. *A. C.* 9 *Janvier* 1761. *T. X. p.* 162. *Bis.*

POTEAUX. V. Chemins , Ponts et Chaussées , Barrieres.

POUDRE.   ⎰ Suppreffion des Salpêtriers. *Décl.* 11 *Octobre* 1698. *T. I.*
POUDRERIE. ⎱ *p.* 91. Rétablis pour chercher le Salpêtre dans les vieux

châteaux , mafures , halles , lieux ruinés & déferts , en rétablif-
fant les lieux comme ils les ont trouvés. Ils ne devoient faire recherche dans les Maifons malgré les Propriétaires. Franchifes à eux
accordées , s'ils ne font Laboureurs ou Artifans. Défenfes de fortir
les Salpêtres des Etats. Les défordres des Salpêtriers font confta-
tés par les Procès-verbaux des Maires & Gens de Juftice , & deux
Voifins de la demeure du Salpêtrier. *Ord.* 1 *Septembre* 1701. *T. I.*
p. 297. Abonnement des Villes & Communautés pour éloigner les
Salpêtriers. *A. Ch.* 13 *Octobre* 1698. *T. III. p.* 369. L'Habitation
devoit leur être fournie pour fix écus ; ne devoient dépaver ni
déplancher ; doivent s'éloigner de deux pieds des fondemens ; at-
taches, portes, étançons d'écuries ou caves; ne rompre les Battoirs;
payoient cinq fous par toife ; n'approfondiffoient que de dix
pouces ; doivent remettre les *terres* , éloigner les Cuves des beftiaux; payoient le bois fur le pied de la derniere vente ; devoient
dédommagement pour le logement, le bois , le dérangement par
la fouille des terres; les Communautés tenues de conduire leurs Salpêtres. Leurs Uftenfiles, pour la fabrique, font infaififfables. Leurs
dettes s'acquittent fur le prix des Salpêtres; à cet effet l'Ouvrier
n'eft payé au Bureau que fur le Certificat de bien vivre des Officiers de Juftice de chaque lieu. *A. C.* 19 *Avril* 1701. *T. III. p.*
399. Privilege exclufif accordé au fieur Waren pour la fabrication
des Poudres & Salpêtres; attribution de Jurifdiction par appel au
Grand-Maitre d'Artillerie, à l'affiftance d'un Gradué. *A. C.* 1 *Janvier*
1704. *T. I. p.* 405. Les Salpêtriers font autorifés de travailler
alternativement par-tout, excepté dans les Eglifes, Cloitres, Cou-
vents, Châteaux, Maifons Seigneuriales & de Fiefs, fans pouvoir
retourner en une Communauté, que les autres du département n'aient
été falpêtrées. Le logement leur étoit fourni par les Communautés , à raifon de trois francs fix gros de loyer par mois; le Bois
leur étoit fourni de même à moitié de fa valeur, outre les Francs-
Vins à régler par la Gruerie. A défaut de Bois Communaux, ils
en prennent dans ceux du Roi, & fubfidiairement dans ceux des
Vaffaux. Les Communautés faifoient les Voitures à quinze fous
par corde à une demi-lieue de diftance , le double à une lieue.
Le Salpêtrier façonnoit fon Bois, en obfervant les Ordonnances. Les
Communautés doivent conduire leurs effets d'un Village à l'autre,
moyennant le falaire fixé. Le Salpêtrier ne doit commercer le Salpêtre. Il peut travailler dans les écuries , étables , bergeries &
halliers des non Privilégiés , en remettant les lieux au premier

état ; doit écartèr fes Cuves des beftiaux ; ne doit travailler dans les granges, ni fur les planchers. Défenfes aux Particuliers de cor- rompre les terres travaillées. Les Salpètriers doivent travailler dans un même lieu fans difcontinuation. Leurs Uftenfiles font infaififfables. S'ils font infolvables , leurs dettes fe paient fur le prix des Salpê- tres. Ne recevront aucune chofe à l'effet de ne pas falpêtrer ; dé- fenfes de compofer avec eux. L'Appel des conteftations fe por- toit au Grand-Maitre d'Artillerie , enfuite à la Cour , fauf la Ju- rifdiction des Grueries , fans préjudice à l'exécution des Concor- dats pour les Terres de la mouvance. *Ord.* 10 *Août* 1724. *T. III. p.* 49. Bail de la fabrication des Poudres & Salpêtres, & fuppref- fion du Privilege du fieur Waren. *A. C.* 19 *Décembre* 1738. *T. VI. p.* 161. Défenfes d'embarraffer le Canal de la Poudrerie, & de placer des bois le long de fon enceinte. *A. Ch.* 12 *Juillet* 1743. *T. VII. p.* 23. Nouveau Bail. Permiffion au Fermier d'établir des Salpêtriers. Travail des Salpêtres. Défenfes aux Salpêtriers de les trafiquer, fous les peines du Faux-faunage. Prix des poudres. Dé- fenfes d'acheter des Poudres ou Salpêtres d'autres que du Fermier ou fes Prépofés. Ceux qui en fortiront des Etats, feront arrêtés s'ils n'ont pas de Paffe-port, & feront punis comme Contrevenans. Les Fabriquans de fauffe Poudres feront punis comme les Faux-Sau- niers. *V. SEL.* Les Salpêtriers tenus de réparer les murs & trous qu'ils auront faits, & remettre les lieux en leur premier état. Dé- fenfes de compofer en argent pour éloigner le Salpêtrier ; il ne peut falpêtrer qu'aux lieux indiqués par fa Commiffion. Ses Uften- files font infaififfables, excepté par ceux qui les ont fournis. Dé- fenfes aux Soldats de vendre, & aux Sujets d'acheter la Poudre du Magafin. L'entrée des matieres eft affranchie des Droits. Le bois de Bourdaine de trois à cinq années de crûte, à douze lieues des Moulins à Poudre, ne peut être vendu qu'au Fermier. Dimenfions & prix des Fagots ; permiffion au Fermier d'en couper par-tout, en payant le prix fixé. Les délits, par lui commis, fe jugent en Grue- rie. La connoiffance du fait des Poudres & Salpêtres eft réfervée au Confeil. *Lett. Pat.* 3 *Juillet* 1747. *T. VII. p.* 151. Il doit être dreffé un Etat contenant l'ordre des Villages à falpêtrer de proche en proche. Un Salpêtrier ne fortira d'un Village pour un autre, qu'en juftifiant, par un Certificat du Syndic du lieu de la fortie, qu'il y a entiérement achevé fon ouvrage. Il doit montrer fes ordres à fon arrivée en chaque Village. Confirmation des Régle- mens précédens. *A. C.* 14 *Août* 1748. *T. VII. p.* 127. Arrondiffement général par Maitrifes d'Eaux & Forêts. Le Directeur des Salpêtres doit fournir chaque année, pour la fuivante, l'Etat contenant le nom des Salpêtriers qu'il employera, les Villages où il les enverra, le tems à-peu-près qu'ils y demeureront, les Bois qu'ils pourront y employer; cet Etat ne pourra varier. La fourniture du Bois fe fera fuivant les anciens Réglemens. Qualité du Bois à fournir. Sa longueur. Il fe prendra dans les affouages, & fera conduit chaque mois au pied de l'Attelier, moyennant cinq livres dix fous par corde; à charge de le conduire fur place à une demi-lieue, & quinze fous d'augmentation par demi-lieue au delà. Les Salpêtriers ne fréquenteront plus dans les Forêts des Communautés. La délivrance ne fe fera qu'après le paiement. Fixation du prix du Bois dans les Forêts de S. M. & des Vaffaux; il y fera façonné par le Salpêtrier qui fera garant des délits. Le prix du Bois, les Amendes & Intérêts fe paieront par le Directeur fur le prix des Salpêtres fournis par l'Ouvrier. Le Salpêtrier ne peut vendre le Bois. Les Communautés lui paieront le Bois qui lui reftera à fa fortie. Celui qui reftera, venant des Bois de S. M. & des Vaffaux, fera vendu par les Forêtiers. *A. C. 16 Mars 1754. T. IX. p. 137.* Le Directeur fournira fes Etats en Janvier de chaque année. Cet Etat fera vu & corrigé par M. l'Intendant, qui en fera remettre le double au Directeur, pour le remettre, en Mars, au Grand-Maitre des Eaux & Forêts, à l'effet d'être par lui pourvu aux délivrances de Bois avant le mois d'Octobre. L'Etat des délivrances, dans les Bois de S. M. fera fourni au Directeur. Fixation de la longueur & de la qualité du Bois. Les Greffiers de Maitrifes remettront au Directeur les Extraits des ordres du Grand-Maitre, pour les délivrances à faire dans les Bois Communaux & ceux des Seigneurs, (dont les Officiers des Vaffaux ont la délivrance,) ainfi que les Extraits des délivrances faites dans les Bois de Sa Majefté. Réglement pour les délivrances de Bois dans les Forêts des Communautés, ainfi que pour l'exploitation, la conduite, le paiement & le partage entre les Habitans, des Bois reftans après l'ouvrage du Salpêtrier. Réglement pour les délivrances, exploitations, &c. dans les Bois du Roi & ceux des Particuliers. Si le Salpêtrier a befoin de Bois, au delà de ce qui eft ordonné par l'Etat, il l'achetera de gré & à gré; il fera voituré par les Communautés au prix fixé pour les voitures. Le Bois ne leur fera forni qu'après avoir exhibé leur ordre; le Directeur étant garant du paiement, les Uftenfiles des Ouvriers feront infaififfables. *A. C. 14 Mars 1764. T. X. p. 275.*

POLICE (CHAMPETRE.) V. *MAIRE.*

(MILITAIRE) Ordonnance concernant le Régiment aux Gardes. *Ord.* 12 *Décembre* 1698. *T. I. p.* 103. Réglement pour la retraite ; on doit avoir du feu de nuit dans les rues. Les Cabarets sont interdits après la retraite. *Ord. Pol.* 29 *Octobre* 1734. *T. V. p.* 183.

(BOURGEOISE.) Réglement contenant les objets auxquels doivent veiller les Commissaires de Quartier. *Ord. Pol. Mai* 1699. *T. I. p.* 166. Les Hôtels de Ville de Lorraine connoissent des faits de Police conjointement avec les Chefs de Police. *Décl.* 3 *Décembre* 1717. *T. II. p.* 149. L'Hôtel de Ville de Nancy juge des appels des Jugemens du Lieutenant-Général de Police. *V. HÔTEL* DE *VILLE.* Police concernant les Entrans dans les Villes, Loueurs de Chambres garnies, les Matrônes, les Joueurs d'Instrumens, les Filles suspectes. Les Juges doivent faire droit sur les plaintes des Curés. Les Marchands doivent observer les Dimanches & Fêtes. Jeux de hazard prohibés. Réglement concernant l'établissement des Etrangers, les Cabarets , &c. *Décl.* 1 *Septembre* 1730. *T. V. p.* 99.

(DE L'UNIVERSITÉ.) Défenses aux Ecoliers, même ceux de Droit & Médecine, de porter l'épée, à peine d'être exclus des Etudes & Degrés ; défenses de leur donner à boire ou à jouer aux heures des Ecoles, pendant le Service Divin ou la nuit ; de leur prêter de l'argent ou leur faire crédit. Les Ecoliers de l'Université doivent se faire inscrire dans la huitaine du jour de l'arrivée , & déposer leurs épées chez le Receveur , qui ne la leur rendra qu'au départ. Défenses aux Bourgeois de retenir lesdites armes , de leur en prêter, louer ou laisser prendre. Les Ecoliers doivent se retirer chez les Hôtes avant huit heures & demie en Hiver, & neuf & demie en Eté. Défenses de les recevoir ailleurs, l'heure passée; défenses aux Aubergistes, Traiteurs, &c. de prendre des Ecoliers en Pension. Les Etudians en Droit & Médecine, qui contreviennent aux Ordonnances qui les concernent, perdent un Trimestre la premiere fois, deux la seconde , & sont la troisieme fois déclarés incapables de Grades; les autres Ecoliers tiennent huit jours de Prison la premiere fois, quinze la seconde , & sont chassés des Ecoles la troisieme. Les Bourgeois ne peuvent les tenir pendant plus de huit jours, s'ils ne sont inscrits. La Police appartient au Conservateur ou son Lieutenant & au Promoteur. *Ord.* 18 *Février* 1701. *T. I. p.* 345.

PORTION (CONGRUE) fixée à trois cens livres pour les Curés qui n'ont pas de Vicaires, & à quatre cens cinquante livres pour ceux qui en ont, à prendre fur les Dimes Eccléfiaftiques, & fubfidiairement fur les Laïcs & Inféodés; fi mieux n'aiment les Décimateurs abandonner toute la Dîme. L'option du Curé ne dure que pour le tems qu'il tient le Bénéfice; il doit la faire dans les quinze premiers jours de Janvier, qui fuivront la Loi nouvelle. Les Pourvus de Cures à la fuite feront l'option dans les quinze premiers jours de Janvier, qui fuivront leurs Inftitution & Prife de Poffeffion ; jouiront du Bouverot & du Fixe, en faifant état de la valeur au Décimateur, à compte de la Portion congrue, fur l'eftimation amiable ou par Experts convenus ou nommés aux Bailliages. La Portion ou mieux Value fe paie par quartier & d'avance. Dans le Fixe abandonné au Décimateur ne font compris le Cafuel, les Fondations pour Obits, &c. mais bien les Novales. *Ed. 30 Septembre 1698. T. I. p. 72.* Le choix de laiffer le Fixe au Curé à compte de la Portion congrue eft donné aux Décimateurs; excepté que le Bouverot demeure au Curé en précomptant de la valeur. Délai accordé au Décimateur pour faire fon choix. *Ord. 20 Février 1699. T. I. p. 135.* Permiffion d'opter de nouveau. *Décl. 14 Juin 1720. T. II. p. 363.* La Portion congrue eft fixée à quatre cens livres pour 1725 & pour 1727. *A. C. 28 Novembre 1725. T. III. p. 128. A. C. 11 Novembre 1726. T. III. p. 197.* Il eft permis aux Curés de renoncer aux Traités faits avec les Décimateurs, à l'effet d'opter les quatre cens livres, fi mieux n'aiment les Curés & Décimateurs faire de nouvelles conventions. *Décl. 3 Janvier 1727. T. III. p. 209.* Fixation pour 1728 à quatre cens livres. *A. C. 4 Décembre 1727. T. III. p. 260.* Pareille Fixation pour 1729, la Portion des Vicaires eft de deux cens livres. *A. C. 17 Janvier 1729. T. III. p. 323.* De même pour 1731, 1732, 1733, 1738, 1739, 1740, 1748. *A. C. T. V. p. 114. 171. 195. T. VI. p. 101. 179. & 216.*

POUILLÉ. Défenfe de vendre & débiter le Pouillé des Bénéfices du Diocèfe de Toul, imprimé en 1711, de le citer en Juftice, & aux Juges d'y avoir égard. *A. Cour 30 Mai 1712. T. I. p. 773.*

POURSUITES. V. *Main-morte, Droit.*

POUVOIR. V. *Procureurs.*

POULETS. V. *Dixmes.*

PRÉLAT. V. *Cour, Offices.*

PRENY. V. *Pagny.*

PRESBYTERE. V. *Curés.*

PRESCRIPTION. V. *Main-morte.*

PRÉSÉANCE. V. PRÉVÔT.

PRÉSENTATION. Etabliſſement d'un Greffe des Préſentations dans tous les Sieges Royaux & Juſtices Prévôtales des Vaſſaux. Tarif des Droits. La Cédule doit' être remiſe à l'Huiſſier-Audiencier avant l'Appel de Cauſe. Défenſes aux Avocats & Procureurs de comparoitre ſans en être munis. *Ed.* 11 *Décembre* 1718. *T. II. p.* 218. Cas où l'on doit en prendre ; exception à la Regle. Les Clercs peuvent les lever & ſigner la Minute du Régiſtre. On en exige dans les Juriſdictions des Hôtels de Ville , Juges-Conſuls, &c. *Décl.* 27 *Juillet* 1719. *T. II. p.* 282. Les Adjudicataires par Décret, Licitation ou Vente volontaire en Juſtice , doivent en prendre. *A. Ch.* 27 *Mai* 1724. *T. III. p.* 30. On ne doit en prendre pour les remiſes de Cauſes, que quand il y a lieu au Droit de Siege , à la Barre ou à l'Audience. *A. Cour* 3 *Janvier* 1744. *T. VII. p.* 35. Fixation du Droit dans les Maitriſes. *A. Cour* 18 *Février* 1756. *T. IX. p.* 243. Cet Arrêt eſt annullé & déclaré incompétemment rendu ; le Droit eſt fixé à un franc ſix gros outre le Papier , comme aux autres Sieges reſſortiſſans immédiatement aux Cours, ſuivant l'Article III. de la Déclaration de 1719. *A. C.* 3 *Avril* 1756. *T. IX. p.* 254. Soumiſſions au bas des rapports ne ſont ſujettes au Droit de Préſentation. *A. Ch.* 18 *Juin* 1723. *T. II. p.* 640.

PRÉSIDENT. V. COUR, CHAMBRE DES COMPTES, OFFICES.

PRESSOIRS (BANNAUX.) Réglement pour la conduite des Preſſoirs de Pagny. Le Commis qui tient le Rôle pour la conduite des Preſſoirs , doit prêter ſerment ; ne pas déſemparer de ſon domicile , dès la veille des vendanges , depuis huit heures du matin juſqu'à dix, & depuis deux heures de relevée juſqu'à quatre , pour y recevoir gratuitement les inſcriptions. Le Rôle ſera affiché la veille pour ceux qui preſſureront le lendemain ; le Commis percevra deux ſous pour chaque Extrait des Places qui lui ſera demandé. Les Preſſoirs ſeront en état la veille de la vendange. Ils ſeront conduits par un nombre ſuffiſant d'Ouvriers que le Fermier nourrira. Les Hottes & Tandelins pour porter les marcs aux Preſſoirs, ſeront étalonnés. On ne doit preſſurer que trois Pains par jour ; il doit y avoir une heure de délai entre chaque recoupe, à compter de l'inſtant que la pierre ſera levée de trois tours de vis, s'il eſt poſſible , ſans dommage. Le Fermier ne percevra rien au delà de ſon Droit, & ne donnera pas une cinquieme recoupe. *A. Cour* 11 *Août* 1719. *T. II. p.* 288. Réglement pour la Bannalité des Preſſoirs de Bar. On doit y preſſurer les Raiſins qui ne proviennent pas du Ban, s'ils ont été conduits

à

à Bar. Ceux qui ont permiſſion de tenir Preſſoir, ne doivent en uſer que pour leurs propres Fruits. Les Preſſoirs conſtruits ſans permiſſion feront démolis. Le cens, pour ceux qui ont obtenu permiſſion, eſt de ſix francs par Preſſoir. Les Bannaux doivent ſe faire inſcrire de ſuite en ſuite pour prendre jour, ſuivant l'ordre où ils ſe préſentent. *Décl. 1 Septembre* 1724. *T. III. p.* 61. Les Vignes plantées au Bailliage d'Allemagne, depuis 1698, ſont affranchies de la Bannalité. *Ed. 11 Avril* 1718. *T. III. p.* 276. Le Fermier eſt tenu, s'il eſt requis, de délivrer l'Extrait de l'Enrégiſtrement; il ſert à ſe faire inſcrire de nouveau ſur la feuille, vingt-quatre heures avant de preſſurer. Excepté le cas d'accident, le Fermier eſt tenu des retards. Les Preſſoirs doivent être en état quinze jours avant la Vendange. Le Bourgeois qui manque l'heure doit le Droit, ſi ſa place n'a été priſe. Après quatre heures de retard, ſi le Preſſoir eſt occupé, le Bannal peut aller ailleurs, en prenant congé du Fermier, qui devra le dommage. Si hors ce cas il donne des congés de ſortir, il ne lui ſera dû que trois francs pour douze pieces de Vin, & moitié pour ce qui ne ſe portera pas à cette quantité. Il donnera trois tailles à chaque Pain, & recevra deux francs par taille; le droit des tailles excédentes ne ſera que de dix-huit gros. Les marcs de douze pieces ſeront quatre heures ſur le Preſſoir; & cinq, s'ils excedent douze pieces. Le Fermier doit tenir une Horloge au Preſſoir & avoir deux hommes pour conduire chaque Preſſoir; les Bourgeois de la Ville-Haute ont droit de tenir des Preſſoirs. Le Fermier ne peut acheter les marcs qui ſortent de ſes Preſſoirs. *A. Ch. des Comptes de Bar* 13 *Août* 1725. *T. III. p.* 63.

PRÊT. Privileges à ceux qui ont prêté pour la ſubſiſtance des Habitans des Voſges en 1699. *Ord.* 13 *Mars* 1699. *T. I. p.* 142. *Ord.* 14 *Avril* 1699. *T. I. p.* 161. A ceux qui ont prêté aux Sujets en 1735. *Décl.* 3 *Septembre* 1735. *T. V. p.* 306.
Suppreſſion de l'Avertiſſement réciproque de Rembourſement, inſérée aux Prêts faits pour être employés à financer des Offices. Les Créanciers peuvent être rembourſés, à l'inſtant que le Prince aura luimême rembourſé les Titulaires des Offices ſupprimés par Edit du 11 Mars 1720. *Décl.* 30 *Mars* 1720. *T. II. p.* 328. V. *DETTES D'ÉTAT, ANNUEL, ENFANS DE FAMILLE.*

PRÉVENTION. V. *COUR, CHAMBRE, BAILLIAGE, EAUX ET FORETS, MARÉCHAUSSÉE, BOIS, COMMUNAUTÉS.*

PRÉVOT. (GRAND-PRÉVÔT.) V. *MARÉCHAUSSÉE.*

(OFFICIER DE JUSTICE.) Les Prévôts créés par la France ſont maintenus proviſionnellement. *Ord.* 15 *Février* 1698. *T. I. p.* 7. Les

V

Prévôts ne doivent vifiter les Ufines des Domaines, s'ils ne font dé-légués de la Chambre. *A. Ch.* 11 *Juin* 1698. *T. I. p.* 15. V. OF-FICES. Un Prévôt gradué d'une Terre titrée, a le pas avant un Gen-tilhomme qui ne poffede dans le lieu aucun Fief ni Seigneurie. *A. C.* 11 *Mai* 1711. *T. II. p.* 466. Prévôts ne doivent juger feuls, qu'à l'abfence des autres Officiers. *A. Ch.* 8 *Août* 1711. *T. II. p.* 565. Ils ont fix fous de France par feuille pour Droit de Décret des Re-quêtes. *Décl.* 15 *Janvier* 1752. *T. VIII. p.* 333. Ils avoient l'auto-rité pour la fûreté des chemins. *Ord.* 11 *Mars* 1699. *T. I. p.* 149. V. BAILLIAGE.

(DE COLLÉGIALE.) Dignité de Prévôt rétablie à la Primatiale, pour avoir rang après le Doyen & percevoir deux Prébendes. *Lett. Pat.* 28 *Octobre* 1748. *T. VII. p.* 144.

PRIÈRES (PUBLIQUES.) V. MANDEMENS.

PRIMATIALE. Union du Chapitre de S. George à la Primatiale. *Lett. Pat.* 10 *Septembre* 1741. *T. VI. p.* 340. Réglement à ce fujet & pour le paiement des dettes ; établiffement d'un Maître de Fabrique. Réglement pour l'Acquit des Fondations. La diftribution aux Cha-noines & Vicaires, qui affiftent aux Services de fondation, eft d'une fomme de douze cens livres. Il eft défendu d'enterrer des Etrangers dans l'Eglife fans permiffion du Roi. *A. C.* 11 *Décembre* 1744. *T. VII. p.* 60. V. INVENTAIRES, PRÉVÔTS.

PRISONNIERS, ⎰ Réglement pour les Prifons. Fixation du Droit de
PRISONS. ⎱ Geolage. Le Geolier doit inférer par détail les effets & linges des Prifonniers, & donner quittance de ce qu'il recevra. Le Prifonnier peut occuper une chambre feul, s'il eft poffible, fans incommoder les autres. Prix de cette chambre & du lit ; détail de l'entretien. Le Geolier peut tenir un Prifonnier en penfion. Il doit fournir les vivres au prix des Réglemens de Police, outre une mo-dique rétribution. Les Prifonniers peuvent les faire venir du dehors. Heures où ils doivent être renfermés ; heures de falle. Le Geolier doit fe contenter d'une promeffe du droit de gite & nourriture, lors de la fortie d'un Prifonnier, fans pouvoir le retenir pour ce motif. Réglement pour la fourniture de la paille ; le Geolier ne peut refferrer ni relâcher un Prifonnier, fans ordre par écrit figné du Juge. Les Criminels ne doivent pas communiquer avec des Perfonnes du dehors dès Prifons, avant d'avoir prêté leur In-terrogatoire ; même après, fi le Juge l'avoit ainfi ordonné. Dans les cas où ils auront la liberté de converfer avec Gens du dehors, ce ne fera qu'en préfence du Geolier. Les Prifonniers pour le même

fait criminel feront féparés. On ne doit point communiquer par billet, ni autrement, avec ceux détenus aux cachots. Nul étranger ne doit coucher dans les Prifons, même une Femme avec fon Mari, fi le Juge ne l'a permis. Les Prifonniers pour crime n'ont feu ni chandelle, & ne doivent fumer. Les Aumônes doivent être diftribuées fur le champ. Les Prifonniers ne doivent vendre les vivres qui leur viennent du dehors. Défenfe au Geolier de maltraiter les Gens qui vifitent & fecourent les Prifonniers, d'ufer de voie de fait envers les Prifonniers ; fauf à fe plaindre au Juge, s'il échet. Il vifitera les Prifons avant de fe coucher. Il avertira M. le Procureur-Général des réparations à faire aux Prifons, & des Prifonniers malades qui feront à foulager ; il fera civilement refponfable des faits de fes Enfans & Domeftiques ; fera garant des évafions qui arriveront de fa faute ou négligence. Ne recevra rien au delà des droits à lui attribués. M. le Procureur-Général, ou fes Subftituts, vifiteront les Prifonniers chaque huit jours, pour recevoir leurs plaintes. Les Jugemens d'Elargiffement feront lus fans frais, le même jour ; & exécutés à l'inftant, après les avoir annotés au Régiftre de la Geole. *A. Cour* 12 *Mai* 1699. *T. I. p.* 176. Fixation du prix des lits & droits de gite ; le Geolier ne doit pas recevoir l'argent donné au Prifonnier pour aliment, fi ce n'eft de fa main, fauf, s'il ne paie pas le lit, à le mettre à la paille. *A. Cour* 22 *Juin* 1699. *T. I. p.* 188. Le Geolier doit fournir aux Prifonniers tant d'eau de fontaine qu'ils n'en manquent jamais. L'ufage des latrines doit être libre au Prifonnier fur fa premiere réquifition. Heures de falle. Il eft permis au Prifonnier civil de boire & manger modérément avec l'Etranger. Chaque Perfonne ne doit boire plus d'une chopine de vin. Fixation des Droits d'entrée, d'écroue & de fortie payables par le Créancier. Il n'eft dû d'autre Droit que celui de fortie, par un Créancier qui retiendra un Prifonnier. Défenfes au Geolier de fouiller les Etrangers, fauf à vifiter les vivres qu'ils apportent, fans les endommager ; de retenir les alimens que le Prifonnier feroit venir du dehors. Les Prifonniers peuvent fe procurer des couvertures, s'ils font à la paille. *A. Cour* 4 *Avril* 1702. *T. I. p.* 355. La Cour ordonne la reftitution de Prifonniers criminels évadés des Prifons de Befançon, à charge de réciprocité. *A. Cour* 26 *Novembre* 1712. *T. I. p.* 784. Les Vaffaux doivent bâtir des Prifons convenables à rez de chauffée. *A. Cour* 7 *Avril* 1716. *T. II. p.* 87. Augmentation du prix des alimens du Geolier aux Prifonniers. *A. Cour* 6 *Juillet* 1720. *T. II. p.* 376. Le Geolier tenu de fe conformer aux Réglemens pour la fourniture de la paille tous les quinze jours, de traiter les Prifonniers avec modération ; fauf, en cas d'infulte, à s'en plaindre à M. le Procureur-Général ; de leur délivrer exactement le bois fourni par la Miféricorde. Défenfes de boire avec fes Penfionnaires hors des repas ordinaires. Ordre aux Guichetiers de faire les commiffions des Prifonniers fans les maltraiter ; fauf à eux, s'ils font infultés, de s'en plaindre au Geolier. Défenfes aux Guichetiers d'exiger aucune chofe de ceux qui vifitent les Prifonniers. *A. Cour* 24 *Février* 1744. *T. VII. p.* 37. Autre Réglement pour l'exécution d'une partie des précédens. *A. Cour* 12 *Février* 1745. *T. VII. p.* 67. Augmentation du prix des alimens. *A. Cour* 9 *Juillet* 1749. *T. VIII. p.* 66. V. *PROCÉDURE.*

PRIVILEGES. Tous les Ordres de l'Etat font maintenus dans leurs Privileges, Loix & Ufages. *Lett. Pat.* 18 *Janvier* 1737. *T. VI. p.* 8 & 16. *Lett. Pat. Février* 1766. *T. X. p.* 416. V. *ÉTRANGERS, ARTS ET MÉTIERS, MARIÉS, MANUFACTURES, PRET.*

PROCÉDÉ. V. *DUEL, CARTEL.*

PROCÉDURE (CRIMINELLE.) Les Prévôts & les Subftituts, les Lieutenans-Généraux & Procureurs de S. A. MM. les Premiers Préfidens & Procureurs-Généraux des Cours Souveraines, doivent taxer fans frais les dépens des Procédures criminelles, chacun dans leur Siege. Ceux de Maréchauffées font taxés aux Bailliages. Les Exécutoires font decernés fous le nom des Greffiers contre le Fermier du Domaine, pour falaires de Témoins, alimens & médicamens, conduite & reconduite des Prifonniers, moyennant Quittance pardevant Notaires ; excepté pour le falaire des Témoins, dont le paiement fera fuffifamment juftifié par la remife des exploits taxés. Les Exécutoires ne comprendront pas les épices ni les vacations des Juges & Greffiers ; fauf à les prendre fur les biens des Condamnés. Les Exécutoires des Juftices inférieures feront vifés par les Chefs des Cours où ils reffortiffent. Les frais de conduite, alimens, écroue & port du Procès au Greffe, s'adjugent au rabais & fe paient moitié d'avance ; ce qui a lieu dans les Juftices des Vaffaux. Fixation du prix des alimens à fournir par le Geolier. *Ord.* 24 *Janvier* 1699. *T. I. p.* 131. V. *GEOLIER.* L'inftruction des Procédures de Maréchauffée fe faifoit par un Officier du Bailliage, nommé par le Chef de la Compagnie ; elles s'inftruifoient en préfence de l'Exempt ou du Brigadier. *Décl.* 1 *Avril* 1702. *T. I. p.* 352. Les Procès criminels pour infraction de ban, & les Procès contre les Vagabonds, fe font prévôtalement. Les Officiers des Vaffaux doivent les renvoyer aux Juges Prévôtaux avec les Procès-verbaux qu'ils auront dreſſés. *A. Cour 21 Juin 1732. T. V. p. 174.* V. *DUEL , CARTEL , MARÉCHAUSSÉE.*

(CIVILES.) On doit juger ſommairement les Affaires en matieres légeres, & déférer le Serment d'une Partie à l'autre , ſi elles ſont contraires en faits. *A. Cour 14 Janvier 1726. T. III. p. 144.*

PROCÈS-VERBAUX (DES EMPLOYÉS DES FERMES.) V. *INSCRIPTION DE FAUX.*

(DE CONTESTATIONS.) Doivent contenir les Concluſions certaines à la fin des Conteſtations de chacune des Parties. *A. Cour 15 Février 1760. T. X. p. 41.*

PROCESSION. Réglement pour celle de la Fête-Dieu , à laquelle le Prince aſſiſtoit. *A. Cour 15 Juin 1699. T. I. p. 180.* Rang entre les Officiers. V. *OFFICIERS.*

PROCUREUR (GÉNÉRAL.) V. *AVOCAT-GÉNÉRAL.* Création d'un Procureur-Général aux Requêtes du Palais, & Suppreſſion de l'Office d'Avocat-Général. *Décl. 28 Mai 1711. T. I. p. 735.* Le Procureur pour le Souverain, au Bailliage de Baſſigny, eſt qualifié de Procureur-Général. *A. C. 10 Juin 1706. T. III. p. 415.*

(DU ROI) a voix délibérative dans ſon Siege, aux affaires où il ne porte pas la parole. *Edit 31 Août 1698. T. I. p. 40.*

(D'OFFICE) doivent réſider dans les Etats. *A. Cour 17 Août 1730. T. V. p. 96.*

(SYNDICS.) Leur Office eſt compatible avec ceux d'Officiers du Parquet dans les Sieges Royaux, moyennant finance. *Edit 10 Mai 1723. T. II. p. 619.* Les Offices créés par cet Edit, qui n'ont été levés, ſont électifs à vie, en aſſemblée des Officiers des Hôtels de Ville. *A. C. 24 Août 1723. T. II. p. 653.* V. *OFFICES.*

(POSTULANS.) Leur premiere création dans les Bailliages. *Edit 20 Janvier 1699. T. I. p. 111.* Défenſes à tous autres de poſtuler. *Ord. 10 Avril 1699. T. I. p. 157.* Nouvelle création à vie, dans les Cours Souveraines de Lorraine & Sieges Bailliagers. Leurs fonctions. Le Réglement de 1701, pour les Avocats, eſt commun aux Procureurs ; ils devoient avoir vingt ans accomplis, ſubir examen, information de vie & mœurs. Fixation des frais de réception; ceux des Cours doivent avoir fait trois ans de Pratique ; & ceux des Sieges inférieurs, deux ans. Dans le cas de mutation, les Papiers paſſent au ſucceſſeur, qui doit compter aux Héritiers de moitié des Vacations des affaires commencées, leurs Offices ſont compatibles avec ceux de Tabellion , Curateur en Titre & Commiſſaire

aux Saifies réelles. *Ed.* 1 *Novembre* 1704. *T. I. p.* 459. Les Avocats, dans certains Bailliages fpécifiés, font autorifés à lever des
Offices de Procureur fans déroger, même à la Nobleffe. Augmentation du nombre des Procureurs dans quelques Sieges. *Décl.* 1
Août 1705. *T. I. p.* 489. Délai d'un mois aux Avocats pour lever
les Charges de Procureur, paffé lequel elles ne feront impétrables
que pour des Praticiens; avec défenfes aux Avocats d'en faire les
fonctions. *A. C.* 14 *Mars* 1706. *T. I. p.* 509. Création de trois
Procureurs à Lixheim. *Ed.* 16 *Mai* 1707. *T. I. p.* 598. Procureurs de la Chambre des Comptes pouvoient poftuler aux Confeils
des Finances, Bureau des Eaux & Forêts, & en celui des Dettes
d'Etat. *Décl.* 1 *Février* 1708. *T. I. p.* 623. Création de Procureurs
aux Requêtes du Palais. *Décl.* 18 *Mai* 1711. *T. I. p.* 735. Suppreffion des Procureurs dans tous les Sieges. *Ed.* 11 *Décembre* 1718.
T. II. p. 118. Procureurs poftulans doivent réfider dans les Etats.
A. Cour 17 *Août* 1730. *T. V. p.* 96. Nouvelle Création des Procureurs aux Cours Souveraines de Lorraine & au Bailliage de Nancy.
Leurs fonctions. La diftinction de leur robe de celle des Avocats.
Leurs vacations & droits. Doivent avoir vingt-cinq ans, trois ans
de Pratique dans les Cours, & deux ans au Bailliage; s'ils font
Avocats, il leur fuffit d'avoir fuivi les Cours pendant deux ans,
ils fubiffent examen & information de vie & mœurs. Leurs Offices
font compatibles avec ceux de Notaire, Curateur en Titre & Commiffaire aux Saifies réelles. *Ed.* 2 *Décembre* 1757. *T. VI. p.* 81.
Le Droit de Confeil eft fupprimé à leur égard. *Décl.* 26 *Décembre*
1757. *T. VI. p.* 94. Les Procureurs de la Chambre des Comptes
font fupprimés; le nombre de ceux de la Cour eft augmenté, ils
ont droit de poftuler à la Chambre. *Ed.* 25 *Janvier* 1738. *T. VI.
p.* 102. Ils ne doivent occuper pour les Communautés, fans autorifation de M. l'Intendant. *A. C.* 3 *Mai* 1738. *T. VI. p.* 115. On
ne doit former Demande en reprife d'Inftance; lorfque, par un
Déport ou Arrêt confirmatif, on fuit les derniers Errémens; il fuffit
d'un Avenir à Procureur. *A. Cour* 30 *Avril* 1755. *T. IX. p.* 191.
Ceux des Sieges inférieurs ne doivent faire taxer les dépens, qu'a-
près les délais qu'a la Partie adverfe pour interjetter Appel, fi ce
n'eft que le Client l'ait voulu & fe foit foumis aux frais de taxe,
le cas d'Appel échéant. S'il y a Appel, les dépens ne doivent être
taxés, s'il n'eft déclaré péri & défert, & qu'il ne foit pas relevé;
quand bien même il feroit ordonné que la Sentence feroit exécutée
nonobftant Appel ou Oppofition, en donnant caution. *A. Cour* 24

Juillet 1755. *T. IX. p.* 100. Ceux de la Cour ne doivent pourſui-
vre d'Audience en vacations dans les affaires qui font paſſées à la
Barre , s'ils n'ont notifié, quinze jours avant l'ouverture des Vacations , qu'ils la pourſuivront ; & s'ils n'ont énoncé le Proviſoire
pour mettre l'Adverſaire en état de conteſter. *A. Cour 9 Janvier*
1716. *T. IX. p.* 133. Notification du décès des Parties. V. *Décès.*
Ce que les Procureurs doivent éviter ou faire lorſque les Pieces
font miſes ſur le Bureau. V. *Pieces.* Les fonctions d'Avocats ſont
rendues compatibles avec celles de Procureurs. *Décl.* 13 *Octobre*
1757. *T. IX. p.* 376. Les Procureurs doivent ſignifier les Qualités , Ecritures , Actes de voyage & autres Actes dinſtruction de
Procédure. V. *Qualités.* Ils ne doivent former de Demandes
en vertu d'Actes authentiques non ſcellés. V. *Sceau.* Ils ne doivent faire aſſigner les Parties pour avances & vacations , ſi l'objet
n'eſt de cent francs dans les Cours , vingt-quatre livres de France
aux Bailliages , douze livres , même cours , aux Prévôtés Royales , quarante francs aux autres Sieges reſſortiſſans nuement à la
Cour , & vingt-cinq francs dans les Hautes-Juſtices. Dans leſdits
cas ils joindront leurs Mémoires aux Pieces , y énonceront les
avances à eux faites , & les préſenteront pour être taxés en la
maniere ordinaire. Les Taxes ſignées du Taxateur vaudront Exécu-
toire, ſauf l'Appel ou Oppoſition. Ils ne répéteront aux Parties
aucun voyage d'Huiſſier pour le premier commandement , ſauf à
n'employer que des Huiſſiers qui aillent exploiter dans le lieu ou
les environs. Fixations des vacations en taxant. Lors du Commandement, l'Huiſſier donnera copie figurée du Mémoire taxé. *Décl.*
11 *Avril,* 1760. *T. X. p.* 48. Les Procureurs de premiere Inſtance
doivent envoyer aux Procureurs des Sieges où ſe portent les Appels,
le Diſpoſitif des Sentences dont on voudra appeller. Ils ne doivent
point donner de Requête ſur Appels de permiſſion d'aſſigner, même
de Juges incompétens (ſauf la voie du Déclinatoire) de permiſſion
de ſaiſir & exécuter (ſauf les oppoſitions ou appel du Jugement
ſur le Déclinatoire) de Sentences de remiſes pour communiquer
ou ſignifier des défenſes ; à moins de motifs particuliers à déduire
dans les Requêtes. V. *Intimations.* Ils doivent ſignifier des
Défenſes & des concluſions, communiquer les Pieces, préparer les
Cauſes communicables ; défenſes de ſignifier plus d'un Acte pour
un Avenir, Sommation, Interpellation en même tems ; & aux autres
Procureurs d'en ſignifier , lorſqu'ils en auront reçu de l'Adverſaire.
Ils doivent compoſer les liaſſes de Production par dates, en ôter

les pieces inutiles, & les copies dont on ne peut tirer induction ou dont les originaux feroient produits. Doivent faire copier lifiblement les Titres anciens & difficiles à lire, & les joindre aux originaux ; coter les Pieces par nombre & liaffe en marge des Ecritures ; prendre des conclufions certaines à la fin de leurs comparutions aux Procès-verbaux ; & défigner dans les qualités des Parties, à la tête des Ecritures, celles contre lefquelles il y a des Demandes ou Appels incidens qui les concernent. *A. C.* 15 *Février* 1760. *T. X. p.* 41. Défenfes de donner plus d'une copie de Jugement au Procureur occupant pour plufieurs Parties. Doivent obferver les délais pour les pourfuites en défertion d'Appel ; remettre à leurs Parties, même aux Adverfaires, les Mémoires détaillés de leurs dépens, même ceux payés amiablement, avec quittance au bas; & leur rendre, à la premiere réquifition, l'excédent, s'il échet, enfuite des taxes du Juge fupérieur, à la vue de la copie defdites taxes; fauf l'Appel de la taxe & défenfes au contraire. Ne peuvent exiger aucune gratification des Parties. *A. Cour* 11 *Août* 1755. *T. IX. p.* 105.

PRODUCTION. V. *Procureurs.*

PROFESSEURS. V. *Droit, Médecine, Université.*

PROFESSION (DES ARMES.) V. *Duel, Cartel.*

PROMESSE. V. *Prisonniers.* D'une perfonne ne fachant écrire ni figner. V. *Contrôle.*

PROVISIONS. V. *Offices, Notaires.*

PUBLICATION. Les frais d'envoi des Ordonnances & Réglemens aux Sieges inférieurs, pour y être publiés, fe paient fur les deniers des Villes où ils font envoyés. *Ord.* 14 *Janvier* 1699. *T. I. p.* 131.

Q

QUALITÉ. V. *Duel, Cartel.*

(PROCÉDURE.) Les qualités doivent être fignifiées. *A. Ch.* 5 *Mai* 1711. *T. I. p.* 714. Elles doivent l'être avant l'Audience, & remifes au Greffier avant l'appel de caufe ; contenir les noms des Parties, les dates & difpofitifs des Jugemens, dont eft appel ; à l'effet de quoi les Conclufions feront fignifiées vingt-quatre heures avant le Parquet ; ou trois jours avant l'Audience, à toutes les Parties, s'il n'y a pas lieu à la communication au Parquet ; à défaut de quoi la Caufe fera remife aux frais du Procureur contrevenant. *A. Cour* 11 *Août* 1751. *T. VIII. p.* 391. Les qualités doivent contenir les dates des Exploits, le nom de l'Huiffier, la date & le lieu du Contrôle ;

trôle; être fignifiées avant d'obtenir l'expédition du Jugement, ce dont les Greffiers s'affureront fur les Pieces, & feront mention du tout dans les Expéditions. Les fignifications feront fignées des Huif-fiers. *A. Ch.* 13 *Juillet* 1732. *T. V. p.* 183. Les Qualités doivent être remifes au Greffier avant l'appel de Caufe. *A. Cour* 19 *Novembre* 1753. *T. IX. p.* 80.

QUART DE RÉSERVE. *V. COMMUNAUTÉS, EAUX ET FORETS.*

QUARTENIER. *V. COMMISSAIRE DE QUARTIERS.*

QUERELLE. *V. DUEL, CARTEL.*

QUÊTE. *V. HERMITES, INCENDIÉS.*

R

RANG. *V. CARTEL, PRÉVÔT, PROCESSION, OFFICIERS, RECEVEUR.*

RAPPORTS (DE BOIS.) *V. BOIS, DÉLITS, COMMUNAUTÉ, CHASSE, PESCHE, EAUX ET FORETS.*

(FOIRES.) *V. FOIRES.*

RÉARPENTAGE doit fefaire avec le Récolement & Souchetage, en pré-fence de tous les Officiers, du Greffier, de l'Arpenteur qui a me-furé avant l'adjudication, & de l'Adjudicataire; de quoi les Grands Gruyers fe feront repréfenter les Procès-verbaux, pour en faire le refcenfement; drefferont eux-mêmes Procès-verbal pour conftater la différence entre l'état des Ventes, & le Réarpentage & Récole-ment. *Décl.* 11 *Mai* 1739. *T. VI. p.* 190. Les Procès-verbaux de Réarpentage feront joints à ceux de Récolement; les uns & les autres communiqués aux Subftituts. S'ils font dans le cas de prendre, aux bas defdits Procès-verbaux, des réquifitions contre les Adjudi-cataires, elles leur feront fignifiées trois jours avant le Jugement pour y répondre; lequel tems paffé, fera rendu Jugement, qui énon-cera les furmefures & moins-de-mefures, prononcera les amendes & dommages-intérêts pour raifon d'outre-paffes, ou délits. Le Réar-penteur fera payé lors du dépôt du Procès-verbal. Si la furmefure excede deux Arpens fur vingt, le Grand-Gruyer l'énoncera dans fon Procès-verbal; fauf en tout la Jurifdiction dudit Grand-Gruyer pour la réformation. *A. C.* 18 *Avril* 1744. *T. VII. p.* 43. Les Adjudicataires ne doivent être affignés fur les Procès-verbaux de Récolement; fauf aux Gens du Roi à requérir aux bas d'iceux. *A. Ch.* 16 *Mai* 1764. *T. X. p.* 316.

REBELLION. *V. TABAC, SEL.*

RECELEURS. *V. DOMESTIQUES.* Défenfes aux Commiffaires de Quar-

X

tiers de receler les Contrevenans à la Police. *Ord. Pol. Mai* 1699. *T. I. p.* 166.

RÉCEPTION. Le Droit à payer par un Récipiendaire à l'Office de Juge dans les Bailliages du reffort de la Cour , eft fixé à un tiers du Droit de Sceau. *A. C. 4 Septembre* 1751. *T. VIII. p.* 394.

RECEVEURS (DES CONSIGNATIONS.) Leur création. V. OFFICES. Ils ont rang après le Parquet aux Cérémonies publiques. *Ed.* 1 *Septembre* 1705. *T. I. p.* 492. V. *HÉRÉDITÉ ANNUEL, COMMIS-SAIRES AUX SAISIES RÉELLES.* Les Offices peuvent être poffédés par des Nobles, des Avocats, des Procureurs, fans dérogeance ; les Titulaires n'ont rang qu'après les Receveurs des Finances. On ne peut ordonner en autres mains aucune Confignation. Dans les Hautes-Juftices elles fe font entre les mains des Greffiers , qui doivent être gens folvables. *Ed. 8 Mars* 1723. *T. II. p.* 592. Les Greffiers en poffeffion , avant ledit Edit, de recevoir les Confignations, y font maintenus. *Décl.* 13 *Avril* 1723. *T. II. p.* 614. Le Receveur-Général des Confignations a droit d'établir des Commis dans les Sieges Royaux, lefquels feront reçus par les Officiers du Siege , à l'exhibition d'une fimple Commiffion. *Ed. Juin* 1751. *T. VIII. p.* 254. L'Office de Receveur-Général eft Domanial ; il eft reçu à la Cour fur fa Quittance de Finance fans Provifions , après information de vie & mœurs, & avoir donné caution. Attribution de deux pour cent fur les fommes confignées , & de tous privileges dont pareils Offices jouiffent en France. *Ed. Février* 1757. *T. IX. p.* 334. Le Droit de Confeing eft dû pour Vente fur fimple affiche, quand il y a inftance de collocation entre les Créanciers du Saifi ; il eft dû dans le cas de faifies mobiliaires , où il y a inftance de préférence , & au moins deux Oppofans. Le Receveur-Général a un Privilege fur les meubles de fes Commis , fi fa faifie a la priorité. Il a hypotheque fur leurs Immeubles du jour que leurs Commiffions font régiftrées aux Greffes. Ses Commis jouiffent de toutes franchifes. *A. C.* 28 *Juin* 1760. *T. X. p.* 72.

(DES FINANCES) tenus de fatisfaire aux Mandemens de l'Intendant de l'Hôtel ; & doivent les rapporter dans la huitaine pour être vifés du Prince ; faute de quoi ils demeurent fans effet pour la dépenfe de leurs comptes. *Ord.* 7 *Août* 1701. *T. III. p.* 386. Ils doivent tenir des Régiftres de leur Recette, contenant chaque paiement , le jour , la date & le nom de celui qui l'a fait , la caufe du paiement, au nom de qui il eft fait, & le Bordereau des efpeces ; le Payeur fignera au Régiftre , recevra fa Quittance ; elle énoncera

le Bordereau. *A. Ch. 1 Août 1702. T. III. p. 403.* Ceux créés
en 1737 doivent préfenter un Etat de Recette & Dépenfe au Chef
du Confeil ; rendre compte à la Chambre dans l'année qui fuit l'exercice. Réglement fur leurs fonctions ; ils ne font pas tenus de donner caution. *Ed. 25 Septembre 1737. T. VI. p. 64.* V. Sceau.

(des Finances, Domaines & Bois.) Leurs fonctions. Ils doivent
remettre à la Chambre, chaque cinq ans, l'Etat des Domaines ;
même de ceux engagés ; à l'effet de quoi ils s'en feront donner des
déclarations par les Fermiers & Aliénataires, & par ceux-ci copies
de leurs titres. Les déclarations des Aliénataires feront renouvellées
chaque dix années, à peine de faifie des fruits. Lefdits Receveurs
ont entrée aux Archives & Tréfor des Chartres. Les Requêtes aux
fins d'être reçu à prêter foi & hommage, leur feront communiquées.
Ils prendront, quand bon leur femblera, dans tous les dépôts publics, des extraits des Actes concernans les Aliénations dans les
mouvances des Domaines, même engagés, & des Jugemens pro-
nonçant des confifcations au profit de Sa Majefté ; lefdits extraits ne
font pas fujets au droit de contrôle. Ils prendront, s'ils le veulent,
communication des minutes dans lefdits dépôts publics. Ils font la
recette du produit des Ventes de bois des Communautés Laïques,
& des quarts de réferve & ventes extraordinaires des Eccléfiaftiques,
dont ils retiennent fix deniers pour livre à leur profit ; à l'effet de
quoi les Greffiers des Maitrifes font tenus de leur délivrer des expéditions des Adjudications, ainfi que celles des Bois du Roi, &
en outre les expéditions des Procès-verbaux de réarpentage, ref-
fouchetache, Jugement fur iceux, &c. Quand ils affiftent aux Adjudications, ils ont la gauche du Commiffaire ou autre premier Officier fiégeant. Ils ne doivent être affignés enfuite de faifies entre
leurs mains ; fauf aux Créanciers à compulfer & vérifier les Etats
en leurs Bureaux. Ils ne font jurifdiciables, pour leur Office, qu'à
la Chambre. Les Exploits de faifie doivent leur demeurer pendant vingt-quatre heures pour les enrégiftrer. *Edit Septembre 1749.
T. VIII. p. 94.* V. Receveur Particulier.

(Particuliers) doivent être préfens aux Adjudications ; les Cautions font reçues avec eux. Ils peuvent être pourvus d'Offices à
vingt-deux ans. Ils ne font pas tenus de réfider au Chef-lieu de
l'Office, en s'y faifant remplacer. Eux & les Receveurs-Généraux
ont leurs Caufes commifes aux Requêtes du Palais ; font affimilés
à ceux établis en France & ont les mêmes Privileges. *Ed. Septembre
1749. T. VIII. p. 94.* Les Receveurs des Domaines & Bois ont

cinq fous pour livre fur les dommages-intérêts adjugés aux Communautés pour délits de Bois, à charge d'en faire le recouvrement. *A. C.* 10 *Juillet* 1751. *T. VIII. p.* 381. Ils ne doivent pas affigner les Adjudicataires en vertu des Procès-verbaux de Récolement ; fauf aux Gens du Roi à requérir les condamnations au bas. *A. Ch.* 26 *Mai* 1764. *T. X. p.* 316.

RÉCIPROCITÉ de Droits, Privileges, Prérogatives & Exemptions entre les François & les Lorrains. *Ed.* 30 *Juin* 1738. *T. VI. p.* 119. V. *Bénéfices, Cautions, Prisons, Haut-Conduit, Commerce.*

RÉCOLEMENT (en Procédure Criminelle.) V. *Information.* (de Bois.) V. *Bois, Eaux et Forets, Réarpentage, Délits, Communautés.*

RECRUES. Réglement pour la levée des Recrues Provinciales en Lorraine. *Ord.* 25 *Décembre* 1760. *T. X. p.* 95. Ces Recrues font fupprimées.

RECTEUR. V. *Université.*

RÉFORMATEUR, ⎰ V. *Eaux et Forets, Bois, Réarpentage,*
RÉFORMATION. ⎱ *Grand-Maitre.*

REGAINS. Permiffion en 1719 de mettre des Prés en réferve pour Regains, en forte que le parcours fur le refte du Ban ne foit pas empêché. *Ord.* 16 *Juin* 1719. *T. II. p.* 174. Le tiers des Prés réfervés eft aux Seigneurs Hauts-Jufticiers, les deux autres tiers fe partagent entre les Habitans, fuivant le nombre de leurs Chevaux, Bœufs & Vaches ; ne font compris dans les réferves les clos fujets à Regains. *Décl.* 13 *Juillet* 1719. *T. II. p.* 277. Permiffion de faire des Regains en 1723. Tous traités pour le Pâturage, dans les endroits mis en réferve, font annullés. *Ord.* 12 *Juin* 1723. *T. II. p.* 639. Partage comme en 1719. *A. C.* 6 *Juillet* 1723. *T. II. p.* 644. Mêmes permiffion & partage en 1729. *A. C.* 13 *Juillet* 1729. *T. V. p.* 12. Permiffion en 1731. *A. C.* 27 *Juin* 1731. *T. V. p.* 158. Ordre en 1734. La part des Seigneurs qui n'ont pas de Troupeau à part fur la Pâture, accroit aux Communautés. Les Seigneurs, dans ce cas, ont double part d'Habitans, par Bête. *A. C.* 6 *Juillet* 1734. *T. V. p.* 276. Permiffion en 1741. *A. C.* 3 *Juillet* 1741. *T. VI. p.* 181. La part des Seigneurs n'ayant Troupeau à part fur la Pâture, accroit aux Communautés. Celles-ci n'en peuvent vendre ni u'er que pour la nourriture de leurs Beftiaux. *A. C.* 27 *Juillet* 1744. *T. VII. p.* 48. Permiffion en 1746. *A. C.* 23 *Juillet* 1746. *T. VII. p.* 103. Permiffion en 1753. *Ord. de M. l'Intendant* 19 *Juin* 1753.

T. IX. p. 62. Permiffion en 1758. *Ord. de M. l'Intendant* 1 *Juillet* 1758. *T. IX. p.* 413.

RÉGENCE déférée à Madame Douairiere du Duc Léopold pendant l'abfence du Duc François. *A. Cour* 31 *Mars* 1729. *T. V. p.* 1. *Décl.* 22 *Janv.* 1730. *T. V. p.* 43. *Décl.* 23 *Avril* 1731. *T. V. p.* 141.

RÉGIMENT. Le Régiment aux Gardes a le pas fur les autres Troupes de S. A. R. *Ed.* 10 *Novembre* 1721. *T. II. p.* 516.

RÉGISTRES des Officiers de Juftice doivent être timbrés. *Ord.* 20 *Février* 1699. *T. I. p.* 138. Les Juges Domaniaux d.'vent en avoir de particuliers pour cette partie. *A. Ch.* 11 *Mai* 1700. *T. I. p.* 238. Les Commis du Contrôle doivent arrêter leurs Régiftres tous les foirs, y exprimer le total des Contrôles du jour, & faire mention, s'il n'y en a pas eu. *A. Ch.* 29 *Mai* 1723. *T. II. p.* 628. V. *Huissiers, Bapteme, Greffiers, Receveurs, Commissaire aux Saisies réelles.*

RÉGNICOLES. V. *Bénéfices.*

REINANGE. V. *Haut-Conduit.*

RÉJOUISSANCES. V. *Deuil, Mandemens.* Réjouiffances pour l'Arrivée de Mefdames en Lorraine. *A. Cour* 16 *Juin* 1761. *&* 22 *Mai* 1761. *T. X. p.* 147. *&* 189.

RELANGES. Prieuré uni au Chapitre de Darney. *Lett. Pat.* 5 *Mai* 1735. *T. V. p.* 301. Il a été défuni depuis, ou l'union annullée.

RELIEF. V. *Rescision, Mineur, Main-morte.*

RELIGIEUX ne doivent enfeigner les Etudians Séculiers. *A. Cour* 14 *Novembre* 1719. *T. II. p.* 297.

RELIGION. V. *Juifs.* Toute autre que la Catholique eft interdite dans les Etats. *A. Cour* 5 *Juin* 1698. *T. I. p.* 24. *Bis.* Ordre à ceux qui en profeffent d'autre, de vuider le Pays. *A. Cour* 5 *Août* 1700. *T. I. p.* 245.

REMBERVILLER. V. *Maréchaussée.*

REMEMBREMENT. Procès-verbaux de Remembrement doivent être remis par les Commiffaires, leurs Veuves ou Héritiers aux Greffes des Bailliages où reffortiffent les Bans remembrés, moyennant décharge. *A. C.* 19 *Septembre* 1711. *T. I. p.* 759. V. *Salines.*

REMERÉ. V. *Nonobstant.*

REMIREMONT. Commiffion à un Magiftrat de la Cour de mettre Madame la Princeffe Charlotte de Lorraine en poffeffion de cette Abbaye. *A. Cour* 11 *Avril* 1711. *T. I. p.* 711. Enrégiftrement d'un Bref pour la Vifite du Chapitre. *A. Cour* 23 *Décembre* 1726. *T. III. p.* 206. Les qualités induement attribuées à l'Abbeffe font fupprimées. *A. Cour* 19 *Avril* 1738. *T. VI. p.* 113. Inventaire des Effets de l'Abbatiale, fait par un Commiffaire de la Cour. *A. Cour* 12 *Juillet* 1738. *T. VI. p.* 121. Réglement pour la Jurifdiction commune entre les Officiers du Chapitre & ceux de S. M. *Décl.* 22 *Novembre* 1751. *T. VIII. p.* 323. Réglement pour la Jurifdiction commune des Eaux & Forêts. *A. Cour* 27 *Janvier* 1753. *T. IX. p.* 18. Ceux qui prétendent des Privileges dans les Juftices du Chapitre, doivent en produire les Titres. *A. Cour* 8 *Février* 1745. *T. VII. p.* 65.

RÉMISSION. V. *DUEL.*

REMONCOURT. Prévôté fupprimée & unie au Bailliage des Vofges. *Ed.* 30 *Avril* 1720. *T. II. p.* 341.

REMONTS. V. *ADJUDICATIONS.*

RENTES. V. *DETTES D'ETAT, MAIN-MORTE.*

RÉPARATIONS. V. *COMMUNAUTÉS, BIENS, DIXMES.*

RÉPIS. V. *COMMUNAUTÉS, JUIFS, DETTES.*

REPRISE. V. *FOI ET HOMMAGE.*

(D'INSTANCE.) On ne doit former Demande en Reprife d'Inftance, lorfqu'il y a eu déport d'Appel ou Arrêt confirmatif; on doit procéder, fuivant les derniers errémens, par un fimple avenir à Procureur. *A. Cour* 30 *Avril* 1755. *T. IX. p.* 192.

REPROCHES. On doit juger les Reproches, les Enquêtes & Contre-enquêtes, par un feul & même Jugement. *A. Cour* 18 *Janvier* 1756. *T. IX. p.* 236.

Les Accufés doivent être interpellés par le Commiffaire, lors de la confrontation, de fournir des Reproches contre les Témoins, fi aucuns ils ont. *A. Cour* 8 *Mars* 1756. *T. IX. p.* 246.

REQUÊTE (CIVILE.) V. *CASSATION.* Il y a lieu à Requête Civile, lorfque l'Arrêt eft rendu par dol, fraude, furprife des Adverfaires, ou dans le cas de la minorité; par précipitation ou autrement, faute de defenfes légitimes; s'il y a décès avant l'inftruction parfaite du Procès ou appointement; s'il y a eu fouftraction ou latitation de Pieces par fraude; s'il y a des Pieces recouvrées, qui euffent été décifives; ou autres caufes légitimes & d'équité, qui euffent fait juger en faveur du Condamné. La Requête civile fe porte à la Cour, & la Caffation au Prince, parce qu'en matiere de Requêtes civiles on ne touche pas au fait du Jugement, mais au fait du dol entre Parties, ou faute de défenfes. L'amende eft de cent cinquante francs, qu'il faut configner, dont deux tiers au Prince, l'autre à l'Adverfaire, fi le Demandeur fuccombe. *Ed.* 8 *Octobre* 1607. *T. I. p.* 32.

(DU PALAIS.) V. *CHAMBRE*.

(EN MATIERE DE DOMAINE.) V. *BAILLIAGE, AVOCAT*.

Requête pour le paiement de Billets fous feings privés. V. *CONTRÔLE*.

RÉQUISITIONS. Les Greffiers doivent les inférer dans les expéditions des Jugemens lorfqu'elles font prifes d'Office. *A. C. 8 Février 1754. T. IX. p. 109*.

RESAL. V. *FRANCS, OCTROIS*.

RESCISION (DE CONTRAT.) Pour léfion de moitié de jufte prix, & autres moyens de Reliefs & Bénéfice de reftitution, font admis en Lorraine ; en obtenant dans les dix anné s, date des Actes, un décret du Prince fur la Requête ; & les faifant entériner par le Juge compétent, contradictoirement, à peine de déchéance, le tems expiré, fans qu'on puiffe alléguer aucun prétexte contraire. *Ord. 8 Avril 1699. T. I. p. 153*. V. *MINEURS, MAIN-MORTE*.

RÉSERVE. V. *EAUX ET FORETS*.

RESTITUTION. V. *RESCISION, MINEURS, MAIN-MORTE*.

RETENUE. Suppreffion du Droit de Retenue, réciproque entre les Habitans du Comté de Ligny & ceux de la Prévôté de Bar, par la confufion des deux Seigneuries au Domaine. *Décl. 26 Février 1721. T. II. p. 444*.

RETRAIT (FÉODAL) de la Terre de Haroué (aujourd'hui Craon.) *A. Cour 17 Juin 1720. T. II. p. 366*. Les Gens de Main-morte doivent vuider leurs mains de ce qu'ils acquierent par Retrait Féodal. *Ed. Septembre 1759. T. X. p. 18*.

(LIGNAGER.) Le Lignager d'où meut l'Héritage vendu amiablement ou par décret, peut en exercer le retrait dans l'an & jour. Le retrait n'a pas lieu fi le Vendeur, ou la Partie faifie, avoit lui-même acheté l'Immeuble ; à moins que l'acquêt ne foit fait en fa ligne. Il n'eft pas néceffaire que le Retrayant defcende du premier Acquéreur, ni qu'il foit plus prochain du Vendeur, à moins qu'il ne foit en concurrence de jour. L'an & jour commencent du jour de la prife de poffeffion dans le cas de vente ; mais dans le cas d'un décret forcé, il n'eft pas néceffaire de prendre poffeffion ; l'an ne court qu'après la quinzaine laiffée au Débiteur pour rentrer en l'Héritage ; faute de prife de poffeffion, l'action en retrait dure dix ans, date du Contrat authentique. En Coutume de S. Mihiel, les ventes d'Immeubles ne fe publient plus. Réglement pour les retraits des Biens vendus avant l'Edit. La mife en poffeffion fe fait, pour les Fiefs, par un Notaire & deux Témoins ; ou deux Notaires ; ou un Huiffier du Siege de la Jurifdiction où reffortit le Fief,

& deux Recors : & pour les Biens de roture, par un Notaire &
deux Témoins; ou par deux Notaires; ou un Huiffier, ou Sergent
& deux Recors. Les Notaires feront de la même Prévôté ou Office
que l'Immeuble. L'es Témoins feront gens connus, demeurans dans
la Paroiffe du principal manoir où fera fait l'Acte de prife de
poffeffion. S'il y a plufieurs corps de Biens indépendans, il fe fera
autant de prife de poffeffion dans le lieu de chaque fituation. L'Acte
contiendra les noms des Inftrumentaires & Témoins, leurs furnoms &
demeures, le prix de l'acquifition, les conditions, les crédits ou les
paiemens, s'il y a des Vins, à combien ils fe montent, les nom,
furnom, qualité & réfidence de l'Acquéreur, la date du Contrat,
les nom, furnom & demeure du Notaire qui l'a paffé. L'Acte de prife
de poffeffion fera contrôlé, & de fuite régiftré au Greffe de la Juftice ayant Jurifdiction en premiere inftance fur le Bien. L'an &
jour du retrait ne courent que du jour de cet enrégiftrement. Le
Greffier a deux francs pour l'enrégiftrement, & autant pour l'expédition, fi le bien eft un Fief; & moitié s'il eft de roture, le papier
non compris. Le retrait fe fait valablement, en offrant à l'Acquéreur, denier à découvert, le prix, les vins & l'argent vraifemblablement débourfés pour frais & loyaux coûts, avec offre de parfournir; fi le prix étoit dû, le Retrayant feroit tenu d'offrir & préfenter, lors du retrait, la quittance du Vendeur, ou donner caution à l'Acheteur. Si l'Acquéreur eft hors des Etats, les offres feront valables à fes Fermiers ou Agens; fi, étant dans les Etats, les
Acquéreurs, Fermiers, &c. font abfens, les offres pourront être
faites à la Femme. S'ils font abfens l'un & l'autre, il fuffira de prendre Acte du devoir, & compter les deniers en préfence des Inftrumentaires & Témoins. Si l'Acquéreur refufe les offres, ou en cas
d'abfence, elles feront confignées, foit qu'elles foient en argent ou
en quittance, chez le Receveur des Confignations du Siege qui a
Jurifdiction immédiate fur le Bien, & ce, le huitieme jour au moins,
le jour de la préfentation au retrait compris. Tous les devoirs ci-
deffus, même l'affignation, doivent être faits avant l'an & jour
échus. Si les Biens étoient fous diverfes Jurifdictions du reffort d'un feul
Bailliage, & vendus à un feul prix, le confeing fe feroit, & l'action fe porteroit au Bailliage; s'ils étoient fous différens Bailliages, ce
feroit en celui du domicile de l'Acquéreur; mais s'il ne réfidoit dans
aucuns de ces Bailliages, ce feroit celui fous lequel eft fituée la plus
grande partie des Biens. Faute de prife de poffeffion en forme, les
offres ne feront faites que de fommes vraifemblablement débourfées,

avec

avec offres de parfournir ; le Retrayant parfournira, dans la huitaine qu'il aura été affuré du Prix, Vins, Frais, &c. Les offres fe feront par les Inftrumentaires & Témoins, tels qu'il a été dit pour la Prife de Poffeffion. Toutes autres formalités pour la préfentation au retrait, font abolies. Si pendant le Mariage les Epoux retirent un Bien de la ligne de l'un d'eux, on rendra moitié du Prix, Bâtimens & Améliorations à celui d'où le Bien ne provient pas ou à fes Héritiers, & ce dans l'an & jour de la diffolution, fi celui de la ligne ou fes Héritiers le requierent. Les Ordonnances & Coutumes feront exécutées en ce que l'Edit n'y feroit contraire. *Ed. Mars* 1723. *T. II. p.* 586.

RETRAITE. V. *Duel*, *Cartel*, *Vagabonds*, *Mendians*, *Etrangers*. (Heure de la Retraite.) V. *Police*.

RÉUNION. V. *Domaines aliénés*.

REVENDEUSES. Le nombre eft fixé. Défenfes à elles & aux Bourgeois d'acheter des Habits, Effets & Hardes de gens inconnus, de Soldats ou de leurs Femmes. *Ord. Pol.* 1 *Mai* 1699. *T. I. p.* 164. Défenfes aux Revendeufes d'acheter de l'Orfevrerie pour en trafiquer. *A. Ch.* 19 *Août* 1702. *T. I. p.* 367.

RIVERAINS. V. *Salines*.

ROLE. V. *Cause*.

ROUTES. V. *Chemins*, *Ponts et Chaussées*.

ROTURIER (possédant Fief.) V. *Noblesse*.

ROSETTES. V. *Cuivres*.

RUES (de Nancy) doivent être libres de Bâtimens faillans, Ordures, & Fumiers, Bois, Chars, &c. d'anticipations par Pérons ou Efcaliers. *Ord. Pol. Mai* 1699. *T. I. p.* 166. V. *Maisons*, *Places*. Carte des Rues nouvelles & Places de Nancy, dépofée au Greffe de la Chambre des Comptes, pour en être pris communication par les Conceffionnaires de Terrains. *A. C.* 10 *Mars* 1743. *T. IX. p.* 45.

S

SAGE-FEMME. V. *Matrône*.

SAINT - AVOLD & fon Territoire font régis par la Coutume de Metz. *A. C.* 9 *Février* 1741. *T. VI. p.* 313.

SAINFOIN. V. *Dixme*.

SAINT-DIEZ. L'Inventaire de ceux qui doivent droit de Main-morte au Chapitre de S. Diez, fe fait par les Juges locaux, fauf à délivrer enfuite les effets de Main-morte au Chapitre. Le Chapitre connoît

Y

du fait des Dîmes de fon Eglife, & peut faire contraindre les Adjudicataires par fes Vergers, fur leurs effets feulement, fans *Pa-*
reatis, jufqu'au paiement effectif, & non au delà. Il juge fans
forme de Procès les oppofitions aux Contrats, fauf l'Appel. Le
Bailliage doit accorder main-forte aux Vergers, le cas échéant; le
Chapitre eft admis à prouver, par Titres ou par Témoins, qu'il
eft en poffeffion de connoître des actions poffeffoires. *A. Cour* 2
Juillet 1710. *T. I. p.* 698.

Réglement portant Fixation du Droit de Vente à S. Diez, au profit
du Seigneur Voué de cette Ville. *A. C.* 21 *Décembre* 1722. *T. III.*
p. 461. *A. Cour* 5 *Mai* 1732. *T. V. p.* 173.

Réunion au Domaine des Terrains compris dans les anciens murs &
foffés de S. Diez, avec Jurifdiction entiere fur lefdits Terrains &
les Maifons. Défenfes d'exercer aucune Jurifdiction fous le nom du
Sonrier, même la Police dans la Ville ni les Villages où il eft
Haut-Jufticier; fauf à établir un Juge commun avec celui du Roi;
la préféance réfervée à celui de S. M. *A. C.* 12 *Juillet* 1748. *T.*
VII. p. 210.

AISIES. Toutes Saifies & Exécutions en vertu de Contrats groffoyés &
fcellés, fe font fans commiffion du Juge. Défenfes de la requérir.
A. Cour 4 *Mai* 1747. *T. VII. p.* 135. V. *MEUBLES, FORETIERS.*

ALIN. V. *POTASSE.*

ALINES, ⎧ Les Appels des Jugemens des Officiers de Salines fe portent
AUNAGE, ⎨ à la Chambre. *Ed.* 31 *Janvier* 1701. *T. I. p.* 259. Con-
EL.   ⎩ trôleur des Salines établi à Dieuze, Rofieres & Château-
Salins. Magafins établis par la Sous-Ferme à l'arbitrage & aux frais
du Fermier, afin qu'il n'en forte que ce qui eft néceffaire à la confommation des Sujets. *A. C.* 3 *Juillet* 1703. *T. I. p.* 387. Fixation
du prix du Sel; maniere de le débiter. *A. C.* 3 *Juillet* 1703. *T.*
III. p. 407. L'introduction de Sels étrangers prohibée. Défenfes
de faire le commerce ou l'ufage du Faux-Sel, à peine du fouet,
de la marque fur les deux épaules, même de la vie, en cas de
récidive contre les Faux-Sauniers armés. Ceux qui en introduiront par
voitures, chevaux, &c. feront punis d'amende, fouet, banniffement & confifcation. Ceux qui l'introduifent à porte-cols, feront
punis d'amende & de confifcation, & en cas de récidive, de
peine corporelle. Les Complices feront punis de même. Les Femmes
& Filles font puniffables, pour récidive, du fouet & banniffement
outre l'amende. Les Peres, Meres, Maitres & Maitreffes font refponfables du fait de leurs Enfans & Domeftiques. Les Commis font

punis corporellement pour Faux-Saunage. Défenfes de retirer les Faux-Sauniers, ou leur fournir des vivres. Les Cabaretiers qui en retirent, doivent les dénoncer, ou feront réputés Complices. Ceux qui font des achats de Faux-Sel pour le commercer, font punis comme Faux-Sauniers. Ceux qui l'achetent pour leur ufage, font punis d'amende, & la troifieme fois corporellement. Tous Officiers de Juftice & Sujets ont l'autorité pour la capture. Les Procès-verbaux recordés font foi contre les Gens fans aveu. Mais pour les Domiciliés, les Gardes doivent faire des échantillons en deux enveloppes cachetées, l'une pour le Contrevenant & l'autre pour eux, à l'effet d'être repréfentés lors du Jugement. On doit inftruire le Procès des Domiciliés dans les formes de l'Ordonnance Criminelle. Le Repris ne peut être reçu Appellant, s'il ne configne la fomme portée en la Condamnation, ou s'il ne donne Caution. Le Sel qui n'eft point pris au Magafin du Prince, celui qui eft pris dans un Magafin d'un autre Regrat, le Sel de Marée, le Salpètre, le Sel de Verrerie, la Pierre de Sel, font réputés Faux-Sels. Les Marchands de Marée ne doivent ouvrir leurs tonnes qu'en préfence du Fermier. Les Saumures doivent être jettées à la Riviere; il eft néanmoins permis aux Pelletiers, Mégiffiers & Gantiers d'en acheter pour leur travail, moitié du prix fera au Fermier, & l'autre au Marchand. Les lards étrangers falés, excepté ceux venans des Evêchés, doivent dix fous par cent au Fermier. Dans le cas des Reprifes, les effets qui périffent ou coûtent de l'entretien, feront vendus nonobftant appel, fi mieux n'aime le Repris donner Caution. Le Sel fera porté au premier Magafin; le prix des Sels, Chars, Voitures, Chevaux, &c. appartiendra à celui ou ceux qui auront fait la capture. Les Communautés, Soldats & Archers doivent veiller contre les Faux-Sauniers, fous de rigoureufes peines; défenfes de leur laiffer ou faire paffer les Rivieres. Défenfes au Fermier de s'accommoder pour les Contraventions, fans en avoir donné avis à M. le Procureur-Général de la Chambre. Le Fermier, accompagné d'un Officier de Juftice, peut lui-même faire des Vifites dans les Monafteres & Châteaux; les Pierres de fel doivent demeurer aux Salines. L'Infolvable pour l'amende eft puniffable du carcan; & pour récidive, de plus grande peine. *Ord.* 10 *Juin* 1711. *T. I. p.* 744. Péage établi fur chaque Voiture conduifant du Sel de Dieuze & Château-Salins. *Ord.* 16 *Juillet* 1711. *T. I. p.* 751. Permiffion au Fermier d'établir des Contrôleurs. *A. C.* 14 *Novembre* 1719. *T. II. p.* 300. Fixation du prix du Sel. *Décl.* 19 *Mars* 1720. *T. II. p.* 321. Défenses de s'approvisionner au delà de sa consommation jusqu'en 1721. *A. C.* 28 *Mai* 1721. *T. II. p.* 467. Augmentation du prix du Sel. *Ord.* 9 *Juin* 1725. *T. III. p.* 117. Nouvelle Fixation. *Décl.* 25 *Décembre* 1726. *T. III. p.* 207. Précautions pour qu'il ne sorte pas de Sel des Magasins, jusqu'au nouveau Bail, au delà de la consommation des Sujets, à qui il est défendu de s'approvisionner au delà de leurs besoins, jusqu'au premier de Janvier 1731. *A. C.* 29 *Mars* 1730. *T. V. p.* 48. Le Sel destiné à l'Etranger, qui néanmoins se débite dans les Etats; celui qui étant passé à l'Etranger est rentré dans les Etats; celui qui passe du District d'un Magasin à un autre, sont réputés Faux-Sels. Les peines corporelles contre les Contrebandiers attroupés, ont lieu, lorsque la troupe est de cinq Personnes. Les peines portées par l'Ordonnance de 1711 sont modifiées suivant les différens cas : les Femmes & Filles sont punies comme les hommes. Les Maitres ne sont garans que lorsqu'ils ont connu & toléré le Faux-Saunage; le Fermier a hypotheque sur les Biens des Garans. Il y a peine de mort contre les Gardes & Commis qui font la Contrebande du Faux-Sel. Les Condamnations emportent Contrainte au corps. Défenses de poursuivre ceux qui auront tué un Faux-Saunier, pour avoir fait résistance. Le Commis doit, lors de ses visites dans les maisons, être accompagné d'un Officier des lieux. Forme des Procès-verbaux de Reprise & Procédure. L'Instruction extraordinaire, dans le cas de peine afflictive, n'a pas lieu lorsque la peine pécuniaire peut être convertie en peine afflictive : cette conversion se fait contre les Insolvables par Decret sur simple Requète. Le Jugement doit être rendu vingt-quatre heures après la Procédure instruite; l'Appel n'est pas suspensif; l'Ordonnance de 1711 doit être exécutée. *Ord.* 6 *Novembre* 1733. *T. V. p.* 236. Construction du Bâtiment de graduation pour la formation des Sels à Rosieres & Dieuze. *Lett. Pat.* 13 *Novembre* 1738. *T. VI. p.* 145. Défenses de peser le Sel. Ordre de le livrer dans des mesures de bronze étalonnées à la Chambre des Comptes. *A. Ch.* 19 *Novembre* 1740. *T. VI. p.* 253. Annullation de divers Jugemens qui avoit renvoyé des Faux Sauniers des Conclusions du Fermier, à cause de prétendues omissions de formalités, ou avoient mitigé les peines. *A. C.* 21 *Janvier* 1741. *T. VI. p.* 261. *A. C.* 4 *Août* 1742. *T. VI. p.* 332. *A. C.* 9 *Août* 1743. *T. VII. p.* 28. *A. C.* 1 *Juillet* 1746. *T. VII. p.* 99. *A. C.* 1 *Février* 1749. *T. VIII. p.* 5. *A. C.* 3 *Juin* 1749. *T. VIII. p.* 55.

A. C. 24 Avril 1751. *T. VIII. p.* 243. Défenses de s'approvifionner au delà du befoin jufqu'au premier d'Octobre. *A. C. 27 Juillet* 1744. *T. VII. p.* 45. Défenfes d'ufer des Eaux falées, pierres ou écailles de Sel. Bulletins fournis par le Fermier aux Confommateurs, pareil à la contre-feuille mife en un Régiftre, pour annoter fur l'une & l'autre les Délivrances faites par le Débitant à chaque Particulier. Exceptions pour certaines Villes, lesMaifons Religieufes & la Nobleffe. Les Bulletins doivent être repréfentés aux Gardes dans leurs vifites ; s'il eft perdu, le Magafineur en rend un autre, moyennant fix deniers. Magafineurs font tenus de faire vifer leurs Saufs-Conduits aux Bureaux de leurs routes, lors de la conduite des Sels. L'Etat des Arrondiffemens doit être rendu public. *A. C.* 3 *Septembre* 1746. *T. VII. p.* 113. Les Sels repris doivent être dépofés au Magafin prochain ; fauf à être reportés, lors du Jugement, au Greffe du Siege. Ne feront faits d'Echantillons, que quand les Gardes prétendront que le Sel eft étranger. *A. C.* 2 *Septembre* 1747. *T. VII. p.* 166. Femme punie corporellement pour Faux - Sel. *A. Ch.* 10 *Juillet* 1748. *T. VII. p.* 208. Condamnation aux Galeres pour un premier Délit, n'emporte flétriffure ; mais bien pour la récidive, dans les cas de l'Ordonnance de 1720 pour les Tabacs, & de celle de 1733 pour les Sels. Ordre aux Juges de proportionner le terme des Galeres à celui du Banniffement prononcé par lefdites Ordonnances. *A. Ch.* 1 *Juin* 1742. *T. VII. p.* 54 *du Supplément à la fin.* Les Enfans de quatorze ans font punis felon la rigueur des Ordonnances. Ceux au deffous de cet âge, faute du paiement de l'amende, feront transférés des Prifons à la Maifon-de-Force. Leurs Peres, Meres, Maitres & Maitreffes, feront garans des amendes, & par corps. *A. C.* 31 *Mai* 1749. *T. VIII. p.* 50. Les Ordonnances concernans les Contraventions fur le fait des Sels, font communes pour celles fur le fait des Salpêtres. V. *SALPETRES.* Condamnation pour Faux-Saunage & rebellion contre les Gardes. *A. Ch.* 17 *Janvier* 1750. *T. VIII. p.* 115. Défenfes de s'approvifionner au delà du befoin jufqu'en Octobre. *A. C.* 11 *Juillet* 1750. *T. VIII. p.* 187. Diftribution du Sel au poids. *A. Ch.* 2 *Septembre* 1750. *T. VIII. p.* 202. Défenfes aux Gardes de conduire en leurs domiciles une Fille ou Femme qu'ils auroient arrêtée. *A. Ch.* 7 *Septembre* 1754. *T. IX. p.* 167. Défenfes de s'approvifionner au delà du befoin jufqu'en Octobre. *A. C.* 11 *Août* 1756. *T. IX. p.* 296. Ordre au Fermier de retirer les Sels de mauvaifes qualités des mains des Débitans, pour être purifiés ; & défenfes d'en vendre

qui ne foient de bonne qualité. *A. Ch.* 11 *Juin* 1760. *T. X. p. 66.*
Ordre aux Reg·atiers de reprendre les mauvais Sels vendus aux
Particuliers, & leur en donner autant de bon. *A. Ch.* 13 *Septembre*
1760. *T. X. p. 88.*

(Bois.)   Les Propriétaires de Bois Riverains, ou enclavés dans les Bois
deftinés aux Salines, font tenus de repréfenter les titres de leur
propriété aux Officiers Royaux indiqués, à peine de réunion, pour
être contredits par M. le Procureur-Général de la Chambre, vus
& examinés par un Commiffaire nommé à cet effet, enfuite abor-
nés & féparés des Bois du Domaine, aux frais des Propriétaires,
moyennant fix fous par Arpens pour frais. Ordre au Commiffaire
de dreffer des Procès-verbaux, contenant, entr'autres chofes, les
Obfervations fur les Bois des Particuliers, que le Souverain auroit
intérêt d'échanger pour le bien de fes Salines. *Ord.* 28 *Mars* 1704.
T. I. p. 423. Les Procès-verbaux du Commiffaire feront exécutés, nonobftant oppofition ou appellation. *Décl.* 16 *Juin* 1710. *T.*
II. p. 365. Union de quatre mille deux cens Arpens à la Gruerie
de Château-Salins. *Ed.* 16 *Novembre* 1710. *T. II. p.* 414. Vifite
des Bois dans les Forêts deftinées à l'ufage du Puits falé de Saltz-
bronn & Dieuze. Le Souverain ordonne que le Fonds des Bois
communaux, dont il avoit le tiers denier, fera diftrait, pour un
tiers à fon profit, dans les lieux où les Habitans ont du Bois au
delà de leur befoin. Les Procès-verbaux doivent énoncer quels font
les Seigneurs qui ont des Bois dans l'enclave de différentes Grueries, & quels font ceux qui y prétendent droit d'ufage, avec indication de la maniere de faire un Réglement fur cet ufage, fans endommager beaucoup la propriété des Seigneurs. *A. C.* 8 *Novembre*
1726. *T. III. p.* 193. Arpentage des Bois deftinés aux Salines
A. Ch. 22 *Février* 1701. *T. III. p.* 380. Réglement pour l'Exploitation des Bois des Salines de Dieuze & Château-Salins, & le
Flottage de ceux de Rofieres. *Décl.* 16 *Décembre* 1719. *T. V.*
p. 35. Autre Réglement fur le Flottage pour Rofieres. *A. C.* 9
Juin & *Décl.* 13 *Juin* 1733. *T. V. p.* 222. Commiffion pour la
réformation des Bois deftinés aux Salines, même ceux des Seigneurs
Laïcs & Eccléfiaftiques, & des Particuliers à portée ; ceux-ci doivent repréfenter leurs Titres. Le Commiffaire eft autorifé de re-
connoître & juger les délits; de juger, même extraordinairement,
avec deux Gradués en Matiere criminelle, & deux Officiers en Matiere civile. Il fera le Réglement des coupes & les abornemens;
nommera les Procureurs de S. M. les Greffiers, Arpenteurs, &c.

Défenfes aux Propriétaires de Bois, à trois lieues des Rivieres de Meurthe, Vezouze, Mortagne & Plaine, & autres Ruiffeaux flot-tables, d'exploiter aucune Fûtaie ni Souille, ni les faire flotter fans permiffion du Commiffaire. *A. C. 22 Août* 1750. *T. VIII. p.* 193.

ÎALPÊTRE,
ÎALPÉTRERIE, } V. *Poudre.*
ÎALPÊTRIER,

ÎARALBE. V. *Offices.*

ÎCANDALE. Condamnation de l'ufage fcandaleux de promener aux jours gras un Bœuf, fur lequel on faifoit affeoir des Bourgeois. *A. Cour* 11 *Mars* 1718. *T. II. p.* 160. Défenfes de conduire fur un âne celui que l'on prétend avoir laiffé battre fon Voifin par fa Femme. *A. Cour* 9 *Janvier* 1755. *T. IX. p.* 180.

ÎCEAU (OU SCEL DES CONTRATS.) Les groffes des Contrats réels & perpétuels doivent être portées au Sceau chaque trois mois, moyennant un reçu, à l'effet d'être fait la pourfuite des Droits de Sceau & Groffe aux frais du Fermier du Sceau & du Notaire. Défenfes aux Notaires de remettre les Contrats aux Parties, avant d'être fcellés; permis au Fermier de vifiter les Minutes des No-taires, en retard de lui apporter leurs Groffes. Défenfes aux Huif-fiers de mettre à exécution aucuns Contrats, qu'ils n'aient été fcellés. Le Fermier annotera le droit & la date du Sceau fur les Groffes, de quoi il tiendra Régiftre. *A. Ch.* 1 *Août* 1698. *T. I. p.* 36. Les difficultés fur le Droit fe portent à la Chambre des Comptes. *Ed.* 31 *Janvier* 1701. *T. I. p.* 259. Les Groffes des Contrats doivent être repréfentées fcellées, à peine de nullité de pourfuites faites fur lefdites Groffes. Défenfes de former des demandes ou oppofitions, fans y faire mention du Titre fur lequel elles font fondées, fans que la Groffe foit produite & jointe aux Deman-des. Défenfes aux Receveurs des Confignations de payer en vertu de Jugemens d'ordre, fi la Groffe ne lui eft exhibée. *A. C.* 10 *Avril* 1734. *T. V. p.* 259. Le Droit de Sceau eft perçu par le Commis du Fermier des Droits de Contrôle. *A. C.* 20 *Décembre* 1737. *T. VI. p.* 92. Fixation d'un délai au Fermier fortant, pour la recherche des Droits de Sceau, échus pendant fon Bail, paffé le-quel, le Droit appartient à fon Succeffeur. *A. C.* 10 *Août* 1753. *T. IX. p.* 68.

(EN CHANCELLERIE.) Tarif du Droit. Réglement pour les Audiences des Sceaux; les Compagnies Souveraines & les Commenfaux en étoient exempts, excepté des premieres provifions de la création. Le Garde des Sceaux n'a que le quart du Droit, & le Souverain le furplus; le Droit des Cours, pour les Enrégiftremens, eft des trois quarts du Droit de Sceau; celui des Secretaires d'Etat eft de pareille fomme. Fixation du Droit du Chauffe-cire. *Ord. 15 Septembre* 1701. *T. I. p.* 303. Nouveau Tarif. Perfonne n'eft exempt du Droit. Le Droit d'Enrégiftrement à Bar & S. Thiébaut eft des trois quarts du Droit de Sceau. *Ed.* 1 *Juin* 1720. *T. II. p.* 351.

SCIEURES. V. *PESCHE.*

SCULPTURE. Etabliffement d'une Académie de Sculpture & Peinture. *Lett. Pat.* 8 *Février* 1701. *T. I. p.* 337.

SÉANCE. V. *INVENTAIRE.*

SECRETAIRES (D'ETAT.) V. *SCEAU.* Fixation de leurs Droits avant l'Ordonnance de 1701. *Réglem.* 31 *Août* 1698. *T. I. p.* 61.

    (DES INSINUATIONS.) V. *INSINUATIONS.*

    (DES COMMANDEMENS ET FINANCES.) Les Privileges à eux accordés depuis 1624 leur font confervés. *Ed.* 5. *Juillet* 1710. *T. III. p.* 433.

    (DES CONSULTATIONS.) V. *FONDATIONS DU ROI.*

    (ENTRANS AU CONSEIL, &c.) & ceux du Cabinet, Commandemens & Finances, font fupprimés. *Ed.* 16 *Septembre* 1719. *T. V. p.* 27.

SECTES. V. *JUIFS, RELIGION.*

SEILLE. V. *MOULINS.*

SEIGNEURS. V. *BOIS, HAUTES-JUSTICES, NOBLESSE, SALINES, SUBVENTION, DOMAINE, EAUX ET FORETS, BUREAU DES PAUVRES, CHASSE, DUEL, MAIN-MORTE.*

SEMAILLES. V. *MAGASINS, BLEDS.* Précaution pour affurer les Semailles de 1709 dans les Etats. *A. C.* 11 *Septembre* 1709. *T. I. p.* 678.

SÉMINAIRE. Impofition fur les Bénéfices Lorrains du Diocèfe de Metz, pour la dotation d'un petit Séminaire à Metz. *Lett. Pat.* 5 *Décembre* 1745. *T. VII. p.* 68. (L'Impofition eft fupprimée.) V. *FONDATION DU ROI.*

SENONES. Souveraineté du Duc de Lorraine fur l'Abbaye de Senones. *A. Cour* 6 *Janvier* 1700. *T. I. p.* 214. *A. Cour* 19 *Octobre* 1701. *T. I. p.* 310. (Elle eft paffée par échange au Prince de Salm.)

SENTENCE. L'expédition doit contenir la date de l'Exploit, le nom de l'Huiffier, la date & le lieu du Contrôle. *Ed.* 22 *Juin* 1705. *T. I. p.* 483. Sentence en Matiere criminelle doit détailler les crimes dont il y aura conviction. *A. Cour* 3 *Mars* 1711. *T. II. p.* 531. V. *GREFFIERS.*

SERGENS

SERGENS de Hautes-Justices doivent être reçus, après information de vie & mœurs. *A. Cour 15 Juillet 1748. T. VII. p. 216.*

SIEGE. V. *Bailliage, Prévôté, Gruerie.*

SIGNIFICATION. V. *Procureur, Huissier, Qualités.*

SOLDATS. V. *Police Militaire, Revendeuses.* Défenses d'acheter des Soldats, ou recevoir en gages leurs habits, équipages, chevaux, meubles & effets, sans permission des Officiers. Défenses aux Cabaretiers & Vendans Vins de leur donner à boire un quart d'heure après la retraite. Défenses aux Marchands de leur faire crédit, même pour vivres. Défenses de leur prêter aucun habit différent de l'uniforme, sans permission de l'Officier. *Ord. Pol. 11 Mars 1743. T. VII. p. 11. Ord. Pol. 30 Juillet 1763. T. X. p. 247.* Soldats invalides retirés doivent être reçus, en cas de maladie, aux Hôpitaux Bourgeois. Les Certificats qu'ils demanderont aux Curés & aux Officiers locaux leur seront donnés *gratis*; les Curés doivent donner avis de leur décès au Ministre de la Guerre; envoyer l'Extrait mortuaire au Subdélégué, ainsi que celui des Officiers retirés avec Appointemens ou Pensions. Lesdits Soldats & Officiers sont exempts de corvées personnelles & logement de Troupes, hors le cas de foule. *Lett. Circ. de M. l'Intendant 25 Août 1764. T. X. p. 349.*

SORTIE. V. *Entrée, Bled, Bois, Papéterie, Cuivres, Cuirs, Potasses, Barrieres, Maladies.*

SOUMISSIONS. V. *Présentations.* Il est permis aux Délinquans de faire leurs soumissions au bas des Raports, sur lesquels le Juge peut prononcer la condamnation. *Décl. 7 Mai 1724. T. III. p. 25.* Les poursuites doivent cesser dans le cas où les amendes sont taxées par la Coutume ou les Ordonnances, lorsqu'il y a soumission, en payant comptant les frais faits jusques-là. *A. Ch. 18 Juin 1723. T. II. p. 640.* Ne doivent être faites par autrui en fait de délit de Bois. *A. C. 10 Novembre 1747. T. VII. p. 170.*

SOUS-SEING-PRIVÉ. V. *Contrôle.*

SOUVERAINETÉ. V. *Partage.*

SPECTACLE. V. *Danse.*

SPECTATEUR. V. *Duel, Cartel.*

SPIKERNE. V. *Haut-Conduit.*

SUBROGATION. V. *Chambre des Comptes.*

SUBSISTANCE. V. *Bureau des Pauvres.* Réglement pour la subsistance des Vosges en 1699. *Ord. 13 Mars 1699. T. I. p. 141.* V. *Pret, Voitures.*

Z

SUBSTITUTION. V. *Insinuation.*

SUBVENTION. Dénombrement dans chaque Paroiſſe pour la répartition de la Subvention , contenant les qualités, forces & facultés des Habitans en quatre claſſes. Les Commiſſaires députés ont dû faire faire, la premiere fois , une répartition de cent francs, avec un Rôle , en marge duquel a dû être la cote de chaque Habitant , pour ladite ſomme de cent francs. Pour éviter les Recélés , les déclarations ont dû être contredites en aſſemblée de pluſieurs Communautés voiſines. Les Rôles remis à la Chambre, pour être vus , & enſuite récolés par les Commiſſaires ſur les lieux. *Ord.* 22 *Avril* 1698. *T. I. p.* 22. Les Curés, qui feront Commerce & cultiveront d'autres Biens que le leur & celui de la Cure , feront cotiſés pour ce à la Subvention. *Ed.* 30 *Septembre* 1698. *T. I. p.* 72. La Ville de Nancy en eſt exempte , moyennant dix - huit mille livres, payables en trois termes. *Ord.* 28 *Mai* 1712. *T. I. p.* 771. Impoſition , pour l'établiſſement des Arquebuſiers , ſur les contribuables à la Subvention. *Décl.* 12 *Avril* 1721. *T. II. p.* 460. Franchiſes aux Particuliers & Communautés qui arrêteront des Voleurs. *Décl.* 12 *Avril* 1721. *T. II. p.* 463. *Ord.* 11 *Août* 1722. *T. II. p.* 567. *Ed.* 28 *Décembre* 1723. *T. II. p.* 687. Les Exempts , même les Villes, ſont tenus de repréſenter tous Titres de franchiſe pour être confirmés ; à défaut de laquelle confirmation , les uns & les autres feront impoſés. *Ord.* 19 *Décembre* 1730. *T. V. p.* 115. Les Privileges de franchiſe de Subvention , attribués aux Officiers quelconques, (les Compagnies Souveraines, les Officiers Militaires ceux de la Maiſon du Roi exceptés), ceux accordés aux Commenſaux, aux Villes de Nancy, Bar & Luneville, ſont ſuſpendus pendant trois ans, quant à l'impoſition d'exploitation par eux-mêmes. Les Officiers de Judicature & Finance, qui ſont exceptés de cette regle , feront néammoins cotiſables à la Subvention réelle & perſonnelle, s'ils ne réſident , au moins ſept mois de l'année , dans le lieu de l'établiſſement. Les Juges des Bailliages , Procureurs & Avocats du Roi , ont la franchiſe perſonnelle en réſidant comme ci - deſſus ; ils en jouiſſent même dans le lieu où ils habitent le reſte de l'année. *Décl.* 26 *Novembre* 1764. *T. X. p.* 364. *Elle eſt enrégiſtrée avec cette modification : que les termes ne préjudicieront pas aux droit & poſſion qu'a la Chambre, de n'admettre dans ſon Corps que des perſonnes qui auront fait preuve de Nobleſſe.* Les contribuables à la ſubvention , en vertu de la déclaration ci-deſſus, ont dû donner des déclarations aux Maires, & leur repréſenter leurs Titres de propriété.

Les Nobles, les Eccléfiaftiques, les Compagnies Souveraines, les Officiers des Troupes du R. T. C. & du Roi de Pologne, font exempts ; les Secretaires du Roi, Tréforiers, Confeillers Référendaires près des Cours Souveraines, ne feront exempts qu'en repréfentant leurs Titres. Les Cultivateurs de Biens, fitués dans l'Enclave & Ban de Nancy, s'ils font Bourgeois, feront exempts. Les Déclarations feront remifes aux Receveurs des Finances, avec un Rôle des Exempts & Privilégiés, poffédans Biens fur le Ban, enfemble l'Etat de ceux qui auront ômis de faire leur déclaration, ou commis des Recélés. Elles feront envoyées à la Chambre, qui taxera les Contribuables ; elle jugera les conteftations fur Mémoires, & fans frais. *A. Ch. 22 Avril 1765. T. X. p. 382.*

SUCCESSION. Une Religieufe, relevée de fes Vœux, après cinq ans de l'Emiffion, eft incapable de fuccéder. *A. Cour 1 Juillet 1706. T. I. p. 515.*

SUJETS. V. *Partage.*

SUPPLÉMENT aux Ordonnances fur l'adminiftration de la Juftice, Police & des Eaux & Forêts. *Ed. 14 Août 1721. T. II. p. 491.* Suplément au Réglement des Eaux & Forêts de 1707. *Décl. 31 Janvier 1724. T. III. p. 6. Ces Supplémens fon imprimés dans l'Edition in-8°. de l'Ordonnance de 1707, & compris dans la Table qui eft à la fin.*

SURSÉANCE V. *Partage.*

SURVIVANCE. *Expectative.*

SUZEMONT. Le Moulin & le Ban font du Duché de Lorraine. *A. Ch. 13 Août 1740. T. VI. p. 231.*

SYNDIC doit être choifi par la Communauté pour faire fes Affaires, en rendre compte à fon Succeffeur, pardevant ceux à qui il appartient de l'entendre, fauf la révifion par M. l'Intendant. Il ne doit intenter aucune action, commencer aucun Procès, même en défendant, fans y être autorifé par écrit de M. l'Intendant. *A. Cour 3 Mai 1738. T. VI. p. 115.*

T

TABAC. V. *Dixme.* Défenfes d'introduire des Tabacs, & d'en commercer d'autres que de la Ferme. Prix du Tabac. Défenfes de le dénaturer ou le mettre en poudre. Les Moulins à Tabac ne font permis qu'au Fermier. Défenfes de cultiver du Tabac fans fa permiffion. Ordre aux Planteurs de le lui remettre exactement, fans en retenir. Contrefacteurs des Cachets font réputés Fauffaires. Les Contrebandiers attroupés & armés, font punis corporellement, outre l'amende. Les Vagabonds chargés de Tabac font punis du carcan; & pour récidive, du fouet & banniffement. Défenfes de donner retraite aux Contrebandiers. Amende de Contrebande. Voituriers de Tabac traverfant les Etats, doivent prendre Acquits-à-Caution. Les Gardes doivent prêter Serment, dont fera fait mention par le Juge au bas de leurs Commiffions. Deux Gardes feront leurs Vifites fans *Pareatis* ; affigneront au bas des copies de leurs Procès-verbaux de Reprife ; mettront les Jugemens à exécution. Les Procès-verbaux feront foi jufqu'à infcription de faux. Les Gardes peuvent vifiter chez les Seigneurs & dans les Maifons privilégiées, accompagnés d'un Officier de Juftice ; qui atteftera les Procès-verbaux. Tonneaux & Caiffes de Marchandifes ne feront ouverts à l'arrivée, qu'en préfence du Fermier ou fes Commis. Les Redevables envers la Ferme feront contraints par les Receveurs, par le miniftere d'Huiffiers ou de Gardes. *Ed. 7 Décembre 1703. T. I. p.* 401. Défenfes de planter des Herbes qui peuvent être façonnées ou ufées comme Tabac. Tous Officiers de Juftice, Militaires, Archers & autres, font tenus de prêter main-forte aux Employés du Fermier. *A. C. 13 Décembre 1704. T. I. p. 464.* Réglement contre les Habitans de Montureux Planteurs de Tabac. Renouvellement de l'Edit de 1703 contre ceux qui en introduifent, en vendent ou recelent. Peines contre les Soldats. Débitans n'en doivent vendre, qui ne foient marqués ou cachetés. Les Planteurs & Voituriers qui conduiront leurs Tabacs aux Magafins, le déclareront aux Maires des lieux où ils gîteront, & ne pourront y féjourner plus de trois jours. Défenfes aux Conducteurs de Carroffes, Poftillons, &c. d'en conduire fans Acquit & Déclaration. Réglement pour le paiement du prix des Tabacs menés aux Magafins par les Cultivateurs. *Décl. 10 Février 1707. T. I. p. 529.* Fabricateurs de Faux-Tabacs font punis du carcan. *A. Ch. 1 Février 1710. T. I. p. 691.* Défenfes de donner afyle aux Contrebandiers, & d'acheter de leur Tabac, d'infulter les Commis ou leur refufer main-forte. *A. Ch. 31 Août 1713. T. II. p. 7.* Les Juges ne doivent modérer l'amende. *A. Ch. 1 Août 1716. T. II. p. 101. A. Ch. 11 Janvier 1722. T. II. p. 527.* Condamnation contre les Planteurs qui ont gardé du Tabac. *A. Ch. 17 Février 1720. T. II. p. 313.* Réglement pour la fourniture de Tabac aux Bureaux lors du Renouvellement du Bail. *A. C. 11 Mars 1710. T. II. p. 316.* Autre Réglement concernant les Tabacs. Défenfes d'en planter fans permiffion du Fermier. Les Planteurs tenus de remettre fidellement aux Magafins tout le produit de la Plantation. Les Maitres font refponfables de leurs Jardiniers, Fermiers, &c. fi la Plantation eft dans leurs champs. Le Fermier peut vifiter les lieux privilégiés, s'il eft accompagné d'un Officier de Juftice. Défenfes à quiconque de lui refufer l'entrée. Défenfes de dénaturer le Tabac, le façonner, le mettre en poudre, &c. Défenfes d'en introduire, d'aider ou receler les Fraudeurs, à peine d'amende & banniffement. Peine contre les Soldats; contre les Contrefacteurs des Cachets. Il eft permis aux Gardes de toutes Fermes d'arrêter les Contrebandiers, comme feroient les Gardes de Tabac. Le Procès-verbal de deux Gardes, ou d'un Particulier ou un Témoin, fait foi jufqu'à infcription de faux. Les Infolvables font réputés Vagabonds, fouettés & bannis pour la premiere fois; la feconde, marqués & bannis à perpétuité. Les Procès-verbaux feront affirmés devant le premier Juge, qui pour ce n'acquérera Jurifdiction. Forme des Infcriptions de faux. V. *INSCRIPTION DE FAUX.* Le Débitant ne doit tenir que des Tabacs de la Ferme. Les Gardes n'ont befoin d'être affiftés d'un Officier local, que pour entrer dans les maifons. Le Tabac repris doit être pefé & cacheté en préfence de l'Officier, qui doit foufcrire le Procès-verbal. Le Refus de l'Officier d'affifter le Garde, fera fuffifamment conftaté par Procès-verbal foufcrit d'un Garde & un Témoin, qui pourront audit cas faire feuls la Vifite & verbalifer. Il eft permis au Fermier d'envoyer fes Gardes à l'ouverture des caiffes & tonneaux des Marchands. Les Marchands étrangers qui feront traverfer des Tabacs en Lorraine, doivent avoir une Lettre de Voiture, détaillant la quantité & qualité des Tabacs, d'où ils viennent, à qui ils doivent les remettre. Ils font tenus de paffer débout, par le feul Bureau de Blâmont; d'y prendre Acquit-à-Caution. Peine contre les Contrevenans. Les Paffe-Débout ne font accordés qu'aux Sujets des Pays qui admettent la reciprocité. Redevables de la Ferme font contraints par les Receveurs, par le miniftere des Huiffiers ou Gardes. Le Juge de la Contravention eft le plus prochain du lieu de la Reprife pour la Lorraine & Barrois non-mouvant, fauf l'Appel à la Chambre des Comptes de Lorraine; & pour le Barrois mouvant, c'eft le Juge Royal exclufivement de tous autres. Les Jugemens s'executent par provifion. Les Gardes prêtent Serment après information de vie & mœurs. Ils font le Service confufément dans les deux Duchés. Ils ne doivent, fans le gré du Fermier, compofer avec les Contrevenans, ni s'approprier les effets repris; à peine

d'être punis corporellement. On ne doit les infulter ni leur refufer
du fecours ; ils ne doivent vifiter les maifons, s'ils ne font porteurs
de la Bandoulicre Un Garde ne peut avoir fur lui plus d'une demi-
livre de Tabac. Peine de moit contre ceux qui en auroient jetté
dans une maifon où depuis ils auroient fait vifite. Les Difpofitions
ci-deffus ne dérogent pas aux Concordats fait avec les Etats voifins
Ord. 14 Juillet 1720. T. II. p. 380. Le Fermier doit rendre moitié
de la Dime aux Planteurs. La Plantation n'eft fujette à l'impofition
de la Subvention. Les feuilles ne feront menées qu'aux Bureaux
auxquels elles font deftinées par Traité. Elles ne feront pas arrêtées
pour dettes des Planteurs lors de la conduite aux Bureaux. Un
Fermier peut ; malgré le Propriétaire de la Métairie, emplanter de
Tabac le quart des Terres, pourvu qu'il ne défaifonne pas. Fixation
du prix des Feuilles. *Ord. 25 Août 1720. T. II. p.* 401. Les Tabacs feront vifités à l'arrivée à l'Entrepôt ; celui qui ne fera pas
marqué, fera renvoyé à la Ferme. Si l'Entrepreneur en tient après
cela qui ne foit marqué, il encourt la Contravention. *A. Ch. 23
Mars 1722. T. II. p.* 540. Les Bangards font tenus de veiller
aux Plantations de Tabac. *A. Ch. 25 Mars 1722. T. II. p.* 544.
Condamnation pour Plantations faites fans permiffion. *A. Ch. 12
Novembre 1722. T. II. p.* 574. On peut faire la recherche,
même chez les gens de la maifon du Prince, en prenant une
feule fois la permiffion des grands Officiers. Les Gardes ne font
tenus de déclarer à l'Officier local, où ils entendent le conduire. Les Procès - verbaux feront rédigés dans les vingt - quatre
heures, & contrôlés dans les délais ordinaires. Il eft permis d'arrêter les Couriers du Cabinet, feulement à l'entrée des Etats.
Les Gens du Prince feront chaffés pour Contravention, & payeront l'amende. Les Militaires fubiront une année de prifon, & l'a-
mende. On peut vifiter de nuit chez les Planteurs. Les Procès-
verbaux doivent être fignifiés par les Gardes, avec affignation fignée
de deux Gardes, fans *Pareatis. Décl. 31 Mai 1723. T. II. p.*
630. Condamnation pour s'être oppofé aux Recherches des Gardes
& les avoir infultés. *A. Ch. 1 Juillet 1723. T. II. p.* 642. Défenfes
d'arrêter les Huiffiers du Cabinet ; ils feront punis à leur retour,
s'ils font convaincus de Contravention. *Décl. 7 Juillet 1723. T. II.
p.* 649. Bureaux indiqués aux Bourgeois de Sare-Louis pour le
paffage du Tabac. *A. C. 4 Avril 1727. T. III. p.* 232. Les Lettres
de Voiture pour paffer débout, doivent être adreffées aux Marchands étrangers à qui le Tabac eft deftiné, & non à ceux des

Etats qui en feroient les Entrepofeurs. *A. Ch.* 7 *Juillet* 1703. *T. III. p.* 409. Précaution pour le nouveau Bail. *A. C.* 25 *Novembre* 1738. *T. V. p.* 111. Défenfes de débiter des Tabacs en poudre, qui ne foient en paquets cachétés du Fermier. Permis au Fermier d'en faire d'une demi-livre, d'un quarteron, d'une once & d'une demi-once. *Décl.* 13 *Décembre* 1732. *T. V. p.* 197. Punition des révoltes & voies de fait contre les Gardes. *A. Ch.* 25 *Juin* 1736. *T. V. p.* 328. Les Marchands du Pays de Concordat, traverfant les Etats, font tenus de prendre des Paffe-ports du Prince ; faute defquels, les Tabacs n'entreront pas ; fans toute-fois déroger aux Concordats. *Décl.* 12 *Septembre* 1738. *T. VI. p.* 131. Défenfes de planter des Tabacs ni Herbes à façonner en Tabac, dans les places vagues des Forêts ; de quoi les Forêtiers feront rapport, à peine d'amende ; leurs Rapports feront foi jufqu'à infcription de faux, favoir, celui d'un feul Forêtier pour cent frans d'amende ; celui de deux Forêtiers & un Témoin, pour toute fomme au delà : leurs Rapports feront faits comme en Gruerie ; le Greffier adreffera les Expéditions au Receveur de la Ferme. *A. C.* 14 *Août* 1748. *T. VII. p.* 252. La peine du fouet & banniffement eft convertie en celle de Galeres. V. *GALERES*. Peine des Enfans au deffus de quatorze ans, & de ceux au deffous. V. *SEL, ENFANS*.

TABELLION. V. *NOTAIRE*.

TRAC. V. *CHASSE, LOUVETIER*.

TAILLEURS. Défenfes d'acheter d'eux, ou de perfonnes fufpectes, ou préfumées par eux interpofées, des bouts & morceaux de galons, parfilure d'or ou d'argent, fournitures & ajuftemens d'habits, qu'ils n'aient été vus du Chef de Police qui en ait permis la vente, de quoi il ait dreffé fommairement un Procès-verbal. *A. Cour* 26 *Février* 1731. *T. V. p.* 118. V. *COUTURIERES*.

TAILLIS. V. *EAUX ET FORETS, GLANDÉE*.

TARIF des Droits aux Degrés de l'Univerfité de Pont-à-Mouffon. *Ed.* 6 *Janv.* 1699. *T. I. p.* 118. Le Tarif des Banquiers en Cour de Rome a dû être arrêté au Confeil. *Ed.* 20 *Janv.* 1699. *T. I. p.* 121. Des Droits du Greffier des Infinuations. *Ed.* 14 *Mars* 1699. *T. I. p.* 148. Du Contrôle des Actes des Notaires. *Ed.* 11 *Nov.* 1718. *T. II. p.* 223. *Décl.* 27 *Juillet* 1719. *T. II. p.* 284. De la Marque des Fers. *Décl.* 21 *Juin* 1720. *T. 2. p.* 369. Des Papiers & parchemins timbrés, avec un nouveau Tarif du Contrôle des Actes des Notaires. *Ed.* 4 *Avril* 1721. *T. II. p.* 450. Tarif des Apothicaires. *A. C.* 20 *Juillet* 1730. *T. V. p.* 67. De la Pofte-aux-Lettres. *A. Ch.* 24 *Novembre*

1730. *T. V. p.* 106. Des Droits de Châtrerie. *A. C.* 22 *Avril* 1752. *T. VIII. p.* 361. Tarif de la converfion du franc Barrois en dix fous de France, en faveur des Officiers & Gens de Juftice créés par Edit de 1751. *Lett. de M. le Procureur-Général* 28 *Août* 1755. *T. IX. p.* 212. De l'Impôt fur les Cuirs. *Ed. Avril* 1764. *T. X. p.* 291. Réduction du Tarif des Cuirs en argent de France. *A. C.* 7 *Juin* 1764. *T. X. p.* 317. V. *TAXE*.

TAUXAGE. V. *JAUGEAGE*.

TAXE (DES AMENDES.) V. *AMENDES*. Taxe pour les Requêtes du Palais. *Ed.* 16 *Novembre* 1713. *T. II. p.* 16. Taxe de la Surfinance des Domaines aliénés. *Décl.* 18 *Mars* 1722. *T. II. p.* 537. *A. C.* 5 *Novembre* 1722. *T. II. p.* 572. De la Finance des Offices créés héréditairement. *Ed. Octobre* 1723. *T. II. p.* 658. Taxe de la Finance des Offices de l'Hôtel de Ville de Nancy. *Ed.* 24 *Novembre* 1723. *T. II. p.* 676.

(DE DÉPENS.) En Affaires fommaires doit fe faire par le Jugement. Les Juges du Reffort doivent taxer les dépens à la Chambre du Confeil. *A. Cour* 19 *Avril* 1735. *T. V. p.* 293. *A. Cour* 24 *Juillet* 1755. *T. IX. p.* 200. Sur la Taxe des Dépens qui fe portent à une fomme modique. V. *PROCUREURS*, *AVOCATS*, *EAUX ET FORETS*. Taxe des Officiers de Juftice pour les vifites d'Experts des Bans endommagés par la grêle & autres accidens.. *A. Ch.* 6 *Août* 1755. *T. IX. p.* 203. Des Droits des Greffiers. Défenfes aux Juges d'ufer de la Taxe du vieux ftyle ou d'autres, fous prétexte d'ufage, fauf à fe pourvoir pardevers S. M. s'ils s'y croient fondés. *A. Cour* 19 *Mars* 1756. *T. IX. p.* 250. Taxe des Droits de Greffiers des Bailliages & Prévôtés Royales. *Décl.* 20 *Mars* 1760. *T. X. p.* 44. Réglement pour les Juges-Tutélaires aux Inventaires des Pauvres. V. *INVENTAIRE*.

THÉOLOGIE. V. *UNIVERSITÉ*.

TRAITÉ pour le partage des Terres en furféance avec le Comté de Bourgogne & les Prévôtés de Vaucouleurs, &c. V. *PARTAGE*. Traité avec la France pour la reftitution des Déferteurs. 14 *Octobre* 1699. *T. I. p.* 201. Traité de Paris 11 *Janvier* 1718. *T. II. p.* 167. Avec l'Empereur pour la reftitution des Déferteurs. 12 *Janvier* 1726. *T. III. p.* 142. Pour la réciprocité du Commerce avec le Duché de Deux-Ponts. *A. Ch.* 4 *Décembre* 1726. *T. III. p.* 203. Partage avec le Prince de Salm. *Lett. Pat.* 31 *Décembre* 1752. *T. VIII. p.* 407. Avec le Prince de Linanges. *Lett. Pat.* 31 *Décembre* 1752. *T. VIII. p.* 414.

TRAPPES

TRAPPES (DE CAVE.) V. *RUES.*

TÉMOINS. V. *NOTAIRES.*

TESTAMENT. V. *HÔPITAL ; NOTAIRES MAIN-MORTE.*

TERRAGE. V. *NAVETTES.*

TRÉSOR. V. *ARCHIVES.*

TRÉSORIER. V. *OFFICES.*

THIAUCOURT. V. *SAINFOIN.*

THIÉBAUT (S.) V. *BAILLIAGE.*

TIERCEMENT. V. *ADJUDICATION.*

TIMBRE de la France confervé par provifion. *Ord.* 15 *Février* 1698. *T. I. p.* 7. Ordre d'en faire un nouveau & établir des Bureaux. *Ord.* 26 *Février* 1699. *T. I. p.* 11. Les Régiftres des Officiers de Juftice & Greffiers doivent être timbrés. *Ord.* 20 *Février* 1699. *T. I. p.* 138. Iléglement portant détail des Papiers & Actes fujets au timbre. *Décl. Mai* 1704. *T. I. p.* 426. Autre. *T. IX. p.* 79. Détail des Actes qui doivent être timbrés. *Décl.* 10 *Mars* 1723. *T. II. p.* 603. Quittances des Receveurs doivent être timbrées, fi elles excedent quatre francs. *A. C.* 19 *Avril* 1723. *T. II. p.* 617. Réglement provifionnel fur le nombre de lignes dans les Actes, & fur la maniere d'expédier les Jugemens. *Décret* 14 *Mai* 1699. *T. III. p.* 372. Les Régiftres des Maitres de Forges doivent être timbrés. *Décret* 30 *Mars* 1731. *T. V. p.* 125. Les Sieges inférieurs ne doivent ufer que le Papier du format à leur ufage. *A. Cour* 27 *Novembre* 1738. *T. VI. p.* 159. La Maréchauffée eft difpenfée d'en ufer pour fes Procès-verbaux, fi elle n'a moyen prompt d'en avoir. *A. C.* 30 *Mai* 1749. *T. VIII. p.* 38. Réglement pour les nouveaux Baux de la Ferme du Timbre. *Arrêts du Confeil* 22 *Août* 1715. *T. II. p.* 84. 24 *Novembre* 1719. *T. II. p.* 298. 16 *Novemb.* 1720. *T. II. p.* 422. 16 *Mai* 1724. *T. III. p.* 28. 24 *Novembre* 1730. *T. V. p.* 102. Bis. 16 *Novembre* 1737. *T. VI. p.* 77. 22 *Août* 1744. *T. VII. p.* 54. 19 *Août* 1750. *T. VIII. p.* 191.

TOPINAMBOURGS. V. *DIXME.*

TONLIEU V. *PONT-A-MOUSSON.*

TRANCHÉES. V. *CHEMIN, PONT ET CHAUSSÉES.*

TROUPES. Réglement pour leur logement, leur paiement, la fourniture dans les Garnifons. *Ord.* 9 *Décembre* 1698. *T. I. p.* 98. V. *BARRIERES.*

TUTELLE. A l'abfence ou maladie d'un Curateur, le compte fera rendu à un Curateur fubrogé fur la Requête du Comptable. Il ne doit faire aucune dépenfe pour convoquer les Parens. Il n'eft rien dû aux Parens pour affistance aux affemblées de Famille. *A. Cour 9 Août* 1738. *T. VI. p.* 122.

U

UNIGENITUS. V. *Bulle.*

UNION. V. *Hatton-Chatel, Relange, Lay-S. Christophe.*

UNIVERSITÉ. V. *Droit, Médecine, Chirurgie, Pharmacie, Fondation du Roi, Police.* Les Profeffeurs en Théologie doivent enfeigner la Pofitive. Celui d'Ecriture Sainte doit enfeigner en même tems la Langue Hébraïque ; un autre la Morale ; un troifieme, les Cas de Confcience ; le quatrieme, la Scolaftique. Outre les Profeffeurs de Philofophie, il doit y en avoir un de Mathématiques. Les Régens de toutes les autres Claffes doivent enfeigner le Grec. Il doit y avoir un Maitre de Géographie & d'Hiftoire. Le Recteur a la difcipline du College & la police fur l'Univerfité, dont il eft le Chef, fauf les Droits des Doyens & Profeffeurs de Droit & de Médecine. *Ed. 6 Janvier* 1699. *T. I. p.* 111.

USAGE (Scandaleux.) V. *Scandale.*

USTENSILES. V. *Troupes.* Réglement pour le paiement des uftenfiles, logement & fourniture à la Gendarmerie. *Ord. 5 Novembre* 1703. *T. I. p.* 393. *Décl.* 31 *Décembre* 1703. *T. III. p.* 412.

USUFRUITIER. V. *Domaine.*

USURE. V. *Juifs.* Condamnation pour faits d'ufure. *A. Cour 5 Juillet* 1721. *T. II. p.* 484.

V

VACATIONS. CELLES des Greffiers, en Procédure criminelle, ne fe paient par le Domaine, ni les Vaffaux, qu'en cas que les biens des Condamnés feroient fuffifans. *Ord.* 24 *Janvier* 1699 *T. I. p.* 131. On ne doit aux Officiers de Gruerie & des Vaffaux, que des Vacations, pour délivrances & récolemens d'Arbres de bâtiment. *A. C. 5 Mai* 1740. *T. VI. p.* 122. Les Officiers de Gruerie ne peuvent recevoir leurs Vacations que de la main des Greffiers. *A. C. 9 Mai* 1750. *T. VIII. p.* 171. V. *Procureurs.*

VACATIONS. (Vacances.) V. *Procureurs.*

VAGABONDS. V. *Bureau des Pauvres, Maréchaussée, Mendians, Etrangers, Tabac, Sel, Maladies, Ban.*

VAILLANCE. V. *Duel.*

VAINE-PATURE. V. *Pature, Parcours.*

VALFROICORT. V. *Remoncourt.*

VASSAUX. V. *Foi et Hommage.*

VAUCOULEURS. V. *Haut-Conduit.*

VAUDÉMONT. Suppreſſion du projet des Coutumes de Vaudémont & du Bailliage de Châté. *Ed.* 10 *Mars* 1723. *T. II. p.* 607.

VENEUR. (Grand-Veneur.) V. *Chasse.*

VENTE. Droits de la Chambre ſur le prix des Ventes des revenus Domaniaux. V. *Chambre des Comptes.* Buvettes défendues dans les Ventes d'Immeubles en détail. *A. Cour* 8 *Mai* 1726. *T. III. p.* 156. Droit de menue Vente à Nancy. V. *Entrée.* V. *Fabriques, Notaires, Bois, Eaux et Forets, Communautés.*

VERRERIE. V. *potasse.* Etabliſſement excluſif pour vingt ans d'une Verrerie à Tonnoy, pour y fabriquer du verre en table; ſes franchiſes : l'excluſion ne s'entend pas des ouvrages en gros verres. *Ord.* 15 *Septembre* 1698. *T. III. p.* 366. Cette Verrerie eſt transférée à Porcieux. Défenſes aux Forains de débiter du verre en table en Lorraine, autre que celui du Privilégié. Il lui eſt permis de prendre, ſur le pied de la Facture, ce qu'il en trouvera chez les Marchands. *A. Ch.* 25 *Janvier* 1705. *T. III. p.* 394.

VEUVE. V. *Accouchemens, Hérédité, Douaire, Procureurs.*

VESELIZE eſt diſtrait du Haut-conduit de Nancy. *A. C.* 4 *Mai* 1708. *T. I. p.* 457.

VIANDE. V. *Careme.*

VICAIRES. V. *Curés, Portions Congrues.* La penſion des Vicaires amovibles eſt fixée à quatre cens ſoixante-ſix francs huit gros, ſi mieux n'aiment le Curé, céder la dime qu'il perçoit à l'Annexe. *Décl.* 10 *Septembre* 1720. *T. II. p.* 408.

VIGNES. Ordre aux Propriétaires de Terrains incultes, ſitués ſur les Côtes & lieux convenables dans le Bailliage d'Allemagne, de les planter en Vignes dans l'année; de quoi ils feront la déclaratiom dans trois mois ſur un Régiſtre au Greffe, deſtiné à cet effet; ſinon, permis de s'emparer des Terrains, en les payant à dire d'Experts, ſans procédure; à charge qu'il en ſera fait une déclaration. Le Prince cede à Cens modique les Terrains de ſon Domaine. Permis aux Propriétaires, même de Terrains cultivés, d'en planter en lieu convenable, autant qu'ils voudront, à charge que le canton de Vignes ſera continu; à moins que celui qui ſe trouveroit intermédiairement, ne fonniers. Réglement pour les Vifites faites aux Prifonniers par les Bourgeois & autres. *A. Cour* 12 *Mai* 1699. *T. I. p.* 176. Maîtres & Jurés des Corps ont droit de Vifite fur les Ouvriers de leur Profeffion , à toute heure & par-tout, & de prononcer les condamnations, fauf l'Appel. Défenfes d'empêcher lefdites Vifites. *Ord.* 15 *Janvier* 1702. *T. I. p.* 331. Vifites des Bêtes Armelines & Porcs en 1713. *Ord.* 30 *Septembre* 1713. *T. II. p.* 12. Vifites des Gardes-Foraines. V. *TABAC, SEL.* Vifites des Marchands. V. *JUGES-CONSULS.* Vifites des Ufines du Domaine. V. *PRÉVÔT.* Vifites des Archidiacres. V. *ARCHIDIACRES.* Les Vifites des Finages grêlés , &c. doivent être dépofées au Greffe du Confeil des Finances & des Chambres des Comptes, pour être fait une diminution de Subvention aux Communautés. *Décl.* 3 *Septembre* 1735. *T. V. p.* 306. Vifites des Bois. V. *BOIS. COMMUNAUTÉS, EAUX ET FORETS.* Les Experts pour la Vifite des Finages endommagés par les accidens, font nommés par les Juges Royaux, fans communication aux Gens du Roi, ni affignation aux Experts; on ne doit point nommer de Commiffaire pour aller fur les lieux , quand même les Juges en feroient requis. Vacations attribuées aux Juges. *A. Ch.* 6 *Août* 1755. *T. IX. p.* 203. Vifite annuelle des Bois du Roi & des Communautés Domaniales, doivent être dépofées au Greffe de la Chambre & communiquées à M. le Procureur-Général. Ordre aux Officiers de faire lefdites Vifites exactement ; de dreffer des Procès-verbaux. Détail de ce qu'ils doivent contenir. *A. Ch.* 8 *Juin* 1764. *T. X. p.* 324.

VŒUX. V. *SUCCESSION.*

VOITURIER. Communautés tenues de voiturer les Grains deftinés aux Habitans des Vofges en 1699. *A. Cour* 20 *Février* 1699. *T. I. p.* 137. On ne doit voiturer les Fêtes & Dimanches avec Chars , Charrettes, &c. *Ord. Pol.* 2 *Mai* 1699. *T. I. p.* 164. Fixation du prix des Voitures par corvées au fervice du Prince. *Ord.* 18 *Avril* 1703. *T. I. p.* 381. Sur la Fixation des Voitures pour la conduite du Bois des Salpêtriers. V. *POUDRE, HAUT-CONDUIT, SEL, TABAC, ACQUIT, POTASSE, PAPÉTERIE.*

VOSGES. V. *REMONCOURT, SUBSISTANCE, PRET, VOITURIERS.*

VOLEURS. V. *ASSASSINS, VAGABONDS.*

VOYAGE. V. *ACTES.*

VOYAGEURS. V. *CHEMINS, PONTS ET CHAUSSÉES.*

VOIES (DE FAIT.) V. *DUEL, CARTEL.*

VU (DE PIECES.) Défenſes d'y inſérer l'expoſé & moyens des Requêtes & Actes ſignifiés par les Parties ; d'y répéter leurs qualités & leurs Concluſions; d'y rapporter ce qui n'eſt que de ſtyle dans les Concluſions; d'y détailler les Pieces produites, à moins que les Parties ne l'exigent à leurs Frais; de quoi ſera fait mention. *A. Cour 6 Mars 1761. T. X. p. 121.*

F I N.

A N A N C Y,

Chez CLAUDE-SIGISBERT LAMORT, Imprimeur, près les RR. PP. Dominicains.

fonniers. Réglement pour les Vifites faites aux Prifonniers par les Bourgeois & autres. *A. Cour* 12 *Mai* 1699. *T. I. p.* 176. Maîtres & Jurés des Corps ont droit de Vifite fur les Ouvriers de leur Profeffion , à toute heure & par-tout, & de prononcer les condamnations, fauf l'Appel. Défenfes d'empêcher lefdites Vifites. *Ord.* 15 *Janvier* 1702. *T. I. p.* 331. Vifites des Bêtes Armelines & Porcs en 1713. *Ord.* 30 *Septembre* 1713. *T. II. p.* 12. Vifites des Gardes-Foraines. V. *Tabac, Sel.* Vifites des Marchands. V. *Juges-Consuls.* Vifites des Ufines du Domaine. V. *Prévôt.* Vifites des Archidiacres. V. *Archidiacres.* Les Vifites des Finages grêlés , &c. doivent être dépofées au Greffe du Confeil des Finances & des Chambres des Comptes, pour être fait une diminution de Subvention aux Communautés. *Décl.* 3 *Septembre* 1735. *T. V. p.* 306. Vifites des Bois. V. *Bois. Communautés, Eaux et Forêts.* Les Experts pour la Vifite des Finages endommagés par les accidens, font nommés par les Juges Royaux, fans communication aux Gens du Roi, ni affignation aux Experts; on ne doit point nommer de Commiffaire pour aller fur les lieux , quand même les Juges en feroient requis. Vacations attribuées aux Juges. *A. Ch.* 6 *Août* 1755. *T. IX. p.* 203. Vifite annuelle des Bois du Roi & des Communautés Domaniales, doivent être dépofées au Greffe de la Chambre & communiquées à M. le Procureur-Général. Ordre aux Officiers de faire lefdites Vifites exactement ; de dreffer des Procès-verbaux. Détail de ce qu'ils doivent contenir. *A. Ch.* 8 *Juin* 1764. *T. X. p.* 314.

VŒUX. V. *Succession.*

VOITURIER. Communautés tenues de voiturer les Grains deftinés aux Habitans des Vofges en 1699. *A. Cour* 10 *Février* 1699. *T. I. p.* 137. On ne doit voiturer les Fêtes & Dimanches avec Chars, Charrettes, &c. *Ord. Pol.* 2 *Mai* 1699. *T. I. p.* 164. Fixation du prix des Voitures par corvées au fervice du Prince. *Ord.* 18 *Avril* 1703. *T. I. p.* 381. Sur la Fixation des Voitures pour la conduite du Bois des Salpêtriers. V. *Poudre, Haut-Conduit, Sel, Tabac, Acquit, Potasse, Papéterie.*

VOSGES. V. *Remoncourt, Subsistance, Pret, Voituriers.*

VOLEURS. V. *Assassins, Vagabonds.*

VOYAGE. V. *Actes.*

VOYAGEURS. V. *Chemins, Ponts et Chaussées.*

VOIES (de Fait.) V. *Duel, Cartel.*

VU (DE PIECES.) Défenſes d'y inférer l'expoſé & moyens des Requêtes & Actes ſignifiés par les Parties ; d'y répéter leurs qualités & leurs Concluſions; d'y rapporter ce qui n'eſt que de ſtyle dans les Conclu- ſions; d'y détailler les Pieces produites, à moins que les Parties ne l'exigent à leurs Frais; de quoi ſera fait mention. *A. Cour 6 Mars 1761. T. X. p. 121.*

F I N.

A   N A N C Y,

Chez CLAUDE-SIGISBERT LAMORT, Imprimeur, près les RR. PP. Dominicains.

PRIVILEGE DU ROI.

LOUIS, par la grace de Dieu, Roi de France & de Navarre : A nos amés & féaux Conseillers, les Gens tenans nos Cours de Parlement, Maitres des Requêtes ordinaires de notre Hôtel, Grand Conseil, Prévôt de Paris, Baillifs, Sénéchaux, leurs Lieutenans Civils & autres, nos Justiciers qu'il appartiendra : Salut. Notre amé B A B I N, Libraire, à Nancy, Nous a fait exposer qu'il desireroit faire imprimer & donner au public : *Les Edits, Ordonnances & Réglemens donnés par les Ducs de Lorraine ; & leur continuation par S. M. & les Cours Souveraines de Lorraine, & Barrois*, s'il Nous plaisoit lui accorder nos Lettres de Privilege pour ce nécessaires. A ces causes, voulant favorablement traiter l'Exposant, Nous lui avons permis & permettons par ces Présentes, de faire imprimer ledit ouvrage autant de fois que bon lui semblera, & de le vendre, faire vendre & débiter par-tout notre Royaume pendant le temps de six années consécutives, à compter du jour de la date des Présentes. Faisons défenses à tous Imprimeurs, Libraires, & autres personnes, de quelque qualité & condition qu'elles soient, d'en introduire d'impression étrangere dans aucun lieu de notre obéissance : comme aussi d'imprimer, ou faire imprimer, vendre, faire vendre, débiter, ni contrefaire ledit ouvrage, ni d'en faire aucun extrait sous quelque prétexte que ce puisse être, sans la permission expresse & par écrit dudit Exposant, ou de ceux qui auront droit de lui, à peine de confiscation des Exemplaires contrefaits, de trois mille livres d'amende contre chacun des contrevenans, dont un tiers à Nous, un tiers à l'Hôtel-Dieu de Paris, & l'autre tiers audit Exposant, ou à celui qui aura droit de lui, & de tous dépens, dommages & intérêts ; à la charge que ces Présentes seront enrégistrées tout au long sur le régistre de la Communauté des Imprimeurs & Libraires de Paris, dans trois mois de la date d'icelles ; que l'impression dudit ouvrage sera faite dans notre royaume & non ailleurs, en beau papier & beaux caracteres, conformément aux Réglemens de la Librairie, & notamment à celui du 10 Avril 1725, à peine de déchéance du présent Privilege ; qu'avant de l'exposer en vente, le manuscrit qui aura servi de copie à l'impression dudit ouvrage, sera remis dans le même état où l'approbation y aura été donnée, ès mains de notre très-cher & féal Chevalier, Chancelier de France, le sieur D E L A M O I G N O N, & qu'il en sera ensuite remis deux Exemplaires dans notre Bibliotheque publique, un dans celle de notre Château du Louvre, un dans celle de notredit sieur DE LAMOIGNON, & un dans celle de notre très- cher & féal Chevalier, Vice-Chancelier & Garde des Sceaux de France, le sieur DE MAUPEOU : le tout à peine de nullité des Présentes ; du contenu desquelles vous mandons & enjoignons de faire jouir ledit Exposant & ses ayans causes, pleinement & paisiblement, sans souffrir qu'il leur soit fait aucun trouble ou empêchement. Voulons que la copie des Présentes qui sera imprimée tout au long, au commencement ou à la fin dudit ouvrage, soit tenue pour duement signifiée, & qu'aux copies collationnées par l'un de nos amés & féaux Conseillers, Secretaires, foi soit ajoutée comme à l'original. Commandons au premier notre Huissier ou Sergent sur ce requis, de faire pour l'exécution d'icelles, tous actes requis & nécessaires, sans demander autre permission, & nonobstant clameur de haro, charte Normande & lettres à ce contraires ; Car tel est notre plaisir. Donné à Paris le deuxieme jour du mois de Décembre l'an de grace mil sept cent soixante-sept, & de notre regne le cinquante-troisieme.

Par le Roi en son Conseil.

LE BEGUE.

Régistré sur le Régistre XVII. de la Chambre Royale & Syndicale des Libraires & Imprimeurs de Paris, N°. 1665. Fol. 350, *conformément au Réglement de 1723. A Paris le 14 Janvier 1768.* 1768.

GANEAU, *Syndic.*

Régistré sur le Régistre de la Communauté des Imprimeurs-Libraires de Nancy, le 1 Août 1768.

www.ingramcontent.com/pod-product-compliance
Lightning Source LLC
Chambersburg PA
CBHW060601210326
41519CB00014B/3537